Sigrid Neudecker
Madame ist willig, doch das Fleisch bleibt zäh

Zu diesem Buch

Als Sigrid Neudecker mit ihrem Mann nach Paris zieht und dort kochen lernen will, muss die gelernte Pizzadienst-Spezialistin so einige Rückschläge verkraften.

Erst sind es die Tücken der französischen Sprache – oder warum sonst kommt man mit Schweinenieren nach Hause, wenn man eigentlich Zwiebeln kaufen wollte? Dann artet die Zubereitung eines Brathühnchens trotz Kochkurses in eine regelrechte Bondage-Session aus. Und schließlich bringt sie der Versuch, den perfekten Schokopudding zu kochen, an den Rand der Zurechnungsfähigkeit. Doch Sigrid Neudecker gibt nicht auf, kocht, backt und schmurgelt, bis sich selbst die französischen Freunde nach dem Aperitif nicht mehr heimlich aus dem Staub machen.

Sigrid Neudecker ist zwar gebürtige Österreicherin, doch statt Kaiserschmarrn und Tafelspitz brachte ihre Mutter ihr lieber den Umgang mit einer Bohrmaschine bei. Wenn sie nicht gerade ihre Küche in Schutt und Asche legt, schreibt sie für Feinschmecker, Zeit und Zeit online. In ihrem Blog www.frauneudeckerlerntendlichkochen.com veröffentlicht sie regelmäßig Berichte und ungeschönte Bilder ihrer Kochversuche. Das Blog ist nicht umsonst vor allem bei jenen Lesern beliebt, die gerade eine Fastenkur durchhalten wollen.

Sigrid Neudecker

Madame ist willig, doch das Fleisch bleibt zäh

Wie ich in Paris kochen lernte,
ohne dabei jemanden umzubringen

Piper München Zürich

Mehr über unsere Autoren und Bücher:
www.piper.de

MIX
Papier aus verantwor-
tungsvollen Quellen
FSC® C014496

Originalausgabe
Dezember 2013
© 2013 Piper Verlag GmbH, München
Umschlaggestaltung: Mediabureau Di Stefano, Berlin
Umschlagabbildung: Linda Holt Ayriss/Getty Images, CSA
Images/B&W Engrave Ink Collection/Getty Images,
Ocean/Corbis und iStockphoto
Satz: Greiner & Reichel, Köln
Gesetzt aus der Res Publica
Papier: Munken Print von Arctic Paper Munkedals AB, Schweden
Druck und Bindung: GGP Media GmbH, Pößneck
Printed in Germany   ISBN 978-3-492-30395-8

Inhalt

Kapitel 1
Wie ich versuche, unsere ersten Gäste umzubringen 9

Kapitel 2
Wie alles begann 14

Kapitel 3
Wie ich mir zum ersten Mal etwas koche 25

Kapitel 4
Wie ich meinen ersten Kochkurs überlebe 34

Kapitel 5
Wie ich Bœuf bourguignon zu hassen lerne 43

Kapitel 6
Wie wir einmal pünktlich zum Essen kommen 57

Kapitel 7
Wie ich auf dem Markt ein Erweckungserlebnis habe 70

Kapitel 8
Wie ich meinen zweiten Kochkurs überlebe 80

Kapitel 9
Wie ich lerne, Kochblogs zu misstrauen.
Und Kochbüchern ebenso 89

Kapitel 10
Wie ich mich dank Paul Bocuse nicht
mehr als Tusse fühle 99

Kapitel 11
Wie ich dem Gatten beibringe,
dass ich so nicht arbeiten kann 112

Kapitel 12
Wie ich zig Male versuche,
ein Huhn nicht zu Stroh zu kochen   123

Kapitel 13
Wie ich einmal Zwiebeln kaufe   132

Kapitel 14
Wie ich versuche, Tafelspitz zu kochen   148

Kapitel 15
Wie ich eigentlich eh schon kochen kann   162

Kapitel 16
Wie ich mit Gérard Depardieu
Ratatouille koche   173

Kapitel 17
Wie ich eigentlich immer alles richtig mache   174

Kapitel 18
Was ich bisher gelernt habe   198

Kapitel 19
Wie ich mir mein Gulasch ertanze   200

Kapitel 20
Wieso ich mir das alles überhaupt antue   212

Kapitel 21
Wie ich mir an Schokopudding die Zähne ausbeiße   224

Kapitel 22
Wie ich langsam Licht am Horizont sehe   238

Kapitel 23
Wie ich mit Freud Brot backen lerne   250

Kapitel 24
Wie ich noch einmal versuche, Tafelspitz zu kochen   262

Dank
Blogroll

Für meine Mutter, ohne die dieses Buch
nie möglich gewesen wäre.

Und für Gero,
den tapfersten Mann der Welt

> Kapitel 1

Wie ich versuche, unsere ersten Gäste umzubringen

In dem Moment, als ich das Esszimmer betrete, weiß ich, dass ich gerade dabei bin, einen riesigen Fehler zu begehen. Eine innere Stimme sagt noch warnend zu mir: »Tu es nicht!« Doch ich kann nicht mehr anhalten. Ist ein Ozeandampfer erst einmal in Bewegung, benötigt er ja auch ein paar Kilometer zum Bremsen. Ich nähere mich langsam dem Esstisch, der Marmorboden ächzt unter meinen Füßen, ich sehe, wie sich die Augen unserer Gäste vor Schreck weiten, je näher ich komme. Ich setze meine Ladung so sanft wie möglich auf dem Tisch ab, kontrolliere noch schnell, wie stark er sich durchbiegt, und sage dann so fröhlich, wie meine Atemnot es mir gestattet: »Voilà, eine typisch österreichische Biskuitroulade!«

Stille. Bis der diplomatischste aller Ehemänner sagt: »Sieht toll aus! Ich hol mal die Säge.«

Wir waren erst vor Kurzem nach Paris gezogen. Es war die erste Soirée, die wir für unsere neuen französischen Freunde gaben. Bis dahin war alles reibungslos verlaufen. Wir hatten literweise Crémant eingekühlt, an Oliven für den Aperitif gedacht, der Gatte hatte wie üblich mindestens drei Rotweine dekantiert, die alle älter waren als ich, und – was das Wichtigste war – er hatte gekocht. Er kann das nämlich. Als Entrée gab es eine köstliche Rote-

Bete-Suppe, als Hauptgang seine Spezialität, Königsberger Klopse. Ich war fürs Dessert zuständig.

Unsere Gäste waren begeistert: Fabien, ein PR-Manager, der uns die Ankunft in Paris erleichterte, indem er uns all seinen Freunden vorstellte; Adeline und Robert, sie Abteilungsleiterin bei einer Bank, er im Finanzministerium tätig. Sie alle hatten schon einmal ein paar Jahre in Deutschland gelebt, was immer von unschätzbarem Vorteil ist, wenn ich mit meinem Französisch wieder einmal gegen die Wand fahre. Was allerdings auch bedeutet, dass man ihnen nichts vormachen kann.

Zu dem Monster, das ich ihnen gerade auf den Tisch gestellt habe, kann ich beim besten Willen nicht sagen: Das soll so sein! Dies hier ist keine typisch österreichische Biskuitroulade, sondern die XXL-Version einer Tschernobyl-Mutation. Was ich unseren Gästen soeben vorgesetzt habe, ist schlicht ein Anschlag auf ihr Leben. Wäre ich mit einer entsicherten 38er vor ihnen gestanden, sie hätten nicht ängstlicher blicken können.

Unsere Freunde sind alle zu höflich, um mich das spüren zu lassen, aber die Reste, die noch eine halbe Stunde später auf ihren Tellern liegen, sprechen Bände. Adeline hat immerhin ein halbes Stück runtergebracht, was ich ihr hoch anrechne. Sie ist eine dieser unglaublich eleganten Französinnen, in deren Anwesenheit ich mich prollig fühlen würde, selbst wenn ich gerade vom Friseur, von der Maniküre *und* von der Ganzkörper-Epilation käme und ausschließlich *Chanel* trüge.

Adeline verkörpert für mich die typische Pariserin: alles mit Maß und Ziel. Ein, zwei Gläschen Wein, eine überschaubare Portion auf dem Teller (und mit überschaubar meine ich, dass man sein Gegenüber noch sehen kann), ein hauchdünnes Stück vom Gâteau au chocolat, weil es ja schließlich um den Geschmack geht und nicht um die Menge. Das soll nicht bedeuten, dass sie nicht genießen kann. Sie ist keine dieser spindeldürren Pariserinnen, die im Restaurant den Teller nach drei Salatblättern zu ihrem Freund schieben und sagen: »Ich kann nicht mehr.« Und dann nach draußen gehen, eine rauchen. Adeline ist das Vorbild, das ich nie erreichen werde.

Deswegen wollte ich ja auch ein leichtes Dessert machen. Leicht und österreichisch. Nicht, dass die Biskuitroulade in Wien erfunden worden wäre, aber hier in Paris habe ich jedenfalls noch keine gesehen. Und leicht ist sie tatsächlich. Also ... theoretisch. Biskuitrouladen bestehen aus einem Teig, für den die Eier möglichst schaumig geschlagen werden. Dieser wird dann in einer dünnen Schicht auf ein Backblech gestrichen und gebacken. Vor dem Aufrollen werden sie meist einfach nur mit einer dünnen Marmeladenschicht bestrichen. Kann in Österreich jedes Kind.

Aber wer gibt sich schon mit der simplen Lösung ab? Wir waren zwar erst seit wenigen Tagen Wahlpariser, aber da ich den Großteil dieser Zeit damit verbracht hatte, die Schaufensterscheibe fast jeder Patisserie anzusabbern, wusste ich: In dieser Stadt kommt es auf die äußeren Werte an. Deswegen sind die *Vélibs* die stylishsten aller europäischen Leihfahrräder (wenn auch angeblich schlecht zu fahren), deswegen ist ein Großteil der Pariser immer très chic gekleidet, und deswegen sehen ihre Törtchen und Cremchen immer so aus, als ob man sie besser in einen Rahmen stecken sollte anstatt in den Mund. Eine normale Biskuitroulade also? Wieso nicht gleich Marmeladenbrote?

Ich rührte also eine Himbeercreme an. So eine, wie ich sie in den Auslagen in jedem zweiten Törtchen gesehen hatte. Nicht, dass ich mich sonderlich darum gekümmert hätte, *wie* die dort ihre Cremes machen. Wer hat schon Zeit für Nebensächlichkeiten?

Meine bestand jedenfalls hauptsächlich aus Schlagsahne. Denn wenn man an Schlagsahne denkt, hat man doch immer »luftig« im Kopf, nicht wahr? Jedenfalls so lange, bis einem nach dem dritten Löffel schlecht ist von dem fetten Zeug. Was man sich wiederum nicht bis zum nächsten Mal merkt. Egal.

Möglicherweise habe ich noch ein wenig Joghurt daruntergemischt, zur Auflockerung. Aber das war genauso möglicherweise auch nur ein frommer Wunsch. Mit dieser Masse bestrich ich den Biskuitteig. Großzügig. Dann rollte ich ihn zu einer Roulade auf. Dann war mir die Außenseite nicht hübsch genug. Dann bestrich ich die also auch noch. Dann das vordere Ende. Dann das hintere. Das Teil nahm immer mehr an Umfang zu.

Man soll ja viel mehr auf sein Bauchgefühl hören. Das nehme ich mir jedes Mal vor, nachdem ich meines wieder einmal ignoriert habe. In diesem Fall sagte mein Bauchgefühl: »Du solltest dieses Monster vor den Augen unschuldiger Franzosen verbergen!« Es sagte: »Geh zur nächsten Patisserie und kauf dort das Dessert, so wie das ohnehin fast alle Pariser machen!« Es sagte: »Tu's nicht!«

Ich musste meinen Bauch zum Schweigen bringen. Der Rest der Himbeercreme kam da ganz gelegen. Der Bauch brachte an diesem Abend keinen Ton mehr raus, und ich servierte die Biskuitroulade.

Als sich unsere Gäste Stunden später nach zahlreichen Digestifs verabschieden, haben sie gerade einmal ein Viertel des Creme-Ungetüms geschafft. Ich komme mir vor wie ein Kind, das den Erwachsenen stolz Sandkuchen serviert hat. Allerdings einen aus echtem Sand. Und den die Erwachsenen dann, um dem Kind eine Freude zu machen, pro forma mit Löffeln voller Luft »essen«. Die Sandkuchen aus meiner Kindheit sind nie weniger geworden. Meine Biskuitroulade auch nicht wirklich.

Ich räume den kompletten Kühlschrank um, damit sie einen Platz darin findet. Die improvisierte Himbeercreme beginnt langsam an den Rändern einzutrocknen.

Als ich an diesem Abend im Bett liege, den Bauch voll mit köstlichen Königsberger Klopsen und einer Himbeerroulade, die mir bis zum Hals steht, grüble ich lange vor mich hin. Mit übervollem Magen kann man schließlich nicht allzu viel anderes tun, obwohl nach diesem Essen zwei bis drei Marathons durchaus angebracht gewesen wären. Ich grüble und schäme mich dabei immer noch in Grund und Boden. Kurz bevor ich einschlafe, treffe ich eine Entscheidung: So kann das nicht weitergehen.

Kapitel 2

Wie alles begann

Als wir am nächsten Morgen beim Frühstück sitzen, hole ich tief Luft und verkünde: »Ich werde jetzt kochen lernen.« Der Gatte macht daraufhin ein paar Kaffeeflecken ins Tischtuch und sagt dann: »Das finde ich wunderbar! Mach das! Das wird dir Spaß machen!« Ist er nicht phantastisch? Er würde mich auch unterstützen, wenn ich ihm eines Tages eröffne, dass ich Fallschirmspringen lernen/Spionin werden/ein Buch über unser Sexleben schreiben will. Er hält mich für talentiert, rundum. Ich fürchte mich vor dem Tag, an dem er aus diesem Irrglauben erwacht.

»Macht das nicht Spaß?«, fragt er übrigens öfter. Und zwar immer dann, wenn wir gemeinsam in der Küche stehen und ich ihm helfe. Die Kochkünste des Gatten zu beschreiben, ist nicht einfach. Meistens sind bei ihm alle vier Kochplatten in Betrieb, teilweise doppelt besetzt, sowie zwei Öfen. Ist am Schluss auch nur ein Topf sauber geblieben, hat er sich eindeutig nur ein Butterbrot geschmiert.

Wenn er gekocht hat, könnten wir fast jedes Mal eine neue Küche gebrauchen. Sollten wir jemals ein Haus bauen, wird sie einen Abfluss im Boden haben, damit man sie nach dem Kochen einfach nur abkärchern muss. Aber das Ergebnis rechtfertigt den Aufwand vollkommen!

Ich hingegen gehöre zu den »Clean-as-you-go«-Menschen. Bevor ich einen benutzten Topf einfach zur Seite schiebe, kann ich ihn gleich in den Geschirrspüler räumen. Ich kriege die Krätze, wenn ich einen Teller auf einen schmutzigen Arbeitstisch stellen muss. Ich empfinde tiefe Befriedigung, wenn die Hintergrundmusik während des Kochens von der Spülmaschine kommt. Vielleicht ist das auch ein Grund, wieso es bei mir bislang nicht so richtig geklappt hat: Für mich ist ein Essen dann gelungen, wenn beim Servieren die Küche bereits wieder tipptopp aussieht. Ich schätze, ich sollte meine Prioritäten neu überdenken.

Der Rekord des Gatten sind zwölf Beilagen für einen einzigen Gang. Er ist jemand, der aus drei Karotten und einem rostigen Nagel ein fünfgängiges Menü zaubern kann. Als wir noch in Hamburg wohnten und ich diejenige war, die abends Zeit hatte, um einkaufen zu gehen, schleppte ich einfach an, was mir im Supermarkt gefallen hatte. Das konnten dann eine Hühnerbrust, drei Stangen Lauch und ein Glas Nutella sein. Oder Kalbskoteletts, Aprikosen und rote Zwiebeln. Gern auch Grillwürstchen, Heidelbeerjoghurt und eine Tube Superkleber.

Wenn er nach Hause kam und ich ihm stolz meine Beute präsentierte, war da immer der Moment, in dem ich Angst hatte, er könnte sagen: »Liebes, bleib jetzt bitte einfach ganz ruhig sitzen. Ich muss kurz telefonieren« Jedenfalls machte er oft ein entsprechendes Gesicht. Doch dann konnte ich jedes Mal beobachten, wie er begann, verschiedene Lebensmittelkombinationen gedanklich hin und her zu schieben, zu vergleichen, wieder zu verwerfen. Sobald es in seinem Kopf zu rattern aufgehört hatte, sagte er meistens: »Ich glaube, ich weiß schon, was ich machen werde!« Und eine Stunde später servierte er mir regelmäßig ein wunderbares Abendessen.

Das mit dem Hin-und-Her-Schieben war für mich immer jenseits meiner Vorstellungskraft. Ich kann in meinem Kopf Schokolade zu Erdbeeren schieben, weil ich *weiß*, dass beides eine göttliche Kombination ergibt, seit ich zum ersten

Mal in Schokolade getunkte Erdbeeren gegessen habe. Ich könnte mir nie vorstellen, wie, sagen wir, Sesamöl und rote Paprika schmecken würden.

Diese Szene in dem Film *Ratatouille,* in der Remy, die genial kochende Ratte, seinem verfressenen Bruder Emile zu erklären versucht, wie sich verschiedene Geschmacksrichtungen zu einer wunderbaren Symphonie aus Klängen, Farben und Formen zusammenfinden? Ich bin auf Emiles Seite. Nette Erklärung, aber ich sehe weder Klänge, Farben noch Formen. Mir schmeckt's einfach.

Ich bin jedoch, bitteschön, in der Küche nicht völlig nutzlos. Nicht dass wir uns da falsch verstehen! Ich bin die geborene Hilfskraft. Ich schaffe dem Gatten den Freiraum, den er für seine Kreativität braucht. Wir tanzen einen Pas de deux in der Küche, der an Eleganz und Effizienz seinesgleichen sucht. Mein Radar für schmutzige, aber nicht mehr benötigte Töpfe ist unbestechlich. Wenn er kocht, nutze ich ebenso geschickt wie unauffällig winzige Lücken in seinen Bewegungsabläufen, um ihm hier das Schneidebrett wegzuziehen, das er nicht mehr braucht, da kurz drüberzuwischen, damit der Rote-Bete-Saft nicht auf den Boden tropft, und dort die labbrigen Salatblätter in den Müll zu werfen.

Er ist da möglicherweise etwas anderer Meinung. Vor allem, wenn er die Salatblätter zuvor extra einzeln blanchiert hat, um sie zu füllen.

Oft helfe ich dem Gatten beim Schneiden, Raspeln, Schälen, Schnipseln. Und immer, wenn ich das abfällig als »niedere Dienste« bezeichne, klärt er mich auf und sagt: »Kochen besteht eben zum größten Teil aus Schneiden.« Wenn dem wirklich so wäre, hätte ich mittlerweile meinen ersten Stern.

»Na, macht das nicht Spaß?«, pflegt er vor allem dann zu sagen, wenn er mir besonders fitzelige Aufgaben übertragen hat. Beispielsweise, grüne Bohnen so dünn wie möglich zu schneiden. Der Länge nach. Probieren Sie das einmal, ohne dass Ihnen die verdammten Dinger unterm Messer wegrollen.

Die wunderbaren Gerichte, mit denen er mich verwöhnt, haben mich allerdings nie angesteckt, auch endlich kochen zu lernen. Wozu auch? Wer einen Spitzenkoch zu Hause hat, wird schön blöd sein, sich selbst an den Herd zu stellen. In unserer Ehe herrscht die klassische Rollenverteilung: Er ist für die Küche zuständig, ich für die Technik. Ich baue *Ikea*-Regale in Rekordzeit zusammen, bin ein As an der Bohrmaschine und lege jeden tropfenden Wasserhahn trocken. Wenn der Drucker kein Papier mehr hat, werde ich ebenso gerufen, wie wenn der Fernseher infamerweise immer noch auf DVD-Betrieb eingestellt ist und das *heute journal* nicht herzeigen will. Unlängst habe ich uns ein Gewürzregal aus Kabelbindern gebastelt. Mich haben sie als Kind eindeutig zu oft *MacGyver* sehen lassen.

Diese Aufgabenverteilung war mir eigentlich immer sehr recht. Auf diese Weise bleibt man einander geheimnisvoll und hat sich immer etwas zu erzählen.

»Woher hattest du nur die Idee, den Thunfisch mit dem geräucherten Tee zu würzen, Geliebter?«

»Ach, das war doch ganz naheliegend. Verrate du mir lieber, wie du es geschafft hast, dass wir nun die Funksprüche der ISS empfangen können, Geliebte!«

»Mit Kabelbindern, mein Schatz. Einfachen Kabelbindern. Ein paar habe ich noch übrig. Aus denen bau ich uns morgen schnell noch einen Balkon.«

Ich hätte ewig so weitermachen können.

Zugegeben, ich fühlte mich hin und wieder ein bisschen minderbemittelt, wenn ich Gäste allein bewirten musste und ihnen lediglich eine perfekt zusammengestellte Auswahl meiner besten Konservendosen präsentieren konnte. Immerhin waren meine Kuchen höchst beliebt. Oder sagen wir: Ein Kuchen war sehr beliebt. Aber schon, wenn ich einen simplen Nudelsalat machen sollte, stieß ich an meine Grenzen. Nachdem mir nie jemand das Grundprinzip einer Marinade beigebracht hatte, schüttete ich immer alles hinein, was nicht bei drei im Kühlschrank war. Es war kein schöner Anblick.

Dem Gatten machte das nie etwas aus. Wenn er tatsächlich eines Abends zu fertig nach Hause kam, um noch zu kochen, bestellten wir eben Sushi. Das geschah selten genug. Denn im Gegensatz zu mir entspannt er sich beim Kochen. Wo ich mir drei Folgen *West Wing* reinziehe, wenn ich abschalten will, steht er eine Stunde lang in der Küche, saut sie von oben bis unten ein und kommt als neuer Mensch wieder heraus.

Ich hingegen pflege in der Küche meinen Wortschatz zu erweitern: Hier in Paris wohnen wir gegenüber von einem Kindergarten. Sobald die Erzieherinnen sehen, dass ich mir eine Kochschürze umbinde, schließen sie sofort alle Fenster. Dabei sind wir gerade erst vier Wochen hier.

Paris. Stadt der Liebe. Stadt der Lichter. Stadt des Genießens. Als der Gatte das Angebot bekam, für einige Zeit die Frankreich-Berichterstattung seiner Zeitung zu übernehmen, erbat er sich ein paar Tage Bedenkzeit. Nicht seinetwegen, er wäre von der Redaktion am liebsten direkt zum Flughafen gefahren. Doch wir hatten zu Beginn unserer Beziehung ausgemacht, alle Entscheidungen gemeinsam zu treffen. Weshalb er mich erst einmal nach unserer gemeinsamen Entscheidung fragen wollte.

Für mich war Paris eine Stadt wie jede andere. Das erste Mal war ich vor rund zehn Jahren hier, als ich ein Interview mit Ricky Martin machen durfte. In irgendeinem Safe muss noch das Tonband herumliegen, auf dem er am Ende des Gesprächs zu mir sagt: »Give me a kiss.« Gerüchte, dass Ricky kurz danach beschlossen hätte, schwul zu werden, sind allerdings eine böswillige Unterstellung. Er trug schon damals breite Lederarmbänder.

Weder Herr Martin noch die Stadt machten einen großen Eindruck auf mich. Ich kann mich nur erinnern, für das Interview im noblen Plaza-Athénée-Hotel hoffnungslos underdressed gewesen zu sein. Vermutlich eine unbewusste Reaktanz-Haltung gegen das Klischee der Modestadt Paris. Ich blieb jedenfalls nur wenige Stunden, flog wieder zurück und verschwendete keine weiteren Gedanken an diese Stadt.

Mein zweiter Besuch erfolgte bereits mit dem damals Noch-nicht-Gatten. Unser romantisches Wochenende begann meinerseits mit einem Kapitalsturz über die Stufen des Gare de l'Est, weil ich ihm beweisen wollte, wie locker ich mein Köfferchen selbst tragen konnte und was für eine eigenständige, hilfsunbedürftige Frau ich war. Er kaufte mir daraufhin drei Paar Schuhe, weil meine Lieblingssandaletten Opfer meiner Eigenständigkeit geworden waren. Als Ersatz für mein völlig zerstörtes Ego führte er mich in ein Restaurant, in das ich mich gleich zu Beginn haltlos verliebte, als man mir ein kleines Schemelchen neben meinen Stuhl stellte. Für meine Handtasche.

Dafür musste ich allerdings das Essen bezahlen. Des Gatten Kreditkarte hatte den Schuheinkauf nicht überlebt.

Paris war für mich also eine Stadt von durchaus lebensbestimmenden Ereignissen. Das Paris-Fieber, von dem viele gebeutelt werden, sobald sie zum ersten Mal den Eiffelturm sehen, war mir jedoch fremd. Ich finde nämlich Wien ähnlich schön. Außerdem sprechen die Leute dort wenigstens so, dass man sie versteht.

Allerdings fallen einem auf die Frage »Wollt ihr für einige Zeit in Paris leben?« keine wirklich guten Gegenargumente ein. Wir trafen also die gemeinsame Entscheidung, Pariser zu werden. Das taten wir, ohne auch nur ein einziges Wohnungsinserat gesehen zu haben. Himmel, wie naiv wir damals waren ...

Die Monate vor unserem Umzug verbrachten wir mit Wohnungssuche und Französisch-Lernen, beides nicht wirklich gut für die Moral. Wir begannen, uns auf TV5 Monde französische Nachrichten anzusehen. Nach der ersten Sendung blickten wir uns gegenseitig fassungslos an und sagten: »Merde.«

Wir begannen, Wohnungsannoncen im Internet zu lesen. Nach den ersten blickten wir uns gegenseitig fassungslos an und sagten: »Oh mon dieu!«

Die Mieten in Paris verstoßen gegen jedes Menschenrechtsgesetz. Nach ein paar Tagen Internetrecherche sagte ich zum Gatten: »Vielleicht sollten wir statt nach einer Wohnung lieber nach einer netten Brücke suchen. Die könnten wir uns gerade noch leisten.«

Wir nutzten einen beruflichen Termin in Paris, um dort vier Tage lang potenzielle Wohngegenden zu besichtigen. Unser Freund Alain-Xavier Wurst, gebürtiger Pariser mit deutschem Vater, hatte uns zuvor auf einem riesigen Stadtplan jene Gegenden angezeichnet, die für ihn infrage kämen. Seine Klassifikationen reichten von »nett, aber teuer« über »nett, aber sehr teuer« bis zu »nett, aber unerschwinglich«. Er war uns eine große Hilfe.

Wir fuhren mit der Metro kreuz und quer durch die Stadt, marschierten ganze Arrondissements ab, strichen bestimmte Quartiers von der Liste, merkten uns die Straßennamen von besonders netten Vierteln und hatten nach vier Tagen zwei Kilo weniger auf den Rippen. Dabei hatten wir auch schon erste potenzielle Lieblingsrestaurants gecastet.

Zurück im Internet stellten wir fest, dass man sich in Paris schnell entscheiden muss. Die Wohnungen werden nämlich erst dann angeboten, wenn der Vormieter schon längst ausgezogen ist. Nichts mit drei Monaten Planungsfrist, wie man das in zivilisierten Ländern wie, sagen wir, Resteuropa macht. Nein, man besichtigt eine Wohnung, gibt sein Bewerbungsdossier ab, erhält eine Woche später den Zuschlag und darf ab dem nächsten Monatsersten bereits Miete zahlen.

Das zumindest ist der theoretische Ablauf. Er scheitert gern schon am Bewerbungsdossier, das in Paris nicht nur die international üblichen Bestandteile wie Gehaltszettel, Kontoauszüge und Zahnbefund der Großmutter enthalten muss, sondern auch gern eine Bestätigung des aktuellen Vermieters, dass man immer brav seine Miete gezahlt hat, eine Strom- oder Telefonrechnung, die hier den Zweck eines Meldezettels erfüllt, sowie eine französische Bankverbindung. Die Bankverbindung bekommt man natürlich nur mit französischer Adresse. Die französische Adresse bekommt man nur mit Bankverbindung.

Wir fanden eine Bank, die auch unsere deutsche Stromrechnung als Nachweis unserer Existenz gelten ließ. Und wir fanden ein Appartement, das nur das Dreifache unserer Hamburger Wohnung kostete. Weshalb es auch nicht weiter ins Gewicht fiel, dass wir es bereits zwei Monate vor unserem Umzug anmieten mussten.

Wir zogen am 1. August ein, was sich bald sowohl als Fluch als auch als Segen herausstellen sollte. Im August ist Paris nämlich komplett leer, nur behelfsmäßig aufgefüllt mit Touristen, die sich aber großteils brav in ihren zugewiesenen Habitaten aufhalten. Insofern war es nicht so tragisch, dass die Umzugsfirma kein Halteverbot vor unserem

Haus beantragt hatte. Die Straßen waren so gut wie auto- und menschenleer.

Der Fluch zeigte sich bereits nach unserer ersten Nacht im neuen Heim. Um sechs Uhr morgens wachte ich durch ein Tropfgeräusch im Schlafzimmer auf. Die neu installierte Klimaanlage leckte. Sie tropfte so ausgiebig auf den neu verlegten Holzfußboden, dass der sich zu kleinen Mittelgebirgen aufwarf und der Gatte bald bergauf gehen musste, wenn er aus dem Bett stieg. Wir stellten das größte *Tupperware*-Gefäß, das wir auf die Schnelle in den Kartons finden konnten, unter das Gerät, riefen unseren Vermieter an und hinterließen eine Nachricht.

Einige Nächte später wachte ich wieder auf. Diesmal war es allerdings knallender Donner, der mich aus dem Bett holte. Als ich durch die Wohnung ging, um zu kontrollieren, ob wir auch alle Fenster geschlossen hatten, stieg ich in etwas Nasses. Und hörte wieder Tropfgeräusche. Die neu eingebauten *Velux*-Fenster waren undicht. Wir hinterließen dem Vermieter eine etwas dringlichere Nachricht.

Mittlerweile hatten wir außerdem festgestellt, dass einige der neu eingebauten Steckdosen nicht funktionierten. Was, retrospektiv betrachtet, vielleicht auch ganz gut war, weil wir uns nicht so leicht elektrisieren konnten, wenn wir bis zu den Knien im Wasser durch die Wohnung wateten.

Wir hatten auch noch kein Internet. Bestellt hatten wir es, in guter deutscher Manier, selbstverständlich schon von Hamburg aus. Allerdings hatte ich irgendwo irgendetwas zu unterschreiben vergessen, weshalb wir in Paris zurück auf Start mussten. Immerhin wurde uns der Besuch des Technikers für die folgende Woche versprochen – eine Rekordzeit, wie wir später erfahren sollten. Der Techniker kam auch, sah sich unsere Wohnung an, erklärte, dass man das Kabel erst durch ein Loch vom Treppenhaus in die Wohnung legen müsste, dies jedoch nur von einem anderen Kollegen (dem mit der Lizenz zum Bohren?) erledigt werden könne, und verschwand. Beim nächsten Termin kam – niemand. Angeblich waren wir nicht zu Hause. Möglicherweise hatte der Technikexperte zwar geschnallt, dass unsere Türklingel nicht funktionierte, wollte aber nicht klopfen. Zu analog.

Beim dritten Termin kam wieder der Kollege von der Woche zuvor und stand fünf Minuten grübelnd in unserem Wohnzimmer, bis er sagte: »Hier war ich doch schon einmal?«

Der Gatte und ich wechselten einander ab mit Verzweifeltsein. Einen Tag durfte er, dann wieder ich. Nach dem dritten fehlgeschlagenen Internet-Termin beschloss ich, meine Nerven mit einem Schaumbad in unserer frisch eingebauten Badewanne zu beruhigen.

Als ich bis zum Hals im Schaum lag, hörte ich wieder Tropfgeräusche. Neben der Wanne bildete sich eine immer größer werdende Pfütze. Der Überlauf war nicht angeschlossen. »Mir reicht's!«, schrie ich, während ich aus der Wanne sprang. »Ich packe meine Koffer! Ich will zurück nach Deutschland, wo alle Steckdosen funktionieren, wo die Fenster dicht sind und wo ich ein richtig heißes Bad nehmen kann. Denn ich darf dir hiermit mitteilen, dass wir in dieser verdammten Stadt maximal lauwarm baden können. Die Idioten haben nämlich einen zu kleinen Boiler eingebaut.«

Der Gatte tat das einzig Richtige, was man in einer solchen Notsituation tun konnte. Er öffnete eine Flasche Wein. Ich sollte besser sagen, er öffnete die tägliche Flasche Wein. Dieses Land ist eine konstante Attacke auf die Nerven, aber es weiß auch, womit man sie wieder beruhigen kann. »Bald ist September«, sagte er mit seiner Nehmen-Sie-die-Wafferunter-wir-können-über-alles-reden-Stimme. »Da kommen sie alle zurück aus dem Urlaub. Dann machen sie unsere Wohnung wieder heil.«

»Und dicht?«

»Und dicht.«

»Und mit Strom?«

»Ja, auch mit Strom.«

»Und werde ich dann endlich heiß baden können?«

Er zögerte. Für technische Fragen war bislang immer ich zuständig gewesen. »Zur Not koche ich dir eine heiße Suppe«, sagte er dann und füllte mein Glas nach.

»Ich will lieber deine Bouletten«, schmollte ich. »Die hast du mir schon lange nicht mehr gemacht.«

»Abgemacht, morgen bekommst du Bouletten. Oder«, er grinste mich an wie ein Erwachsener, der einem Kind ein Hustenbonbon als Belohnung verkaufen will. »Oder du machst sie für uns. In Wirklichkeit sind die kinderleicht.«

»Du weißt doch«, sagte ich, noch immer nicht mit dieser Stadt versöhnt, »ich kann nur Desserts.«

Am nächsten Tag kamen zwei vife Jungs von der Internetfirma, erkannten nach einem Blick in unseren Sicherungskasten, dass nirgends gebohrt werden musste, und schlossen uns innerhalb weniger Minuten ans Internet an. Und das nach lediglich vier Rendezvous, wie man in Frankreich etwas euphemistisch zu jeder Art von Verabredung sagt, egal, ob mit dem Liebhaber oder dem Zahnarzt. Wir waren endlich wieder vollwertige Menschen.

»Was für eine Odyssee!«, stöhnte der Gatte bei der abendlichen Flasche Wein. »Zwei Wochen hat das jetzt gedauert!«, antwortete ich, immer noch ein wenig fassungslos. »Kann man sich das vorstellen? Aber wenigstens haben wir das Gröbste überstanden.«

Wir hatten ja keine Ahnung.

Kapitel 3

Wie ich mir zum ersten Mal etwas koche

»Okay, also: Wie hast du kochen gelernt?«

Der Gatte denkt kurz nach: »Ich habe Rezepte nachgekocht.«

»Und dann kann man irgendwann so kochen wie du?«

»Naa jaa, wenn man das, was ich mache, Kochenkönnen nennen kann.«

»Fang nicht schon wieder damit an! Soll ich dich daran erinnern, was alle unsere Gäste über dein Essen sagen?«

Er hält die Klappe. Für jemanden wie mich, die ich sogar Spaghetti à la *Mirácoli* vermasseln könnte, ist diese Tiefstapelei ein rotes Tuch. Jedes Mal, wenn er einen durchkomponierten Teller vor mich hinstellt, von dem es nur so duftet, und ich daraufhin pflichtgemäß in Jubel ausbreche, pflegt er zu sagen: »Noch haben wir's nicht gegessen.«

Er deutet auf das Regal in unserer Küche, auf dem sich zwei Laufmeter Kochbücher drängen. »Ich kann dir ja ein paar heraussuchen, in denen du vor allem die Klassiker findest. Die *TimeLife*-Serie ist weltberühmt, und da steht einfach alles drin.«

Er holt einen Stapel großer, dünner Bücher heraus, in denen jeweils noch ein kleines Rezeptbuch steckt. Ich fange an zu blättern und blicke ihn dann vorwurfsvoll an. »Da sind keine Bilder drin.«

Er blickt mich etwas verwirrt an.

»Na, wie soll ich wissen, wie das am Ende aussieht, wenn keine Bilder drin sind?«

»Dann lies doch das Rezept!«

Ich lese. »Hühnerbrühe, Kartoffeln, Karotten, Lorbeerblatt, ... ich kann mir das nicht vorstellen! Kochen ist doof. Ich will so kochen können wie du. Du kochst ja auch nicht nach Rezept.«

Er gerät in Argumentationsnotstand. Außerdem erkennt er, dass ich kurz davor bin aufzugeben, wie immer, wenn etwas nicht sofort, auf Anhieb und in der ersten Sekunde funktioniert.

»Wieso kochst du nicht erst einmal einen Kalbsfond? Das ist die Grundlage für viele Gerichte, man kann wunderbare Saucen daraus machen, und es ist auch nicht so kompliziert. Im *Uecker* ist sicher ein Rezept dafür.«

»Aber das kann man ja gar nicht essen.«

Eigentlich steht er bereits seit einer halben Stunde in der Tür, um zu einem wichtigen Termin zu fahren. Er nimmt die Aktentasche in die andere Hand, weil ihm der Griff langsam in die Finger schneidet. »Dann überleg dir doch, was du gerne essen möchtest. Dafür suchst du dir ein Rezept heraus und kochst das. Ich muss jetzt leider wirklich los. Aber ich freu mich schon darauf, was du gekocht haben wirst!« Er küsst mich kurz auf die Stirn und schließt die Wohnungstür schnell hinter sich. Ich bilde mir ein, dahinter ein leises »Puh!« gehört zu haben.

Ich betrachte die lange Reihe an Kochbüchern. Und beschließe, Schokopudding zu machen. Er hat schließlich gesagt, dass ich kochen solle, was ich gerne esse. Außerdem habe ich in Paris noch kein Puddingpulver gefunden, das mit meiner Lieblingsmarke mithalten kann. Wo ist die blöde Globalisierung, wenn man sie einmal braucht?

Nicht, dass wir hier »unser deutsches Zuhause« nachbauen wollen, wahrlich nicht! Wir gehören nicht zu jenen Menschen, die ins entfernte Ausland fahren, dort aber dann bitte auch ihre Weißwurst und ihr Bier haben wollen. Oder deutsche Sauberkeit. Deutsche Pünktlichkeit. Brauchbares Klopapier. Dichte Fenster.

Wenngleich ich an dieser Stelle gestehen muss, erst gestern einen Zettel an unsere Haustür geklebt zu haben, auf dem »Merci de bien fermer la porte!« steht. Die aus dem zweiten Stock lassen sie nämlich immer offen.

Bei Schokopudding darf man jedoch keine Abstriche machen. Schokopudding ist Menschenrecht, und ich konnte schon so manche Krankheits- oder Depressionsattacke durch eine rasche Gabe von drei bis vier Litern Pudding hintanhalten. Dafür habe ich mir vor Jahren extra einen 10-Liter-Kochtopf gekauft. Und ich kann ihn gebrauchen. Unsere Steckdosen führen noch immer keinen Strom. Die Fenster sind auch noch immer undicht, aber immerhin hat es seither keine schweren Gewitter mehr gegeben, obwohl uns die Vorhersagen von Météo France schon einige bange Nächte beschert hatten. Inzwischen weiß ich immerhin, dass man einfach mit dem Gegenteil der französischen Wetterprognosen rechnen muss, dann hat man eine ziemlich sichere Trefferquote.

Unser Vermieter hat nämlich einen Freund, Aziz. Aziz ist gebürtiger Tunesier und darüber hinaus ein Allroundtalent. Das mit dem Tunesiersein ist wichtig und hängt ursächlich mit dem Schokopudding zusammen. Dazu komme ich gleich.

Aziz hat vor unserem Einzug die Renovierungsarbeiten unserer Wohnung organisiert und überwacht. Nun gut, überwacht ist vielleicht nicht das richtige Wort, sonst gäb's ja Strom. Er ist jedenfalls derjenige, der alle Handwerker beaufsichtigt, Material heranschafft, mich fragt, wie groß ich den noch fehlenden Spiegel im Badezimmer haben möchte, und vorschlägt, eine Satellitenschüssel auf dem Balkon zu montieren. »Da gibt es mittlerweile sehr kleine, dezente, die trotzdem sehr leistungsstark sind«, schwärmt er mir vor. »Ich empfange mit meiner chinesisches Fernsehen!«

Ich wäre schon für einen zusätzlichen deutschen Kanal dankbar, denn das französische Fernsehen besteht lediglich aus grenzdebilen Spielshows mit lebendmumifizierten Moderatoren und dickmöpsigen Assistentinnen sowie Diskussionssendungen, in denen alle gleichzeitig aufeinander einbrüllen. Ich beauftrage Aziz also, uns eine Satellitenschüssel zu installieren.

Das war vor vier Wochen. Bis jetzt haben wir immerhin bereits den Badezimmerspiegel. Die Fenster sind theoretisch seit zwei Wochen dicht. Da hatte Aziz nämlich seinen letzten Besuch angekündigt. Aber in Tunesien nimmt man es mit Terminen nicht so genau. Oder mit Absagen. Dass Aziz seit 30 Jahren in Frankreich lebt, bedeutet nur, dass er sich die Unpünktlichkeit der Tunesier bewahrt und sich zusätzlich die Inkompetenz der Franzosen angeeignet hat. *The worst of both worlds.* Aber er ist charmant, entzückend, und er will uns demnächst zu sich zum Essen einladen. Vielleicht kann ich mir ja dann bei ihm die Haare waschen, unser Wasserdruck ähnelt nämlich chinesischer Tröpfchenfolter. Die kennt er sicher aus seinen chinesischen Fernsehprogrammen.

Hin und wieder schicke ich Aziz eine SMS, um zu fragen, ob er denn vielleicht nächste Woche vorbeizukommen gedenke. Météo France habe strahlenden Sonnenschein versprochen, was nichts Gutes verheißt. Diese SMS werden meistens ignoriert, manchmal aber auch mit einem »Ich komme am Mittwoch vorbei« beantwortet. Ich will nicht allzu deutsch rüberkommen, deshalb frage ich nicht nach Kleinigkeiten wie Uhrzeit oder von welchem Jahr er spricht, und sage alle Termine für die folgenden drei Mittwoche ab. Wer nicht kommt, ist Aziz. Deshalb brauche ich ein gutes Schokopuddingrezept.

Je länger ich darüber nachdenke, umso mehr packt mich der Ehrgeiz. Sicher, ich könnte mir von meiner Mutter ein paar Packungen Fertigpulver schicken lassen (den richtig guten gibt es eigenartigerweise nur in Österreich), aber in meinem Kopf bildet sich langsam die Vorstellung eines wunderbar reichhaltigen, molligen, weich schmeckenden Puddings, mit dem nicht einmal das Pulver mithalten könnte.

Ich mache mich auf eine Recherchetour durchs Internet. Hatte ich schon erwähnt, dass wir endlich Internet haben?

Im amerikanischen Kochblog »smitten kitchen« finde ich ein Rezept, von dem seine Verfasserin in höchsten Tönen schwärmt. Dann muss es ja gut sein.

Sie erhitzt Milch, Maizena, Zucker und ein bisschen Salz im Wasserbad, bis die Masse beginnt, leicht anzudicken. Bei mir dickt aber nichts. Ich gebe ein bisschen mehr Stoff und rühre dann die dunkle Schokolade ein. Ich koste. Urgs, mehr Milch! Von mollig ist da keine Spur! Ich gieße vorsichtig Milch nach, bilde mir fest ein, dass die Masse leicht angezogen hat, und gieße sie in kleine Förmchen.

Bis das kalt ist, sage ich mir, kann ich ja endlich ein bisschen arbeiten! So hatte ich mir das nämlich vorgestellt: Da mein Schreibtisch nicht allzu weit von der Küche entfernt steht, kann ich zu Hause kochen lernen, ohne dabei meine Arbeit zu vernachlässigen. Easy peasy, würde Jamie Oliver sagen.

Ich setze mich vor den Computer und versuche, nicht an Schokopudding zu denken. Zufällig brauche ich ein Glas Wasser aus der Küche – der Pudding ist immer noch heiß. Ich gehe zurück zu meinem Schreibtisch und schreibe den ersten Satz, da bemerke ich ein leichtes Hungergefühl. Schnell ein kleines Brot – der Pudding ist immer noch heiß.

Irgendwie schaffe ich es, meine Neugier zu bezähmen, bis er einigermaßen abgekühlt ist. (Wir verstehen darunter: bis ein Metalllöffel sich nicht mehr darin verformt.) Ich greife mir eines der Förmchen – und gieße mir den gesamten Inhalt über die Hose. Dieser »Pudding« ist keinen Deut fester als Milch.

Ich lese das Rezept noch einmal. Verdammte Hacke.

Ohne allzu eingebildet klingen zu wollen, halte ich mich doch für einen mindestens durchschnittlich intelligenten Menschen. Ich kann in ganzen Sätzen sprechen, habe schon einmal eine Universität von innen gesehen und beherrsche den aufrechten Gang seit Kurzem sogar freihändig. Allerdings neige ich fallweise zu besonderer Vertrotteltheit. Zum einen Teil liegt das an einer klitzekleinen Konzentrationsschwäche. Manchmal stehe ich auf, um etwas zu erledigen, habe aber, sobald ich stehe, vergessen, was ich erledigen wollte. Zum anderen Teil liegt das an einer besonders ausgeprägten Form des logischen Denkens. Darauf bilde ich mir tatsächlich etwas ein. Ich denke so unglaublich logisch, dass ich mich dabei oft genug in eine völlige Pattstellung mit mir selbst denke. Wenn Sie mich also einmal irgendwo mit einem angestrengten, aber leeren Gesichtsausdruck stehen sehen, gehe ich vermutlich gerade eine lange Liste von Kriterien durch, die mich am Ende zur einzig richtigen Entscheidung in der Frage führen soll: »Die roten Papierservietten oder die blauen?«

Außerdem leide ich an einer mittelschweren Spezialform der Legasthenie. Im Alltagsleben kann ich Wörter mit denselben Anfangsbuchstaben nicht auseinanderhalten. In Wien gibt es eine U-Bahnlinie, deren Endstationen jeweils mit H beginnen: Heiligenstadt und Hütteldorf. Ich brauche jedes Mal drei Minuten, bis ich weiß, in welche Richtung ich muss. Hier in Paris steht mir jedes Mal der Schweiß auf der Stirn, wenn ich überlege, ob ich nun zum Bäcker oder zum Metzger will: also zur Boulangerie oder zur Boucherie.

Es müssen nicht zwangsläufig die gleichen Buchstaben sein, es reicht, wenn es der gleiche Laut ist. Ich bedanke mich hier regelmäßig mit den Worten »Das ist sehr hübsch von Ihnen!«, weil ich gentil (nett, sprich: [schontiej]) und joli (hübsch, sprich: [scholie]) durcheinanderbringe.

Was meinem ersten selbst gekochten Schokopudding zum Verhängnis wurde, waren die Wörter tablespoon und teaspoon. Ich hatte nicht drei Esslöffel Maizena verwendet, sondern drei Teelöffel. Was seine Konsistenz hinreichend erklärt.

Ich schütte alles in den Topf zurück, rühre die fehlende Menge Maizena mit etwas Milch glatt, gebe sie dazu und erhitze alles vorsichtig. Ah, *das* meinen die also, wenn sie sagen: »Die Masse soll leicht andicken.«

Ich wasche die Förmchen aus, fülle Pudding 2.0 hinein und trotte leicht frustriert zurück an meinen Schreibtisch. Diesmal habe ich keine Probleme, mich abzulenken. Nach einem solchen Beweis galoppierender Idiotie ist an Arbeit nicht mehr zu denken. Für Menschen mit meinem Talent zur Blödheit gibt es nur eine Beschäftigung: Computerspiele. So kann ich den geringsten Schaden anrichten.

Sagt mir mein logisches Denkvermögen.

Das Schlimmste an dem Puddingreinfall: Es ist nicht das erste Mal, dass ich die beiden Begriffe verwechsle. Beim letzten Mal hatte ich mich beim Zucker vertan, allerdings umgekehrt: Statt ein paar *TEAspoons* hatte ich ein paar *TABLEspoons* in eine Panna cotta geschaufelt. Wer rechnet auch ernsthaft damit, dass in einem Dessert nur vier Teelöffel Zucker sind?

Draufgekommen war ich noch rechtzeitig, als die Crème beim Rührbesenablecken sogar mir zu süß war. Statt mir jedoch, wie in ähnlichen Fällen üblich, zu denken: »Och, das wird schon seine Richtigkeit haben, vielleicht ist es beim Servieren ja nicht mehr so süß«, überlegte ich ausnahmsweise richtig logisch und schüttete sofort alles in die halb fertige Panna cotta, was noch da war: Buttermilch, Sahne, Joghurt – wäre irgendwo noch weiße Wandfarbe herumgestanden, ich hätte für nichts garantieren können.

Und was soll ich sagen? Es war die genialste Panna cotta meines Lebens. Und ich werde sie nie wieder reproduzieren können.

Diesmal sind meine Hoffnungen, zufällig einen neuen Meilenstein in der Geschichte des Schokopuddings erreicht zu haben, eher überschaubar. Nach ein paar Games *Bejeweled* und einem neuen Highscore (somit war dieser Tag nicht vollkommen nutzlos) wage ich mich zurück in die Küche und probiere den Pudding. Joli, äh, gentil. Aber Dr. Oetker kann's immer noch besser.

Als der Gatte abends nach Hause kommt, schlage ich ihm vor, Sushi zu bestellen. Wenigstens das kann ich.

»Hat nicht so toll geklappt heute?« fragt er vorsichtig, weil er nicht weiß, ob die Bombe noch scharf ist.

»Kochen ist doof. Und ich bin blöd«, antworte ich mit Angela-Merkel-Mundwinkeln.

»Na komm, das war doch erst der Anfang! Was glaubst du, was bei mir alles danebengegangen ist! Du hast Talent fürs Kochen, ich spür das!«

»Das musst du sagen, weil du sonst auf der Couch schläfst.«

»Nein, das meine ich so. Und die Couch ist sehr gemütlich. Vielleicht solltest du das Projekt einfach etwas grundsätzlicher angehen.«

»Mit Wasserkochen? Stimmt, damit habe ich auch schon einmal einen Topf ruiniert.«

»Nein, mit einem Kochkurs. Wir sind in Paris, der Stadt des Genusses! Es würde mich doch sehr wundern, wenn es hier keine Kochkurse gäbe.«

»Da versteh' ich ja kein Wort.«

»Quatsch, natürlich verstehst du alles. Und wenn nicht, fragst du einfach nach. Wann kommen endlich die Sushi?«

Kapitel 4

Wie ich meinen ersten Kochkurs überlebe

Der Gatte hatte recht, es gibt in dieser Stadt mehr Kochkurse als freie Taxis. Man kann in der Mittagspause in kleiner Gruppe unter Anleitung eines Profis sein Déjeuner zubereiten oder einen Tag lang nur die Kunst der Saucen erlernen. Es gibt Spezialkurse für Foie gras, für Pâtisserie oder japanische Küche, für Macarons, Krustentiere oder Terrinen, und ich könnte sogar eine professionelle Kochausbildung für läppische 40 000 Euro absolvieren.

Da man vermutlich eher einem Schwein das Pfeifen beibringt, entscheide ich mich für zwei Grundkurse, die einen Hauch weniger kosten: den Fisch- sowie den Fleischkurs beim Nobel-Traiteur Lenôtre. Dort heißen die Kurse »Techniques de Cuisson des Poissons et des Légumes« sowie »Techniques de Cuisson des Viandes et des Légumes«. Auszusprechen mit abgespreiztem kleinen Finger.

In dem Moment, als ich die Kursgebühren überweise, dämmert es mir plötzlich. Ich bin eine Frau über vierzig, die gerade ihren ersten Kochkurs gebucht hat. Was kommt als Nächstes: Radfahren für Anfänger?

Irgendwie habe ich als junge Erwachsene den Absprung verpasst, diese Sollbruchstelle, an der normale Menschen zu der Erkenntnis gelangen, dass jetzt Schluss sein muss mit Fertigpizza und Dosenravioli. Und dass ihre Kulinarikkenntnisse über die verletzungsfreie Zubereitung eines Butterbrots hinausgehen sollten. Üblicherweise hört man Geschichten wie: »Ach, meine Großmutter war so eine begnadete Köchin! Ich habe als Kind immer bei ihr in der Küche gestanden und mir angesehen, wie sie das macht!« Oder: »Bei uns in der Familie wurde immer Wert auf gutes Essen gelegt. Wir Kinder mussten von Anfang an mithelfen. Da bekommt man einfach ein Gefühl fürs Kochen.«

Wir Kinder mussten nie mithelfen. Meine Mutter war viel zu altruistisch, um niedere Küchenhilfsdienste an ihre Brut zu delegieren. Wenn wir an ihrem Geburtstag den Tisch deckten, kamen wir uns schon vor wie die Streberkinder aus den *Fünf-Freunde*-Büchern. Meine Mutter hat schließlich nicht drei Mädchen bekommen, um die dann alle zu Tussen zu erziehen. Sie selber besuchte eine »Lehranstalt für wirtschaftliche Frauenberufe«, wie das damals hieß. Kurz: Knödelakademie. Dort hat sie, wie sie einmal erzählte, ein Jahr lang nur Mehlschwitze zubereitet. Oder wie man eben jungen Menschen Spaß am Kochen vermittelt.

Von meiner Mutter habe ich gelernt, Sicherungen auszuwechseln, kaputte Glühbirnen zu erkennen und mit der Bohrmaschine umzugehen. Ihr Lieblingswort ist »praktisch«. Vielleicht liegt uns Neudecker-Frauen das Technische mehr im Blut. Wir sind mit der Bohrmaschine versierter als mit dem Haarföhn. Wir montieren unsere Wäschetrockner an einem Flaschenzug platzsparend unter der Zimmerdecke. Wir dichten Wasserhähne ab und bauen mit der anderen Hand eingestürzte Hausmauern wieder auf. Für den schiefen Turm von Pisa hätten wir schon längst eine Lösung gefunden.

Nicht, dass ich nicht trotzdem schon sehr früh Interesse an Küche und Herd gezeigt hätte. Vor allem am Herd. Ich wollte immer wissen, ob die Platte noch heiß war. So ist das eben, wenn der kindliche Forschungsdrang ins Kraut schießt, das Langzeitgedächtnis aber noch nicht mithalten kann. Ich kann bis heute nicht sagen, welchen Erkenntnisgewinn ich dadurch zu erzielen gehofft hatte. Es war einfach stärker als ich. Kam ich in die Küche, musste ich den Finger auf die Herdplatte legen. Wenn jemand also ein frühkindliches Erlebnis für meine Koch-Verweigerung sucht: Voilà!

Meine Mutter mit ihrem Sinn fürs Praktische ließ jedenfalls irgendwann die Brandsalbe gleich neben dem Herd liegen. Und war froh, wenn wenigstens ich der Küche fernblieb.

Vielleicht wusste sie, dass sie schneller fertig wird, wenn sie auf unsere Hilfe verzichtete. Wir waren alle keine besonderen Leuchten in der Küche. Meine jüngere Schwester liebte es, wenn der Frühstückskuchen sitzen geblieben und dadurch in der Mitte schön matschig war. Eines Tages erwischte meine Mutter sie dabei, wie sie den Kuchen heimlich während des Backens aus dem heißen Rohr holte, ihn ein paar Mal auf die Küchentheke knallte und wieder zurückstellte. Meine ältere Schwester bildete sich einmal ein, ein Lebkuchenhaus bauen zu wollen. Die Küche war tagelang nicht zu benutzen, dafür lernte ich viele neue Wörter kennen. Und als mein Vater einmal Palatschinken machte, musste danach frisch gestrichen werden.

Die Futterversorgung war damals einfach Müttersache. Meine fügte sich in diese Aufgabe, wie sie es von ihrer Mutter gelernt hatte. Sie stellte jeden Tag drei Mahlzeiten auf den Tisch und hatte verständlicherweise kein besonders großes Interesse daran, täglich grüne Spargelstangen zu ondulieren oder pochierte Kalbsschnitzel an Curry-Kartoffelpüree zu zaubern.

Zu der Zeit, als sie Futter für Mann und Kinder bereitstellen musste, wurden gerade die Convenience-Produkte erfunden. Wer jeden Tag kochen *muss,* ist zutiefst dankbar für Tiefkühlgemüse oder Fertigkroketten. Ein Standardgericht meiner Mutter war eine abgewandelte Form von Schweinefleisch süß-sauer. Man öffne eine Dose Ananas, eine Dose Erbsen sowie eine Dose Bambussprossen, kippe sie zu angebratenen Schweinefleischwürfeln, schütte Ketchup und Maizena dazu und lasse alles kurz durchkochen. Ich habe es geliebt.

Wenn wir aus der Schule kamen, war das Essen fertig, und auch an den Wochenenden pflegten wir uns der Küche erst zu nähern, wenn bereits alles auf dem Tisch stand. Lediglich meinem Vater habe ich manchmal dabei geholfen, Vogelfutter zu »kochen«. Er züchtete in unserem Garten exotische Vögel und ließ es ihnen an nichts mangeln. Er kochte Eier und zerdrückte sie, damit die armen Tierchen sich beim Fressen nicht anstrengen mussten. Er röstete und zerrieb Eierschalen, damit sie auch genug Kalk bekamen. Ihnen verabreichte er hektoliterweise Vitaminsäfte, uns Kindern kiloweise Schokolade. Nicht, dass wir uns beschwert hätten.

Als meine jüngere Schwester mit ihrem damaligen Freund zum ersten Mal gemeinsam im Supermarkt einkaufen ging, sagte der: »Wir brauchen noch Gemüse.« Worauf sie zielstrebig in Richtung Tiefkühlabteilung marschierte.

Die Gemüseabteilung war uns sehr wohl ein Begriff. Wir kannten auch die Obstabteilung. Schließlich wurden wir des Öfteren hingeschickt, um Äpfel, Karotten und Salat zu kaufen. Nicht für uns, für die Vögel. Gemüse für Menschen wuchs für uns in der Tiefkühltruhe, gleich neben den Kartoffelkroketten.

Als ich meine erste eigene Wohnung bezog, überlebte ich problemlos mit Spaghetti und Fertigsauce, hin und wieder einer Tiefkühlpizza oder einfach Brot und Wurst. Meistens gingen wir nach der Arbeit ohnehin gemeinsam ins benachbarte Stammlokal. Wenn ich mir ausnahmsweise zu Hause etwas zubereitete, war das oft klein geschnittenes Gemüse (immerhin frisch – mein Tiefkühlfach war nicht besonders groß) sowie klein geschnittenes Huhn, beides zusammen im Wok so lange gekocht, bis sich kein Vitaminchen mehr rührte. Mit einem ordentlichen Schuss Sojasauce bekam man das schon runter.

Ich hatte nie Freunde zum Essen zu Besuch. Das heißt, beinahe. Ich erinnere mich an einen Abend vor einigen Jahrzehnten, als mehrere Freundinnen sowie zwei in Österreich weltberühmte Kabarettisten bei mir zu Gast waren, um sich für einen gemeinsamen Abend außer Haus zu stärken. Ich hatte Pizza gemacht. Als sie serviert wurde, wurde es ganz still. Die Pizza konnte man nicht wirklich als knusprig bezeichnen, und der Teig wurde beim Kauen im Mund immer mehr.

Oder – Jahre später – das Abendessen, bei dem ich den Zukünftigen meinen engsten Freunden vorstellte. Er sollte kochen, ich wollte nur für die Vorspeise sorgen. Diesmal gab es Mini-Quiches, und ich hatte mich streng an das Rezept gehalten. Nach den ersten Bissen kehrte wieder andächtige Stille ein. Ich wartete geduldig auf Reaktionen. Etwas wie »Lecker!« oder »Du musst mir unbedingt das Rezept geben!« wäre angemessen gewesen, vielleicht auch »Und DU sagst immer, du kannst nicht kochen!«. Bis Freund Markus als Erster seine Sprache wiederfand. Und sagte: »Nnglebt am Nngaumen.«

Immerhin war ich nicht allein daran schuld, dass der Rest des Abends ähnlich erfolgreich verlief. Der zukünftige Gatte musste noch schnell dienstlich an den Computer statt in die Küche, die Bresse-Tauben entpuppten sich als gefroren und noch nicht wieder aufgetaut, eine Freundin hatte am selben Tag erfahren, dass sie schwanger war, wollte aber noch nichts verraten, weshalb sie umständliche Ausreden erfand, damit sie die Jakobsmuscheln nicht roh essen musste. Und die Hälfte der Gäste hatte in völliger Verkennung der Lage aufs Mittagessen verzichtet, weshalb ich, bis Mini-Quiches, Jakobsmuscheln und Eisvögel fertig waren, im Akkord Tiefkühltoast toastete und aus sicherer Entfernung ins Esszimmer warf.

Es wurde aber letztendlich doch noch ein sehr netter Abend, bei dem niemand bleibende Schäden davontrug.

Immerhin habe ich seither viel gelernt. Theoretisch. Ich hege beispielsweise mittlerweile den starken Verdacht, dass man nicht mit jeder Sorte Fleisch alles machen kann. Es heißt, man könne Steakfleisch eher nicht für, sagen wir, Gulasch verwenden. Oder dass Gemüse schon vor dem Kochen tot ist, weshalb man die Kochzeit auf unter drei Stunden reduzieren können soll. Wie gesagt, Vermutungen.

Wozu allerdings einen Kochkurs besuchen, wenn man ohnehin mit jemandem verheiratet ist, dem man nur genauer auf die Finger schauen muss? Berechtigter Einwand, der uns viel Geld sparen könnte. Aber es ist wohl so wie beim Autofahren. Wer als Beifahrer eine Strecke zig Mal zurückgelegt hat, würde trotzdem nicht allein hinfinden. Man muss es selbst machen. Und der Gatte sollte ja hin und wieder auch ein bisschen arbeiten.

Am Vorabend des Fischkurses lerne ich noch schnell alle Vokabeln, die mir essenziell erscheinen: schälen, Gräte, hacken, braten, Messer, bluten, Notarzt.

Am nächsten Morgen ist es so weit. Die anderen Kinder aus meiner Klasse und ich versammeln uns im Lenôtre-Pavillon auf den Champs-Elysées. Praktischerweise sollen wir im kleinen Shop warten, der zwischen Restaurant und Lernküchen liegt, was eine ideale Umgebung ist für jemanden, dessen mentale Shoppingliste »Dinge, ohne die ich auf keinen Fall kochen lernen kann « bereits sieben Seiten umfasst.

Wir sind zu fünft, drei Damen, zwei Herren, von denen einer entweder bereits ein Profikoch ist – oder ein Klugscheißer vor dem Herrn. Ich fürchte, er ist Ersteres. Gottlob sind alle mehr oder weniger in meinem Alter. Sie wirken allerdings ebenfalls so, als hätten sie durchaus schon einmal in einer Küche gestanden, und ich danke meiner Hellsicht, dass ich mir am Vorabend vom Gatten noch habe zeigen lassen, wo bei einem Messer das Scharfe ist.

Die nächsten drei Stunden lang bereue ich zutiefst, jemals von Multitasking geschwärmt zu haben. Wir schälen und schneiden Gemüse für einen Fischfond, wir entgräten Fisch, wir enthäuten Lachs, wir öffnen Jakobsmuscheln und wiegen Gewürzmischungen ab. Wir löffeln Passionsfrüchte aus, mit denen der Thunfisch mariniert wird.

Monsieur le Kochlehrer bombardiert uns mit Fakten: 10 Gramm Gewürz pro Kilogramm Fisch, und zwar eine Mischung aus 100 Gramm Salz, 10 Gramm Pfeffer und 2 Gramm Cayennepfeffer. Krustentiere werden in Wasser mit 30 Gramm Salz pro Liter gekocht. Der Thunfisch wird mit 10 Gramm Passionsfrucht pro Kilogramm mariniert. Ein Roux wird bei Lenôtre aus 100 Gramm Öl, 400 Gramm geklärter Butter und 600 Gramm Mehl bereitet.

Ich hoffe, man darf auch ein bisschen weniger verwenden, wenn man nur zu zweit ist.

Lachs und Forelle werden bis 50 Grad Kerntemperatur gegart, Thunfisch bis maximal 45 Grad. Vor dem Braten wird der Fisch trocken getupft, in den Dämpfer kommt er mit der Haut nach unten.

Meine Notizen degenerieren dank Stress und Sprache streckenweise zu verzweifeltem Lautschrift-Gekrakel. Was meinte er mit » matière rasse «?? (matière grasse = Fett) Wer von uns wusste nicht, was Carvi (Kümmel) ist, sodass

Monsieur le Chef ihn mit »der Cousin von Cumin« aufklären musste? (Vermutlich war ich das.) Und zu wie vielen unterschiedlichen Schreibweisen von »Schalotten« ist ein einzelner Mensch fähig? Ich gestehe: Ich werde in meiner Mitschrift später sogar »Charlotten« finden.

Wenn ich gar nichts mehr verstehe, versuche ich abzuschreiben. Mit der Kamera. Von der Kollegin gegenüber. Zu Hause werde ich erkennen, dass ich ihre Schrift genauso wenig lesen kann wie meine eigene.

Aber siehe da, wir kriegen alles ohne größeres Blutvergießen hin. Und wenn jemand einen Fehler macht und beispielsweise den dunkelgrünen Teil vom Lauch mit zu den anderen Gemüsen in die Pfanne schmeißt, ist Herr Lehrer sofort zur Stelle, um ihn wieder herauszufischen. Zu meiner Verteidigung: Hätte die dumme Kuh von gegenüber ihre Abfallschüssel woanders hingestellt, wäre es erst gar nicht so weit gekommen!

Kurz nach Mittag und somit nach dreieinhalb Stunden Stehen ohne Pause (und dafür verlangen die Geld!) wissen wir, wie's geht, und bekommen deshalb eine Tüte mit Rohware mit nach Hause. Die Selbstüberschätzung trägt sich von allein. Sie hält bis abends an, als ich den Gatten mit den Worten erschüttere: »Cheri, ich kann jetzt kochen!«

Ich stelle ein paar Pfannen auf den Herd, bereite einen Dämpfeinsatz vor und werfe den Ofen an. Alles gleichzeitig, weil: Hat in der Schule ja auch funktioniert.

Als Erstes brennen die Jakobsmuscheln an. Ich hatte sie nicht trocken getupft. Das mit dem Trockentupfen hat Herr Lehrer ja schließlich beim Kabeljau gesagt. Woher soll ich also wissen, dass das für alles andere genauso gilt?

Während ich sie fluchend vom Pfannenboden stemme, kocht die Dämpfflüssigkeit im Topf nebenan so hoch, dass der Lachs plötzlich wieder schwimmen kann. Ich ziehe ihn gerade vom Feuer, als der Thunfisch in der Pfanne zu rauchen beginnt.

Angelockt durch lautes Fluchen und ein durchdringendes Piepsen, das sich als der Rauchmelder herausstellt, eilt der Gatte zu Hilfe.

»Wie bitte«, fauche ich ihn an, »soll man kochen können, wenn man nur zwei Hände hat?« An diesem Abend wird chez nous zum Dîner serviert: zu Tode gekochter Lachs, angebrannte Jakobsmuscheln sowie Thunfisch an schwarzgebrannten Passionsfruchtkernen.

Der Gatte liest mir, wie all meine Wünsche, von den Augen ab, dass er dieses Essen in seinem eigenen Interesse nicht einmal mit liebevoll-motivierenden Lügen kommentieren sollte.

Kapitel 5

Wie ich Bœuf bourguignon zu hassen lerne

»Heute kommt Aziz ... wieder einmal, richtig?«, fragt der Gatte eines Morgens, wir haben Anfang Oktober. »Wird er endlich den Rest reparieren?«

»Ich fürchte, er wird nicht alles auf einmal schaffen«, antworte ich und trage den Wasserkocher ins Wohnzimmer zur funktionierenden Steckdose. »Erinnere dich an die Internet-Experten. Wir sollten nicht zu hohe Ansprüche stellen. Immerhin haben wir bereits einen Badezimmerspiegel!«

»Ich stelle keine hohen Ansprüche«, sagt der Gatte, »ich will nur dichte Fenster. Müssen die Eimer hier immer noch herumstehen? Es sind doch derzeit keine Gewitter angesagt.«

»Ich werde Kreidestriche drum herum ziehen, dann können wir sie im Ernstfall schnell wieder dort hinstellen, wo die Lecks sind. Aber dann sieht's hier bald aus wie nach einem Mordfall.«

»Wäre nicht so abwegig«, knurrt der Gatte und bleibt am Verlängerungskabel hängen.

»Er kommt heute sicher«, sage ich, da ich heute mit Durchhalteparolen an der Reihe bin. »Letzte Woche hat er doch gesagt, er muss erst noch die Küchenlampe besorgen.« Ich atme tief durch: »Die ich übers Internet schon längst hier hätte.«

Der Gatte nimmt meine Hand. »Irgendwann wird die Wohnung fertig sein, und dann werden wir an all das gar nicht mehr denken.«

»Wir können wetten, was früher geschehen wird«, sage ich. »Dass die Lampen hängen oder dass ich kochen kann. *Ich* habe gestern immerhin Spaghetti mit Tomatensauce geschafft!«

Ich mache tatsächlich Fortschritte. Ich habe bereits Kalbsfond und Tomatensauce gekocht! Und nur die mir angeborene, fast schon als krankhaft zu bezeichnende Bescheidenheit hält mich davon ab, das Küchenprojekt hiermit für beendet zu erklären und zu sagen: »Yep, feddisch, kann kochen!«

Denn diese beiden »Gerichte« fordern tatsächlich die ganze Köchin. Kalbsfond: Kalbfleisch, Knochen und Gemüse kaufen, alles in beliebig große Stücke schneiden, mit Wasser bedecken, ein Bouquet garni dazu, vier bis fünf Folgen *West Wing* lang sanft köcheln lassen, abgießen.

Als besondere Leistung rechne ich mir hier an, bis jetzt noch kein einziges Mal den Fond selbst weggeschüttet zu haben, so wie man beim Spaghettikochen das Wasser abgießt. Ein paar Mal stand das Sieb allerdings bereits in der Spüle. Die Versuchung ist einfach verdammt groß, vor allem bei Menschen, die schon so viel Routine in der Küche haben wie ich.

Die Tomatensauce, die mir der Gatte gezeigt hat und von der ich jetzt weiß, dass sie vom Rest der Welt schlicht »Marinara« genannt wird, ist ähnlich anspruchsvoll: Beliebig viele Tomaten, ein bis zwei Zwiebeln sowie ein paar Knoblauchzehen in der Küchenmaschine zu Matsch verarbeiten, danach ein bis zwei Folgen *Modern Family* lang ebenfalls sanft köcheln lassen, nach dem Abkühlen durch die Flotte Lotte drehen und bei Bedarf zu einer schönen dickflüssigen Sauce reduzieren.

Überhaupt reduzieren: *Wenn* ich früher einmal etwas gekocht habe, das über »Huhn und Gemüse in den Wok werfen« hinausging, scheiterte es spätestens dann, wenn man irgendetwas »auf die Hälfte reduzieren« lassen sollte. Bei mir hat sich nie etwas reduziert. Obwohl ich ihm jedes Mal locker fünf Minuten Zeit gelassen habe.

Heute weiß ich, dass es auch hilft, den Deckel dabei abzuheben.

Ich scheine ein Talent für alle Gerichte zu haben, bei denen es auf die eine oder andere Stunde Kochzeit nicht groß ankommt. Eine meiner neu entdeckten Spezialitäten sind ofengeröstete Tomaten. Ich nenne sie ofengeröstet, weil ich mir mit den Begriffen noch nicht ganz sicher bin. Gebacken, gebraten, geröstet – Hauptsache, der Rauchmelder schlägt nicht mehr an.

Das mit den Tomaten ist ein genialer Trick, um in spanische rote Wasserbälle eine Ahnung von Geschmack zu bekommen. Die vollständige Anleitung sieht vor, die Tomaten ein paar Sekunden lang in kochendes Wasser zu legen – unsereins sagt dazu »Blanchieren« –, um die Haut abziehen zu können. Dann halbiert man sie längs des Äquators und löffelt die Kerne heraus. Danach werden sie mit der Schnittfläche nach unten bei 120 Grad zwei oder gern auch drei Stunden im Ofen geröstet/gebraten.

Das erste Blech habe ich auf einen Sitz leergeräumt, daraufhin gab es sie täglich. Der Gatte beobachtete diese Fixierung mit leichter Verwunderung. »Ganz okay« war sein Urteil, während ich die nächste Ladung inhalierte.

Mittlerweile überspringe ich den Schritt mit dem Herauslöffeln der Kerne, und wenn man ganz ehrlich ist, kann man die Haut auch von den fertig gerösteten Tomaten sehr leicht abziehen. Eines Tages, wenn die erste Gier befriedigt ist, werde ich mir die Zeit nehmen und auch noch ein paar Thymianzweige dazulegen.

Nach derselben Methode bereite ich ein astreines Roastbeef zu. Lang und langsam, immer unter der Kontrolle eines Bratenthermometers. Ich fürchte, der Gatte findet das ein bisschen wie Radfahren mit Stützrädern. Er braucht so etwas nicht, weil er »fühlt«, wann Fleisch perfekt gebraten ist. Er drückt darauf herum, bis er irgendwann sagt »Ok, das ist fertig« und es aus der Pfanne holt. Es gibt da diesen Trick, der mir schon hundert Mal gezeigt wurde und den ich mir trotzdem nicht merken kann. Je nachdem, wie stark man den Daumen anwinkelt, fühlt sich der Daumenballen an wie ein Steak, das a) rare, b) medium oder c) well done ist. Mein Daumenballen fühlt sich, mit Verlaub, immer gleich an. Das sind eben die Muskeln vom vielen *Bejeweled*-Spielen. Ich vermute ja überhaupt, dass durch diesen Trick das Fleisch am Ende eher weich gedrückt als weich gebraten ist. Aber das bleibt jetzt unter uns.

Auf jeden Fall »fühlt«, »spürt« oder »sieht« der Gatte, wann es fertig ist. Und meistens hat er recht. Manche Menschen haben eben ein Gespür dafür und können es uns Ahnungslosen nicht erklären. Die Frau eines grandiosen Hamburger Profikochs erzählte mir, dass sie ihren Mann einmal um Rat fragte, als sie zu Hause eine Lammkeule im Ofen hatte. Sie: »Woran merke ich denn, ob die durch ist?« Er: »Na ...wenn sie fertig ist!« Auch er war ihr eine große Hilfe.

Für Roastbeef nach Niedrigtemperaturmethode bin jedenfalls immer ich zuständig. Dafür durfte ich mir endlich wieder einmal ein neues Gadget zulegen: ein schniekes Digitalthermometer mit zusätzlichem Funkempfänger, der mich jederzeit über die aktuelle Bratentemperatur informiert, egal, wo in der Wohnung ich mich gerade aufhalte. Vorsprung durch Technik. Und ideal für jemanden, der regelmäßig schwarz gebrannte Topfböden auskratzen darf, weil er »nur kurz« etwas anderes erledigen wollte.

Dafür habe ich dem Gatten etwas abgeschaut, was ich früher an ihm als leicht zwanghaft empfunden habe: Ich bereite alle Zutaten vor, *bevor* ich den Herd einschalte. Wer jetzt verständnislos den Kopf schüttelt, gibt sicher seine Steuererklärung auch immer pünktlich ab und wird mich deshalb nie verstehen.

Ich glaube, die Menschheit teilt sich in jene Streber, die ein Rezept bis zum Ende durchlesen, bevor sie zu kochen beginnen. Und in Menschen wie mich. Wir tun, wie uns in den Anleitungen befohlen, schneiden also erst die Zwiebel klein und schwitzen sie an, bevor wir die Zucchini überhaupt aus dem Kühlschrank holen. Wir kommen mittendrin drauf, dass wir die Zwiebel nicht im kleinsten Topf hätten anschwitzen sollen, weil dort im Verlaufe des Rezepts nämlich noch zwei Liter Hühnerfond, ein halber Liter Tomatensauce und fünf Kartoffeln mit hinein sollen.

Doch vorbei diese Zeiten, so abenteuerlich und aggressionsabbauend sie auch waren. Auch ich gehöre jetzt zu den Strebern, die in ihrer Küche stehen und mit ihrer besten Fernsehstimme zu ihrem Ofen sagen: »Sehen Sie, ich habe hier schon einmal alles vorbereitet, klein gehackte Karotten, ein hart gekochtes Ei, ein Esslöffel Olivenöl, die Taschentücher fürs Zwiebelschneiden ...«

Deswegen nämlich können all die Fernsehköche ein dreigängiges Menü in 15 Minuten zaubern. Die ganze mühsame Wasch-, Schäl- und Schneidearbeit haben sie zuvor von ihren Unterlingen erledigen lassen.

Die Profis nennen es *Mise en place,* Bereitstellen. Seit ich das tue, muss ich beim Kochen viel weniger fluchen. Beim ersten Mal war es ein erhebendes Gefühl, ähnlich jenem, einen Text ausnahmsweise einmal pünktlich zur Deadline abgegeben zu haben. Die Zucchini standen gewaschen und geschnitten in ihrem Schüsselchen bereit, um pünktlich in den Wok geworfen zu werden und nicht erst dann, wenn die Zwiebeln schon eine hellschwarze Farbe angenommen haben. Was ich nämlich auch schon gelernt habe: Wenn die Zwiebeln nicht hellschwarz geworden sind, schmeckt's besser. Kleine Ursache, große Wirkung.

Dies ist allerdings für eine Wienerin, die mit der Sicherheit aufgewachsen ist, sich im Supermarkt jederzeit fertige dunkelbraun geröstete Zwiebeln kaufen zu können, ein beinahe schmerzhafter Erkenntnisgewinn.

Mittlerweile habe ich auch gelernt, den Geschirrspüler nicht just dann einzuräumen, wenn ich gerade das Steak in die heiße Pfanne gelegt habe, sondern vielleicht eher, während ein Fond stundenlang vor sich hin köchelt. Ich drucke mir Rezepte, die ich im Internet gefunden habe, immer öfter aus (sorry, Bäume!), anstatt sie mir auf meinen kleinen iPod zu laden, dessen Mäusekino-Bildschirm geradezu nach Lesefehlern schreit. Ich probiere neue Rezepte auch nicht mehr mit den originalen Mengenangaben aus. Nicht nur, weil wir lediglich zwei Esser sind. Sondern vor allem auch deshalb, weil sich gerade Erstversuche oft als »zu viel« herausstellen. Wenn Sie verstehen, was ich meine.

Das Ausdrucken empfiehlt sich auch, wenn man schon in der Volksschule bei den Grundrechenarten die Gedanken immer woanders hatte. Die Zutaten eines Rezepts ohne Notizen im Kopf zu halbieren, wäre an sich nicht so das Problem. Sich allerdings bis zur letzten Zutat zu merken, dass man nur die halbe Menge machen wollte, ist eine gedankliche Leistung, die nur Hochbegabte schaffen.

Ich mache mich fertig, um einkaufen zu gehen. Heute Abend könnte es, mit etwas Glück und Nerven, Bœuf bourguignon geben. Aziz wollte zwar vorbeikommen, aber ich probiere es jetzt mit paradoxer Intervention. Ich werde justament nicht zu Hause sein, falls er kommt. Früher ist der Bus jedenfalls immer brav gekommen, sobald man sich eine Zigarette angezündet hat.

Ich will, dass Aziz meinen Frust fühlen kann. Ich will, dass er sauer auf mich wird, so wie ich ihn jeden Abend in mein Gutenachtgebet einschließe. Und irgendwann will ich einfach wieder so viel Wasserdruck in der Dusche haben, dass ich meine Haare waschen kann. Kopftücher stehen mir einfach nicht.

Bœuf bourguignon ist nicht nur *der* französische Klassiker, sondern auch jenes Gericht, das in dem Film *Julie & Julia* die dritte Hauptrolle neben Meryl Streep und Amy Adams spielt. Es wird im Verlauf des Films mindestens drei Mal gekocht, und jedes Mal fallen die Darsteller bei der ersten Verkostung beinahe in Ohnmacht vor Glück.

Aber wir hier sind ja keine Groupies, die alles nachmachen, was sie im Kino sehen. Deshalb wird nicht nach Julia Childs Rezept gekocht, sondern nach dem *TimeLife*-Kochbuch »Die Küche in Frankreichs Provinzen«.

Doch vor das Kochen hat der liebe Gott das Einkaufen gestellt. Dies kann jemanden, der deutsche Effizienz gewohnt ist, in Paris vor eine mittelharte Geduldsprobe stellen. Der Weg zum Supermarkt dauert von unserer Wohnung aus gestoppte fünf Minuten. Realistischerweise muss man allerdings eher mit dem Doppelten rechnen. Der Pariser rennt zwar, wenn er von A nach B muss, gern alles nieder, was sich ihm in den Weg stellt. Doch wenn er erst einmal irgendwo steht, steht er gut. Er steht bevorzugt auf dem Gehweg. Zum Rauchen. Zum Telefonieren. Zum Quatschen. Meistens steht er mit mehreren anderen auf dem Gehweg, aber nicht, dass Sie jetzt glauben, die stellen sich alle so, dass man problemlos vorbeikommt. *Au contraire!* Wer sich seinen Platz auf dem Trottoir gesichert hat, ist dort König. Das übrige Fußvolk muss eben auf die Straße ausweichen.

Ist der Gehweg zu breit, um ihn mit zwei Personen blockieren zu können, geht einer von beiden in einen lockeren Ausfallschritt, damit alle anderen trotzdem einen Bogen um ihn machen müssen. Ich übertreibe nicht! Dem Pariser ist im Laufe der ganzen Revolutioniererei das Barrikadenbauen offensichtlich ein bisschen zu sehr in Fleisch und Blut übergegangen.

Er kann einem allerdings auch als Einzelperson locker den Weg versperren. So wie Deutsche und Österreicher von klein auf dazu erzogen werden, nur ja niemandem im Weg zu stehen, hat der Pariser einen sechsten Sinn dafür, wie er am effizientesten allen fließenden Fußverkehr zum Erliegen bringen kann. Er tritt beispielsweise aus einem Geschäft und bleibt vor der Tür stehen, um in aller Ruhe zu überlegen, wo er denn nun vielleicht hingehen möchte. Er steigt aus der Metro und bleibt davor stehen, um in aller Ruhe zu überlegen, wo er denn nun vielleicht hingehen möchte. Die wahren Spezialisten bleiben gar am Ende einer Rolltreppe wie angewurzelt stehen, um in aller Ruhe ...

Wobei man nicht unfair sein darf: Die beiden letzten Techniken haben auch Touristen sehr gut drauf.

Immerhin ist das im deutschsprachigen Raum weitestverbreitete Vorurteil über die Franzosen völlig falsch. Als wir unseren deutschen Freunden erzählten, dass wir nach Paris ziehen würden, hörten wir von jedem zweiten: »Oh Gott, die Franzosen sind ja *so arrogant!*« Blödsinn. Wir haben in Paris noch keinen nicht-hilfsbereiten, unfreundlichen oder arroganten Menschen getroffen. Man muss nur einmal kurz sinnierend auf der Straße stehen bleiben, schon stürzt ein Pariser herbei und fragt, ob er weiterhelfen kann. Das Unglaublichste: Hier sind sogar die Polizisten nett!

Wo sie mich allerdings wirklich fertigmachen, ist an der Supermarktkasse. Wo der Deutsche die Wartezeit in der

Schlange nutzt, um EC-Karte, Kundenkarte und Flaschenbon zurechtzulegen, macht der Pariser was? Er telefoniert. Oder schaut in die Gegend. Oder auf seine Fingernägel (Frauen) beziehungsweise in die nächstbeste spiegelnde Oberfläche (Männer). Sind seine Einkäufe gescannt, beginnt er in aller Ruhe einzupacken. Ist er damit fertig – und erst danach! – fängt er an, in seiner Tasche nach dem Portemonnaie zu kramen.

Die Kassiererin nutzt die Pause ebenfalls zu einer kleinen Erholung. Sie versucht nicht etwa den Kunden im Interesse der Warteschlange aus seiner Gemütlichkeit zu reißen, oh nein! Keine auffordernd aufgehaltene Hand, kein Zusammenschieben seiner Einkäufe, um Platz für den Nächsten zu machen. Keine Wiederholung der zu zahlenden Summe, falls er es beim ersten Mal »nicht richtig gehört« haben sollte.

Der nächste Kunde, meistens bin das ich, muss sich dann erst einmal am Vorgänger vorbeischieben, weil der immer noch vor dem EC-Kartengerät steht und dort in aller Ruhe seine Karte wieder wegsteckt. Dann darf ich meine Einkäufe zwischen seinen herausfischen, weil er natürlich vier besonders umfangreiche Artikel doch noch nicht eingepackt hat. Oft genug bin ich sogar noch vor ihm wieder draußen auf der Straße. Ach, diese Pariser könnten noch so viel von mir lernen!

Nachdem ich den Supermarkt bewältigt habe, gehe ich zu unserem Metzger. Auf dem Weg übe ich in Gedanken den beiläufigen Tonfall, mit dem ich »500 Gramm Rindfleisch für ein Bourguignon« bestellen werde. Er soll nicht merken, dass es mein erster Versuch ist. Er soll am besten nicht einmal merken, dass ich zum ersten Mal ein »anständiges« Gericht kochen will.

Ich liebe die Pariser Metzger. Vor allem, weil es sie überhaupt noch gibt. In Hamburg haben wir das Glück, nur zehn Radminuten von einem richtigen Fleischhauer entfernt zu wohnen. Doch er ist der Einzige in weiter Ferne. Hier in Paris gibt es in jedem Quartier mindestens einen. Den besten erkennt man an der Länge der Schlange, die sich sonntags vormittags vor dem Geschäft bildet. Richtig, hier haben die meisten kleinen Lebensmittelgeschäfte auch sonntags offen, der alten Tradition zufolge, dass die Familien ganz brav nach der Messe zum Fleischer gehen, um sich ihren Sonntagsbraten zu kaufen. In die Kirche geht zwar kaum noch jemand, aber die offenen Geschäfte sind uns geblieben.

Richtig guten Fleischhauern könnte ich stundenlang zusehen. Wir waren vor Kurzem bei einem, den wir seither nur noch den »Dichter« nennen. Er hat ein sanftes, beinahe melancholisches Gesicht, was angesichts seines Metiers schon ein wenig überrascht. Er bewegt sich auch mit der Zartheit eines Feingeistes. Der Gatte kaufte dort Zutaten für einen Kalbsfond und verlangte unter anderem einen Knochen. Der Dichter verschwand nach hinten in seinen Kühlraum und kam mit einem Exemplar zurück, das die Vorlage für alle Micky-Maus-Comics gewesen sein muss. Pluto hätte für diesen Knochen alles gegeben.

Da das Trumm allerdings ein wenig groß war, bot der Dichter an, es zu zersägen. Zu diesem Zwecke griff er mit einer an Eleganz kaum zu überbietenden leichten Drehung des Handgelenks nach oben, wo seine Säge hing. Nahm sie, sägte ein Stück des Knochens ab und hängte sie mit der gleichen Drehung der Hand wieder an ihren Haken. Diese Choreografie wiederholte sich, bis der Knochen in handliche Stücke zerteilt war. Es war ein Genuss, ihm zuzusehen.

Unser Stammmetzger arbeitet ein wenig prosaischer, aber kein bisschen weniger professionell. Während ich in der Warteschlange stehe und mir seine bereits fertig gefüllten Rollbraten ansehe, lasse ich in meinem Kopf immer wieder mein beiläufig dahin gesagtes »Cinq cents grammes de viande de bœuf, s'il vous plaît!« abspielen, damit es, wenn ich dran bin, tatsächlich so klingt, als ob ich das schon Hunderte von Malen gesagt hätte.

Ich bin an der Reihe.

Ich: »Cinq cents grammes de viande de bœuf, s'il vous plaît!« (»Fünfhundert Gramm Rindfleisch, bitte«)

Er: »Combien?« (»Wie viel?«)

Ich: »Cinq cents grammes!« (»Fünfhundert Gramm!«)

Er: »Six cents?« (»Sechshundert?«)

Ich: »CINQ CENTS GRAMMES!« (»FÜNFHUNDERT GRAMM!«)

Er: »Ah, cinq cents grammes!« (»Ah, fünfhundert Gramm!«)

Er macht sich an die Arbeit, während ich versuche, meine Gesichtsfarbe von Rindfleisch wieder zurück auf Hühnchen zu pegeln. Die kleine Mistratte! Er hat das kein bisschen anders ausgesprochen als ich! Ab sofort bestelle ich eben nur noch 400 Gramm. Das ist akustisch eindeutiger.

Ich schleppe die Beute nach Hause und mache mich an das Bœuf bourguignon. Auch das habe ich mittlerweile gelernt: Überschlage großzügig, wie lange du für ein Rezept brauchen wirst, füge zu jedem Arbeitsschritt zehn Minuten extra hinzu, und nimm von der errechneten Gesamtzeit dann einfach das Doppelte. Mit dieser meiner neuen Rechenweise hatte ich das Abendessen jetzt schon ein paar Mal pünktlich um kurz vor Mitternacht auf dem Tisch.

Beim *TimeLife*-Rezept kann eigentlich nichts schiefgehen. Es ist aufwendig, aber wer auch immer diese Anleitung geschrieben hat, muss dabei an Talente wie mich gedacht haben. Sätze wie »Man vergewissert sich, dass der Backofen auf 180 Grad vorgeheizt ist« könnte ein labiler Mensch als passiv-aggressive Zurechtweisungen missverstehen, ich jedoch bin ihnen dankbar. Zeigen sie doch, dass wirklich jeder Handgriff dokumentiert ist. Zu oft habe ich schon Rezepte gesehen, in denen irgendein Detail als ohnehin allgemein bekannt vorausgesetzt wird. Dass man zum Wasserkochen den Herd einschalten muss oder so etwas in dieser Art. Nennen Sie es »eh klar«, ich bin jedenfalls froh, das noch einmal gesagt bekommen zu haben.

Für das original Bœuf bourguignon werden die Zwiebeln, die Champignons und das Fleisch separat gegart, um zu erreichen, dass kein Bestandteil zu weich wird, wie das Rezept erklärt. Zuerst wird Speck blanchiert, um »überschüssiges Salz zu entfernen«. Könnte man nicht einfach am Schluss entsprechend weniger würzen?

Okay, okay, ich habe mir geschworen, mich an das Rezept zu halten und keine blöden Fragen zu stellen. Dann wird der Speck eben blanchiert. Und von mir aus auch trockengetupft. Ich weigere mich allerdings, ihn auch noch in Butter zu bräunen. Das ist ja so, als ob man Butter in Olivenöl braten würde! Ich finde, er soll in seinem eigenen Fett bräunen, hat ja genug davon. Danach soll man in derselben Pfanne »18 bis 24 geschälte weiße Zwiebeln, etwa 2,5 cm im Durchmesser« anbraten. So schnell habe ich noch nie ein Rezept auf zwei Personen runtergerechnet! 24 winzige Zwiebelchen schälen, das macht vielleicht Spaß! Bei uns müssen acht reichen. Punkt.

Während die Zwiebeln im Ofen garen, dünstet man die Champignons an. Leichte Übung, keine Zwischenfälle. Weiter im Text.

Weil ich bei *Julie & Julia* brav aufgepasst habe, weiß ich, dass die Fleischwürfel nur dann vorschriftsmäßig bräunen, wenn man sie zuvor trockengetupft hat. Ich, die landesweit bekannte Effizienz in Person, wickle meine *cinq cents grammes de bœuf* einfach in Küchenkrepp, während ich die Speckpfanne wieder aufheize. So perfekt getrocknetes Fleisch werdet ihr noch nie gesehen haben, ihr Experten!

Als das Fett in der Pfanne wie befohlen raucht, ziehe ich das Küchenkrepp vom Rindfleisch.

An dieser Stelle dürfen Sie nun gern alle Ihnen bekannten Flüche einfügen. Das verdammte Küchenkrepp klebt nämlich am Fleisch wie das Grinsen im Gesicht von Markus Lanz. Besonders an den fetten Stellen. Ich schiebe die Pfanne vom Feuer, öffne das Fenster (wie gesagt, rauchendes Fett) und beginne, das Papier vom Fleisch zu operieren. Gegenüber werden wieder einmal die Fenster geschlossen.

Da sagen einem diese Analcharaktere von Kochbuchautoren, wie man wann welchen Finger wohin zu bewegen hat, aber dass man Fleisch nur kurz abtupfen darf, das behalten sie schön für sich!

An diesem Punkt kann mich das Bourguignon eigentlich schon kreuzweise. Ich stehe kurz davor, es in eine Ecke zu pfeffern. Doch meine Mutter hat uns beigebracht, dass man mit Essen nicht wirft, außerdem kann ich mich noch erinnern, was das Fleisch gekostet hat, weshalb ich mit zusammengebissenen Zähnen weitermache. Aber unter Protest.

Es folgt das Anbraten von Gemüse, das Einrühren von Mehl, das Hinzufügen von Rinderfond, das Aufkochen, das Rühren, bis die Sauce bindet, das Fertiggaren im Ofen (hier schreiben sie einem übrigens sogar wieder dazu, auf welche verdammte Schiene man den Topf zu stellen hat, diese Heuchler) sowie das Zusammenrühren von allen Bestandteilen.

Als der Gatte am frühen Abend nach Hause kommt, überschlägt er sich vor Vorfreude. »Wie das hier duftet!«, schwärmt er. »Wann können wir essen?«

Ich lege die geladene Waffe zur Seite, mit der ich die vergangenen zwei Stunden lang auf den Kochtopf gezielt habe, bereit zu schießen, wenn mich das Bourguignon nur noch ein einziges Mal reizen sollte. » Ich weiß nicht, ob es was geworden ist «, versuche ich trotz vorgeschobener Unterlippe zu sagen. » Bœuf bourguignon ist blöd. Dein Kochbuch ist blöd. Küchenrolle ist auch blöd. «

Er reibt mir zärtlich das Mehl von der Stirn, das mit dem Kochschweiß bereits eine Kruste gebildet hat: » Was ist denn diesmal schiefgegangen, hm? « Ich schildere ihm die gesamte Tragik meines Tages, vergesse nicht die Demütigung beim Metzger (» Der Metzger ist auch blöd «) und tue mir rechtschaffen leid.

Er kämpft mit sich und seiner Mimik, weil er einerseits ein verdammt schlechter Lügner ist, mir andererseits aber auch vorher schon hätte sagen können, wieso man allenthalben von Trocken*tupfen* spricht. » Das sind Lernprozesse «, beruhigt er mich. » Was glaubst du, was ich zu Beginn alles falsch gemacht habe. «

» Ja? «, seufze ich, » was denn? «

» Daran kann ich mich schon gar nicht mehr erinnern. Und so wird's dir auch bald gehen. Weißt du was? Ich decke jetzt den Tisch, und du kannst bis zum Essen mal die Beine hochlegen. Das war ja sicher richtig anstrengend. «

» Ja «, sagt meine Unterlippe. » Total! «

Als wir eine Stunde später beim Essen sitzen, muss sogar ich zugeben, dass das blöde Bourguignon richtig lecker ist. Ich sage das aber nicht wirklich laut. Diese Genugtuung gönne ich ihm nicht.

Aziz ist übrigens wieder nicht gekommen.

Kapitel 6

Wie wir einmal pünktlich zum Essen kommen

*I*ch ziehe dann schon mal meine Schuhe a-han!«, ruft es aus dem Wohnzimmer. Wir sind zum ersten Mal bei echten Franzosen eingeladen, und der Gatte praktiziert pädagogisches Schuheanziehen. In früheren Zeiten war er noch Fan des pädagogischen Lesens: Jedes Mal, wenn wir das Haus verlassen sollten und ich noch nicht fertig war, setzte er sich gemütlich aufs Sofa und griff demonstrativ zur Zeitung. Sollte heißen: »So lange, wie du jetzt wahrscheinlich noch brauchst, kann ich auch noch schnell die komplette ZEIT durchlesen.«

Meine Schwester Barbara hat diese Art der Erziehung erfunden. Sie glaubte fest ans pädagogische Rauchen. Jedes Mal, wenn ihr Freund, militanter Nichtraucher, etwas tat, das ihr nicht passte, zündete sie sich eine Zigarette an in der Hoffnung, dass er irgendwann eins und eins zusammenzählte.

Er hat es nie kapiert und sie mittlerweile das Rauchen aufgegeben.

Pädagogisches Schuheanziehen ist natürlich viel wirksamer als Lesen, weil lauter. Sobald ich des Gatten Gestampfe im Wohnzimmer höre, schaue ich auf die Uhr und sage jedes Mal: »Wir sind doch eh viel zu früh! Die Einladung war erst für 20.30 Uhr!« Oder »Wir sind doch eh viel zu früh! Der Zug geht erst in zwei Stunden!« Worauf er antwortet: »Ich möchte nicht als Letzter kommen, das ist unhöflich!« Oder auch: »Wer von uns beiden muss ständig auf fahrende Züge aufspringen?«

Ertappt.

Wir schließen dann den Kompromiss, dass ich mich fertig mache, er aber später zugeben wird, im Unrecht gewesen zu sein. Er hat dafür meistens genug Zeit. Die 45 Minuten zum Beispiel, die wir üblicherweise auf dem Bahnhof auf unseren Zug warten müssen.

Aber diesmal hat er ja recht. Wir wollten um 20 Uhr los, um einigermaßen pünktlich da zu sein. Die Pariser sind in dieser Hinsicht zwar nicht so streng. Wer mit ihnen ein Date ausmacht, kann zur vereinbarten Uhrzeit ruhig eine Viertelstunde dazurechnen und wird immer noch als Erster da sein. Aber man will sich ja nicht bereits nach wenigen Wochen Pariser Verhalten anmaßen. Ganz abgesehen davon: Hatte ich schon erwähnt, dass ich mit einem Deutschen verheiratet bin?

Wir machen uns also sicherheitshalber mit ein bisschen Sicherheitspuffer auf den Weg. Das mit den öffentlichen Verkehrsmitteln in Paris ist nämlich so eine Sache. Mit der Metro ist man tatsächlich überall sehr schnell. Vorausgesetzt, man wohnt nahe der Metro-Station und muss nicht umsteigen. Umsteigen kann im Pariser U-Bahnsystem zu einem mittleren Marathon ausarten. Damit meine ich nicht nur, dass es so lange dauert, sondern auch, dass man dabei ähnlich viele Kalorien verbrennt. Rolltreppen gibt es hier nur in neueren Stationen. Und man hat auch nicht wenigstens dort nachträglich welche eingebaut, wo die Fahrgäste üblicherweise schwere Koffer vom oder zum benachbarten Bahnhof schleppen müssen. Das wäre zu praktisch gedacht. Nein, in Paris läuft man kilometerlang von einem Bahnsteig zum nächsten. Dazwischen treppauf, treppab, unter anderen Metrolinien durch, über andere drüber. Oder, wie ich es nenne: Bauch-Beine-Po im öffentlichen Nahverkehr.

In den ersten Wochen haben wir uns in Metro-Stationen nur joggend fortbewegt, in Montparnasse-Bienvenüe, einem unterirdischen Labyrinth mythologischen Ausmaßes, ausschließlich im Sprint. Wenn mir der Gatte dort etwas Wichtiges mitteilen wollte (»Ich krieg keine Luft mehr«/»Das ist die falsche Richtung«/»Dein Rock steckt schon wieder in deiner Strumpfhose«), habe ich immer nur atemlos geantwortet: »*Nicht jetzt!* Sag's mir, wenn wir wieder oben sind!«

Deshalb findet man hier so wenige Fitnessstudios. Für die Ausdauer fährt man Metro. Das Krafttraining erledigt man in den öffentlichen Bussen, wo man sich besser mit allen verfügbaren Gliedmaßen festhält, wenn einem sein Leben lieb ist. Der Pariser Busfahrer wird zwar von seinen Passagieren beim Einsteigen immer freundlich gegrüßt. Das hält ihn jedoch nicht davon ab, seinen Fahrgästen ganz prinzipiell nach dem Leben zu trachten. Wer sich in Pariser Bussen nicht mindestens mit beiden Händen festklammert, ist selbst schuld. Ich persönlich verbeiße mich zur Sicherheit auch noch in die Sessellehne.

Für Gleichgewichtsübungen bietet sich dann wieder die Metro an. Auf bestimmten Linien legen sich die Züge so extrem in die Kurve, dass ich schon Achterbahnen gesehen habe, die grün wurden vor Neid. Das Anbremsen von Stationen ist der nächste Gefahrenmoment. Es muss für Metro-Chauffeure ein unglaublich befriedigendes Gefühl sein, entscheiden zu können, ob die Insassen eines kompletten Zuges geordnet, entspannt und mit funktionierender Frisur aussteigen können. Oder ob sie sich und ihre Gliedmaßen erst aus einem verknoteten Menschenhaufen lösen müssen, wie man ihn eigentlich nur aus dem Rugby kennt.

Stellen Sie sich doch einmal an das vorderste Ende einer Metro. Und sagen Sie mir dann, ob Sie nicht auch hin und wieder ein heiseres Kichern aus dem Führerstand hören. Aber machen Sie rasch, das Pariser Metrosystem wird gerade fortlaufend auf führerlosen Betrieb umgestellt. Und der Computer bremst um einiges humaner.

Wenn man es überlebt und nicht allzu oft umsteigen muss, ist man mit der Metro also wirklich überall sehr schnell. Die Intervalle sind traumhaft. Da hat man dem verpassten Zug noch nicht einmal fertig nachgewunken, kommt schon der nächste. Im Prinzip gibt es auch eine Webseite der Pariser Verkehrsbetriebe RATP, auf der man abfragen kann, wie man am schnellsten von A nach B kommt. Doch hier liegt begründet, wieso wir, wenn wir abends eingeladen sind, sicherheitshalber auf die Zeit, die RATP angibt, noch ein bis zwei Stunden Puffer draufschlagen. Denn der RATP-Computer denkt nicht immer logisch. Er schickt seine Kunden gern per Metro um die halbe Stadt, weil er nicht schnallt, dass es eine viel kürzere Strecke gäbe. Für die man allerdings zehn Schritte weiter gehen müsste.

Weshalb RATP bei uns nur noch *rat-pee* heißt. Rattenpipi.

Der Gatte hat also bereits die Schuhe an, geht in ihnen lautstark im Wohnzimmer hin und her, schwenkt den Fahrplan, den er sich von der rat-pee-Seite erstellen hat lassen (er könnte genauso gut einen Lottoschein schwenken) und meint, wir sollten endlich los. Erste Einladung, keinen schlechten Eindruck machen und all das.

Ich bin selbstverständlich bereits längst fertig und habe nur noch aus Protest gegen seine deutsche Überpünktlichkeit getrödelt.

»Schon gut, schon gut. Ich bin ja schon fertig! Hast du die Flasche Wein?«

»Hier in der Tüte. Hast du die Blumen?«

»Voilà. Können wir jetzt *endlich* los?«
Von ihm kommt nur noch ein fassungsloses Schnauben. Ich liebe dieses Spiel!

Als wir vor dem Haus von Frau Ministerin ankommen, ist es 20.25 Uhr. Frau Ministerin ist selbstverständlich keine solche, sondern arbeitet als französische Verbindungsoffizierin zu Deutschland im Verteidigungsministerium. Sie hat alle Eliteschulen durchlaufen, entsprechend bedacht war ich darauf, ausnahmsweise ein Kleid ohne Flecken zu tragen.

Um 20.31 Uhr beginnen wir mit dem Prozedere, uns Zugang in ihr Haus zu verschaffen. Am Haustor geben wir den Digicode ein. Ohne diesen Code kommt man in Paris in kein Gebäude. Jedes Haus hat seinen eigenen. Gegensprechanlagen sind hierorts zwar bereits bekannt, werden aber sicherheitshalber erst im Foyer installiert, weil ... keine Ahnung. Hat wahrscheinlich irgendwas mit der Revolution zu tun. Logisch ist es jedenfalls nicht. An der zweiten Haustür geben wir eine weitere Zahlenkombination ein – einfache Namensschilder wären viel zu simpel –, woraufhin der Ministerin Stimme im Lautsprecher und kurz darauf ein Summen an der Tür ertönt.

Wir halten kurz inne. Hat sie gerade ein wenig überrascht geklungen? Eine Spur außer Atem? Sicher nur Einbildung. Wir steigen in den Aufzug, der locker mindestens drei Personen fasst. Schließlich sind wir in einer Nobelgegend. Wir fahren hoch und klingeln an ihrer Wohnungstür. Außer hektischen Schritten ist zuerst nichts zu hören, dann flüstern sich zwei Menschen hinter der Tür lautstark etwas zu. Der Gatte und ich sehen einander betreten an.

Da öffnet sich die Tür, die Ministerin erscheint, streicht sich noch schnell die Haare zurecht und begrüßt uns auf das Charmanteste. Ihr Mann steht hinter ihr, fummelt an ihrem Rücken herum, und ich könnte schwören, ich hätte soeben das Geräusch eines Reißverschlusses gehört. Ist das Rasierschaum an seinem rechten Ohr?

Oh mein Gott, wir haben uns im Datum geirrt!

»Haben wir uns im Datum geirrt?«, fragt der Gatte erschrocken.

»Aber *pas du tout!*«, versichert die Ministerin. »*Pas du tout!* Herzlich willkommen!«

Ich werde von der Ministerin und ihrem Gatten mit Küsschen begrüßt. Das ist völlig normal, ich kenne beide ja schon seit zehn Sekunden. Die Kinder werden gerufen, typisch französisch bereits zwei Stück, das dritte ist im Anmarsch. Auch sie halten uns die Backen hin, um geküsst zu werden. Für einen Moment komme ich mir wie eine Kinderschänderin vor. Fremde Kinder küssen? Die sich von mir küssen lassen müssen? Ist das eine Falle?

Der Nachwuchs verschwindet artig in seinen Zimmern, vermutlich, um sofort mit den jeweiligen Therapeuten zu skypen. Wir werden in den Salon geführt. Der Pariser steht offensichtlich darauf, Salon und Esszimmer eindeutig getrennt zu halten. Auch wenn beides dann ein wenig eng wirkt. Der Salon ist mit historischen Musikinstrumenten dekoriert. Sonstige persönliche Gegenstände sind nicht zu sehen, nicht einmal Zeitungen, ein Magazin oder ein Buch, das einer von beiden gerade liest. Wenn ich daran denke, was bei uns alles herumliegt ...

Während Frau Ministerin und ihr Gatte sich um Knabberzeug und Aperitifs kümmern, blicke ich erst verstohlen auf meine Uhr – fünf nach halb neun – und dann zum Gatten. Der ist ebenso irritiert wie ich. Am liebsten hätte ich ihn gefragt, ob die Einladung denn wirklich für 20.30 Uhr war. Aber dummerweise kann Frau Ministerin Deutsch.

Wir beginnen zu knabbern, zu trinken und zu plaudern. Beide sind überaus amüsant und vor allem höflich. Wenn ich versuche, eine Geschichte zu erzählen, machen sie nicht dieses »Ich muss mich gerade sehr anstrengen, Sie zu verstehen«-Gesicht, das ich so hasse, sondern blicken mich mit einem ebenso interessierten wie hartnäckigen Lächeln an. Ihre Mundwinkel beginnen nicht einmal dann vor Anstrengung zu zittern, als ich schon selbst keine Ahnung mehr habe, was ich erzähle. Das also lernt man auf der Diplomatenschule. Ich sehe kampferprobte Mossad-Agenten weinend vor den beiden zusammenbrechen.

Der Gatte und ich verlegen uns darauf, den Spieß umzudrehen und die beiden zum Erzählen zu bringen. Viel bessere Taktik. Vor allem hören sie dann nicht, wie mein Magen knurrt. Es ist bald 21 Uhr, und ich habe nur ein paar Mandeln im Magen. Frau Ministerin macht keinerlei Anstalten, das Abendessen aufzutragen.

»Ich bewundere Ihre Instrumente«, sage ich zu Herrn Minister. »Sammeln Sie?« Er schluckt den Köder, erhebt sich und gibt mir eine kleine Tour. Nicht, dass mich alte Staubfänger auch nur im Mindesten interessieren, aber mein Plan geht auf: Ich kann einen Blick ins Esszimmer werfen. Meine Knie werden weich, und das liegt nicht ausschließlich daran, dass ich bereits schwer unterzuckert bin. Ich zähle nicht weniger als acht Gedecke. Wir müssen also noch auf vier Gäste warten.

Kurz nach 21 Uhr tröpfeln sie nacheinander ein. Ist mein Blick bereits champagnervernebelt, oder werden sie tatsächlich etwas herzlicher begrüßt als wir? Vielleicht kein Wunder. Die Gastgeber haben jetzt nicht mehr alle Hände voll zu tun, sich fertig anzuziehen.

Ich bleibe nach der Begrüßung des letzten Gasts einfach stehen. Wir gehen doch ohnehin gleich nach nebenan ins Esszimmer, richtig? Bitte?! Von wegen. Es wird weiter geknabbert, geplaudert und Champagner getrunken. Immerhin wird mein Französisch immer besser. Finde ich.

Als Madame endlich zu Tisch bittet, ist es nach 21.30 Uhr.

Um diese Uhrzeit pflege ich normalerweise mit vollem Bauch vor dem Fernseher zu liegen. Oder gleich im Bett, mit einem guten Buch. Jetzt rede ich wie eines. Immerhin fällt mir noch auf, dass ich gerade über einen Scherz meines Tischnachbarn etwas zu laut gelacht habe. Und vielleicht hätte ich dabei meine Hand auch nicht auf seinen Unterarm legen sollen. Seine Frau blickt etwas säuerlich von der anderen Seite des Tisches herüber. Wir sitzen nämlich, wie sich's gehört, nach Tischordnung. Männlein und Weiblein immer abwechselnd, und die jeweiligen Ehepartner möglichst weit weg voneinander. Keine Chance, sich mit dem Gatten in ein kleines Privatgespräch zurückzuziehen.

Als die Ministerin den Hauptgang serviert, bittet sie mich, meinen Tischnachbarn vorzulegen. Es gibt überbackene Fischfilets. Ich hebe eines davon aus der Backform und will es meinem Nachbarn auf den Teller legen, als die Ministerin sagt: »Am besten einfach in der Mitte teilen.« Erst da fällt mir auf, dass ich drei Filets an fünf Esser hätte verteilen sollen. Das schaffte zuletzt ja nur Jesus.

Nicht, dass mir die Filets so riesig vorgekommen wären. Bei uns zu Hause hätte man »eine anständige Portion« dazu gesagt. Aber wir sind ja in Frankreich. Ich murmle zur Tarnung »Ja, stimmt, so geht's einfacher«, teile und verteile. Der Champagner hat zwar die Reaktionsschnelligkeit entscheidend herabgesetzt, nicht jedoch das Peinlichkeitsempfinden. Ich nehme mir vor, bis zum Dessert die Klappe zu halten.

Leicht fällt mir das nicht. Ich bin schon etwas verwirrt, als nach dem Hauptgang eine große Schüssel mit grünem Salat auf den Tisch gestellt wird. Hätte der zum Hauptgang gehört? Hat man ihn einfach in der Küche vergessen? Offensichtlich nicht, denn alle greifen zu. Gleich darauf wird der Käse serviert, den man mit oder nach dem Salat isst. Es geht alles so fürchterlich sittsam zu. Man schneidet sich ein kleines Stückchen ab und reicht den Käseteller dann weiter.

Wo ich herkomme, existieren keine kleinen Stückchen. Mit zwei Schwestern lernt man, weder bescheiden noch langsam zu sein. Was man auf dem Teller hat, ist schon einmal gesichert. Wenn dann noch etwas übrig ist, wird einfach über den Tisch gelangt und »geradegeschnitten«.

Geradeschneiden ist eine alte Familientradition. Erfunden wurde sie bei Kuchen und Torten, die oft so lange geradegeschnitten werden, bis nichts mehr übrig ist. Geradeschneiden hat nichts mit Gier zu tun, sondern ist ein parasozialer, pseudoästhetischer Akt. Man will ja nur, dass es für die anderen hübsch aussieht. Man will vor allem eigentlich nichts mehr essen, man opfert sich ja nur noch für dieses eine dünne Stück. Moment, da links ist auch noch was schief.

Ich kann mich nicht erinnern, dass in unserer Familie jemals ein nicht leerer Teller abserviert wurde. Im Gegenteil. Der Satz, der bei unseren Familienessen am häufigsten fällt, ist Mutters beruhigende Ankündigung: »Es gibt davon noch mehr in der Küche.« Gefolgt von: »Will eh niemand das letzte Stück?« Allerdings haben wir Schwestern es nie zu einer solchen Perfektion gebracht wie meine liebe Freundin Susanne. Die war mit gleich drei Geschwistern gestraft und hat bereits früh eine elaborierte Technik entwickelt, um bei der Keksverteilung nicht leer auszugehen: Bevor die anderen zugreifen konnten, hatte sie bereits blitzschnell einen Keks nach dem anderen abgeleckt.

Bei Frau Ministerin wird nichts aufgegessen, schon gar nicht das Dessert. Als es auf den Tisch kommt, wird mir kurz schwummerig vor Unterzucker: Es ist eine kleine, elegante Schokotarte, Betonung auf klein. Sie ist eindeutig nicht selbstgemacht, deshalb kann Frau Ministerin sie ja auch locker mit einer Hand auf den Tisch stellen. Ich versuche, mir mit zusammengebissenen Zähnen ein Stück abzuschneiden, das gerade noch als »damenhaft« durchgeht. Meine Hände zittern dabei, meine Augen füllen sich mit Tränen. Nur dank meiner geradezu übermenschlichen Willenskraft gelingt es einigermaßen.

Und dann ist auch noch mein Weinglas leer.

Bereits kurz danach sitzen wir im Taxi. Nach dem »Dessert« gab es noch Kaffee, Tee oder Digestif. Zehn Minuten später erhoben sich die ersten Gäste, um sich zu verabschieden, worauf eine wahre Stampede einsetzte, der wir uns nur anschließen konnten. So lange der Abend gebraucht hatte, um zu beginnen, so überraschend schnell war er vorbei.

Im Taxi können wir endlich wieder frei sprechen.

»Beginnen wir von vorn«, sage ich. »Waren wir jetzt zu früh oder nicht?«

»Ich habe noch einmal nachgesehen«, antwortet der Gatte. »Die Einladung war eindeutig für 20.30 Uhr.«

»Aber hast du gesehen, wie spät die anderen gekommen sind? Ohne ein Wort der Entschuldigung? Ich würde mich das nie trauen. Fünf Minuten länger, und ich wäre vor Hunger in Ohnmacht gefallen.«

»Weißt du, langsam überlege ich, ob wir gerade zu deutsch sind. Kannst du dich an unsere erste Soirée erinnern?«

»Daran möchte ich mich nicht erinnern«, sage ich schaudernd. »Ich sage nur: Biskuitbombe.«

»Das meine ich nicht. Sondern, dass alle Franzosen gegen neun gekommen sind und alle Deutschen kurz nach acht.«

»Die Franzosen haben sich auf den Regen herausgeredet.«

»Geregnet hat's über den Deutschen auch. Nein, ich glaube, hier wird das nicht so streng gehalten wie bei uns.«

Er blickt nachdenklich aus dem Taxifenster. »Man kommt nicht pünktlich wie in der Schule, man setzt sich dann nicht sofort zum Essen, sondern plaudert vorher erst einmal entspannt und lernt einander kennen. Denk nur daran, wie wir unsere ersten Gäste von der Wohnungstür schon fast direkt an den Esstisch gescheucht haben.«

»Du willst sagen: Als sie dann endlich alle vollzählig waren.«

»Sei friedlich, du hast doch jetzt wirklich genug zu essen bekommen.«

»Genug? Ich habe mich absolut zurückgehalten! Jetzt weiß ich wenigstens, wie die das alle mit dem Schlanksein hinkriegen. Hast du das Stück gesehen, das sich diese Uniprofessorin von der Schokotarte genommen hat? Wenn ihr Nachbar tief Luft geholt hätte, wäre es weg gewesen. Können wir noch eine Pizza bestellen, wenn wir zu Hause sind?«

Im Bett versuche ich vergeblich, meinen Magen zu einem demonstrativen Knurren zu bringen. Dabei denke ich noch einmal an das Essen zurück. Sie haben ja recht, die Pariserinnen. Man muss nicht die ganze Tarte essen, nur weil sie so unglaublich schokoladig schmeckt. Für den Genuss genügt ein kleines Stück. Man muss auch nicht das ganze Eck Brie wegputzen, nur weil es vor einem steht. Schließlich hält sich Käse länger als nur einen Tag. Wenngleich in unserem Haushalt selten einer den nächsten Morgen erlebt.

In der Theorie verstehe ich also, wie es die Pariserinnen schaffen, trotz all der Verlockungen um sie herum schlank zu bleiben. In der Praxis habe ich jedoch nach wie vor keinen Schimmer, wie sie das zustande bringen.

Allein die französischen Käse! Der Gatte und ich haben uns bereits erkundigt, ob wir uns bei unserem Käsegeschäft sperren lassen können. Wir sind nämlich überzeugt, dass die mit ganz fiesen Psychotricks arbeiten. In den Boden versenkte Energieschleifen, die einem den Sinn vernebeln und die Beine vom Weg abbringen. Unhörbare Sirenengesänge, die sogar bis zur gegenüberliegenden Straßenseite wirken, sodass man plötzlich geringelte Augen bekommt, auf dem Fleck stehen bleibt, sich Richtung Käseladen wendet und wie ein Zombie über die zweispurig befahrene Straße wankt.

Haben sie uns erst einmal in ihren Fängen, sind wir restlos machtlos.

»Wir nehmen heute einen kleinen Palet frais von der Ziege«, beginnt der Gatte meistens. »Und eine Pyramide mit Asche.«

»Und einen Comté«, mache ich weiter. »Wie alt ist der denn?«

»18 Monate«, sagt die Käsefrau. »Der mit 24 Monaten kommt leider erst kurz vor Weihnachten.« Ich muss mich dann immer kurz am Regal mit den selbstgemachten Marmeladen festhalten. Schon die jungen Comtés kriegen mich jederzeit ins Bett. Aber der alte, bei dem man auf diese feinen Salzkristalle beißt und der ein noch vielschichtigeres Aroma hat – allein der Gedanke an ihn macht mich willenlos.

»Und ein Stück vom Brie de Melun«, springt der Gatte ein.

»Und einen Trou de cru«, sage ich, als ich mich wieder gefangen habe. »Wir machen ja gerade Diät.« Die Käsefrau lacht und versteht. Ein Trou de cru ist ein winziger runder Käse, sehr ähnlich dem Époisses, der wiederum jener Käse ist, mit dem ich hin und wieder den Comté betrüge. Der Époisses ist die cremigste, stinkendste Verlockung, seit es Kühe gibt. Wenn man von seinem Duft kurz ohnmächtig wird, ist er perfekt reif.

Der Époisses ist schon unwiderstehlich. Und dann hat sich offensichtlich irgendein französischer Crackdealer überlegt, wie er im Alter auf ein etwas ehrbareres Metier umsatteln könnte, und den Trou de cru erfunden. Den muss man sich wie das besonders reife Mittelstück vom Époisses vorstellen. Sein Genuss führt zu sofortiger Abhängigkeit.

Wir haben auch schon gelernt, dass wir nach einem Mont d'Or nur in den Wintermonaten zu fragen brauchen, in diesem Land haben nämlich sogar Käse ihre Saison. Der Mont d'Or ist ein Kuhmilchkäse, den man kalt essen oder für eine halbe Stunde ins Rohr schieben kann, um sich dann hineinzulegen, am besten gemeinsam mit einem Stück Baguette.

Von diesem Suchtmittel gibt es in Frankreich noch mindestens 350 weitere Sorten, die wir – eines unserer Projekte, solange wir hier leben – alle einmal durchprobieren wollen. Und da verrate mir einer, wie man sich zurückhalten soll, wenn man zum ersten Mal in seinem Leben ein Stück Brie de Meaux kostet und sich denkt, dass man nie wieder etwas anderes essen möchte. Wenn man die Seychellen-Insel seiner Träume gefunden hat, sagt man ja auch nicht: »Ok, hab sie gesehen, wir können wieder nach Hause fahren.«

Nein, man möchte mehr und mehr. Bis einem dieses Vakuum, das sich überhaupt erst durch die Existenzkenntnis von Comté aufgetan hat, nicht mehr das Gefühl vermittelt, man würde implodieren, wenn man nicht schnell noch ein Stückchen. Und noch ein Stückchen. Und jetzt eh nur noch ein kleines.

Ich verstehe also die Pariser, wenn sie sagen: Alles in Maßen. Aber ich werde nie kapieren, wie sie das durchhalten.

Kapitel 7

Wie ich auf dem Markt ein Erweckungserlebnis habe

Es ist ja nicht nur der Käse, der einen hier in Versuchung führt. In Paris gibt es täglich außer montags eine Unzahl an Märkten, einer ist immer in der Nähe. Unser wöchentliches Lieblingsritual ist der samstägliche Marktbesuch. Nirgends sonst versteht man die Beziehung der Franzosen zu gutem Essen so gut wie hier.

Auf dem Markt gibt es keine Hektik. Hier wird auch so gut wie nie geschrien. Und wer es eilig hat, sollte besser in den Supermarkt gehen. Der Marktbesuch hat etwas Ruhiges, Entspanntes, fast ein bisschen Feierliches. Eine ältere Dame, der wir fast jeden Samstag begegnen, trägt immer ihren besten Hut. Man trifft seine Nachbarn und kann endlich ein paar dringende Sachen besprechen. Politische Parteien nützen den Markttag gern, um ihre Flugzettel zu verteilen. Nirgendwo sonst haben sie die potenzielle Wählerschaft an einem Tag auf einem Fleck versammelt.

Auf unserem Markt gibt es neben den Obst- und Gemüseständen, die sich ja von allein verstehen, auch Stände mit Küchengeräten und Haushaltswaren, mit CDs und DVDs, mit Hüten, Schals, Teppichen oder Socken und Strumpfhosen. Babeth ist die Spezialistin für Gewürze, Salze, Sardinen und Anti-Diebstahlstipps. Wenn wir bei ihr vorbeikommen, haben wir jedes Mal irgendeine Tasche zu offen.

Vom schönen Käsehändler konnten wir uns nach vielen Monaten das erste Lächeln erarbeiten, indem wir ihm einen 2-Kilo-Mont d'Or abkauften. Jerôme ist unser Bioobst- und -gemüsemann. Er begrüßt uns immer mit einem herzlichen »Gutän Morgän« und verkauft im Sommer Feigen aus dem eigenen Garten. Neben ihm gibt es in der Wintersaison einen Stand mit ausschließlich Muscheln, Krabben und Hummern. Dort sollte man immer aufpassen, wo man hintritt, weil gern einmal die eine oder andere Krabbe versucht, dem Kochtopf zu entkommen. Allerdings ist der einzige Fluchtplan, zu dem so ein Krabbenhirn fähig ist, sich vom Verkaufstisch in die Tiefe zu stürzen. Nur falls jemand fragt, wieso es noch nie eine auf die Uni geschafft hat.

Es gibt das Pilzmännchen, das zwar nicht immer alles, was es sagen will, auf Anhieb rausbekommt, was es allerdings nicht davon abhält, von allen Marktfahrern am meisten zu quasseln. An seinem Stand bildet sich – vielleicht auch deshalb – oft eine lange Schlange, die sogar bis zum Fischhändler nebenan reicht. Darüber würden sich die Kundinnen jedoch nie beschweren, denn beim Fischhändler arbeitet ein junger Verkäufer, der schon in angezogenem Zustand recht angenehm fürs Auge ist. Im Sommer legt er noch dazu hin und wieder kurz sein T-Shirt ab, wodurch recht offensichtlich wird, dass der Ärmste in seinem Job sehr viele schwere Fischkisten zu schleppen hat.

Die jungen Kartoffelmädels haben nicht nur rund zehn verschiedene Kartoffelsorten im Angebot, sondern auch Pilze, leider ebenfalls besonders gute, weshalb wir oft vor dem moralischen Dilemma stehen, bei wem wir was kaufen. Man will ja niemanden vernachlässigen. Die Oldies wiederum haben das beste Gemüse und offensichtlich keine Lust auf Ruhestand. Oder vielleicht auch einfach kein Geld dafür. Dort steht jeden Samstag der Star unseres Marktes hinter ihren Gemüsebergen: Monique Quillet mit ihrem schicken Kurzhaarschnitt, der bei ihren weißen Haaren hervorragend zur Geltung kommt. Monique schmettert gern mal ein Chanson, während sie den Karotten die Blätter umdreht. Sie kann aber auch Rock (wie man auf *dailymotion* sehen, nein, hören kann), hat schon CDs veröffentlicht und tritt hin und wieder mit ihrer kleinen Band auf.

Am längsten habe ich meistens beim Weinstand zu warten. Dort werden kistenweise Flaschen aus Kellerauflösungen angeboten, an denen der Gatte selbstverständlich nicht vorbei kommt. Jagdinstinkt. Jede Flasche muss genau geprüft werden, schließlich hat man auch schon verschollene Van Goghs auf Dachböden entdeckt. Ich vermute ja, dass der malerische Staub auf den Flaschen eher aus der Mehlpackung kommt, aber was kenn' ich mich schon aus? Während der Gatte Flaschen dreht, gehe ich meistens schon mal weiter zum Pilzmännchen. Da ist wie gesagt die Schlange oft so lang, dass man sich nicht früh genug anstellen kann. Vor allem im Sommer.

Auch bei den beiden älteren Käsedamen muss man besonders lange warten, beim großen Fischstand ebenfalls (die Leute wissen nicht, was sie beim Nachbarn vom Pilzmännchen versäumen), beim Italiener braucht man ebenso viel Geduld wie beim Schinkenweltmeister. Den nennen wir so, weil er all seine Auszeichnungsurkunden nicht gerade vor aller Welt zu verstecken sucht. Frankreich ist ohnehin voller Weltmeister. Es gibt welche für die Andouillette (keine Wurst für Geruchsempfindliche), für Schweinsfüße, für Terrinen, Sülze – und vermutlich für jede Käsesorte noch einen eigenen.

Und da sprechen wir noch gar nicht vom »Meilleur Ouvrier de France«, übersetzt ungefähr »Bester Handwerker Frankreichs«. Dieser Titel wird in rund 100 Kategorien vergeben, vom Friseur über den Schweißer bis zum Stahlbetonspezialisten. Für die Lebensmittelbranche gibt es zehn Kategorien vom Fischfachverkäufer bis zum Schlachter. Zu erkennen sind die »M.O.F.« an ihren Krägen in den französischen Nationalfarben. Wenn man also einen Patissier mit einem blau-weiß-roten Kragen sieht, weiß man, dass der sich monate-, wenn nicht jahrelang auf eine mehrtägige Prüfung vorbereitet hat, in der er Aufgaben erfüllen musste, die für unsereins bereits in den Bereich der Zauberei fallen.

Wer die Nerven dafür hat, sollte sich unbedingt den Dokumentarfilm *Kings of Pastry* von D.A. Pennebaker und Chris Hegedus ansehen, die einige Zuckerbäcker bei ihren Vorbereitungen auf das Finale des Wettbewerbs begleitet haben. Man sollte sich für danach allerdings sicherheitshalber *Das Schweigen der Lämmer* zur Entspannung zurechtlegen. Denn wenn nach drei 14-Stunden-Tagen das in Millimeterarbeit ziselierte Zuckerkunstwerk just auf dem Weg zum Jurytisch ...

Beim Schinkenweltmeister also bildet sich die lange Schlange nicht nur aufgrund seines Angebots, das außer Schinken auch Würste, Terrinen, Pasteten oder kleine Delikatessen umfasst. Sondern auch aufgrund von Diskussionen, die an seinem Stand immer wieder ausbrechen. Er ist selbst schuld. Wer bei ihm ein Huhn kauft (er hat übrigens auch Hühner), bekommt vom Weltmeister, während er das Huhn ausnimmt, abflämmt und ihm den Kopf abhackt, auch gleich einen kleinen Vortrag über die beste Art, es zuzubereiten. Er leiert das nicht runter, weil man an diesem Tag schon der Dreißigste ist, der ihm ein Huhn abkauft, sondern es ist ihm ein Anliegen. Er erwähnt neue wissenschaftliche Erkenntnisse über Eiweiß-Denaturierung und weiß-der-Henker-was, erklärt, wieso er immer ein Schüsselchen mit Wasser in den Ofen stellt, und könnte vermutlich auch genaue physikalische Abläufe erklären, die während des Bratens in dem Viech so vor sich gehen.

Währenddessen beginnt übrigens niemand in der immer länger werdenden Schlange, nervös von einem Füßchen aufs andere zu trippeln, die Augen zu verdrehen oder leise zu murren, wie man es aus deutschen und österreichischen Warteschlangen gewohnt ist. *Au contraire!* Wer noch halbwegs in Schallreichweite steht, beteiligt sich an der Fachsimpelei. Man tauscht Erfahrungswerte und neue Erkenntnisse aus, gleicht Ofentemperaturen ab und erörtert die wichtige Frage »Füllen oder nicht?«. Wer nicht mehr so gut hört, sieht dem Schinkenweltmeister einfach nur zu oder versucht sich währenddessen zu entscheiden, was von all den angebotenen Leckereien er diesmal kaufen möchte.

Die Geduld der Wartenden drückt den Respekt der Franzosen vor wirklich guten Lebensmitteln aus. Die Leute wissen, dass sie für diese zehn Minuten Schlangestehen mit dem besten Käse oder den besten Kartoffeln belohnt werden. Mit Dingen, die man eben nicht jeden Tag schnell einmal im Supermarkt kaufen kann. Sie haben von klein auf gelernt, den Unterschied herauszuschmecken. Deshalb bildet sich die allerlängste Schlange auf unserem Markt immer beim Tomatenmann.

Der Tomatenmann sieht aus, als ob er sich im Winter mit seinen Tomaten im Feld eingraben würde. Sagt der Gatte. Er sieht wie jemand aus, der körperlich hart arbeitet, sage ich. Ich kann mich genau an unseren ersten Besuch bei ihm erinnern. Wir waren schon einmal erstaunt, dass es einen Stand gibt, der ausschließlich Tomaten anbietet. Diverse rote Sorten, eine dunkelrote, ein paar gelbe, eine grüne – nichts als Tomaten. Allerdings waren die roten oben noch ein bisschen gelb. Wir, von gleichmäßig rot gefärbten Supermarkttomaten völlig verkorkst, verzogen kennerhaft-kritisch das Gesicht: »Die sind aber noch nicht ganz reif.« Gleichzeitig jedoch dachten wir uns: Wenn hier so viele Menschen stehen, werden die Tomaten schon nicht so schlecht sein. Zur Not kann man das Gelbe ja wegschneiden. Oder Sauce daraus machen.

Zu Hause angekommen, kosteten wir unsere erste. Unser Leben sollte nie wieder so werden, wie es bis dahin war.

Der Gatte und ich blickten uns an, und wenn sie nicht gerade voll gewesen wären, hätten uns die Münder offen gestanden. »So schmecken Tomaten also!«, sagte ich, völlig fassungslos. »Sind die delikat!«, schwärmte er. Wir waren absolut platt. Mittlerweile ist man als geknechteter Konsument ja schon dankbar, wenn man Tomaten findet, die einem auf den Fuß fallen können, ohne dass man danach in die Notaufnahme muss. Diese spanischen Imitationen, die nie auch nur ein Bröselchen Erde oder gar echten Regen gesehen haben, machen das Geschmacksempfinden von halb Europa zunichte. Holland heißt jetzt Spanien.

Die Tomatenmanntomaten erinnerten uns an die guten alten Zeiten, als es noch echtes Obst und Gemüse gab. Irgendwo tief in unseren Erinnerungen war dieser Geschmack gespeichert, und Zonen-Sigis erste französische Tomate holte ihn wieder hervor. Ich verstehe Marcel Proust seither so viel besser.

Mittlerweile kaufen wir beim Tomatenmann nie weniger als vier Kilo: die normalen runden, um daraus Sauce einzukochen, die uns über den Winter bringen soll, die riesigen gelben und dunkelroten für Salat, die grünen Zebras einfach so und die gelben und roten Cocktailtomaten zum Naschen zwischendurch. Bei uns machen nicht die Schwalben den Sommer, sondern die Tomatenmanntomaten. Wenn er endlich wieder auf dem Markt auftaucht, wird alles gut.

Jeden Samstag kommen wir mit Beute für ein paar sechsköpfige Familien nach Hause, weil wir einer leichten Abwandlung des Käse-Laden-Syndroms zum Opfer fallen. Dessen gravierendstes Symptom manifestiert sich in einem schweren Sprachfehler: Man kann nicht mehr Nein sagen.

Freunde, die uns besuchen kommen, werden traditionellerweise auf den Markt mitgeschleppt, ob sie wollen oder nicht. Die Anfänger warnen wir vorher, dass es kein Anblick für Zartbesaitete wird. Hier ist Fleisch kein aseptischer roter Quader auf Styropor und unter Plastik, bei dem man gern und leicht vergisst, dass der Quader mal ein Tier war. Stattdessen liegen die einzelnen Körperteile und Organe recht unverhüllt in den Kühlvitrinen.

Der Franzose ist ja nicht gerade zimperlich bei dem, was er alles als essbar bezeichnet: »Tout est bon dans le cochon« (»Am Schwein ist alles gut«). Ergo liegen bei den Fleischern in der Auslage: Zungen in voller Länge (man kapiert recht schnell, wie Kühe es schaffen, sich selbst die Augen auszulecken), Gehirne in allen Größen vom Lamm, Schwein oder Kalb, vollständige Kaninchen, nackig, Schweinefüße, Schweineohren ... Wir haben sogar schon ein Ferkel gesehen, das kopfüber an einem Stand hing. Erst als wir daran vorbei waren, erkannten wir, dass es sich nur noch um ein halbes Ferkel handelte.

Man kann auch nicht gerade behaupten, dass Fische im Rohzustand zwangsläufig wahre Schönheiten wären. So ein Pulpo ist, wenn er sich in all seiner schleimigen Saugnapfigkeit über sein Podest aus Eis ergießt, eher was für harte Mägen. In der Wildsaison baumeln auch noch diverse Geflügel in voller Montur, Feldhasen, diesmal im Pelzmantel, mit einer Plastiktüte über dem Kopf, die vermutlich jeden Tropfen wertvolles Blut auffangen soll. Der Franzose pflegt eben einen ehrlichen Umgang mit seinem Essen.

Vor einigen Jahren gab es in Deutschland einen großen Skandal, als die Köchin Sarah Wiener für eine Arte-Dokumentation einer Gruppe von Schulkindern anhand eines Kaninchens begreiflich machte, dass das, was wir essen, erst einmal umgebracht werden muss, bevor wir es essen können. Daran mussten wir denken, als wir unseren allerersten Pariser Salon d'Agriculture besuchten, sozusagen die französische Grüne Woche. Für viele Familien ist dies ein Fixpunkt im alljährlichen Unterhaltungsprogramm. Sie tätscheln Kuhhinterteile, probieren Käse und schicken ihre Kinder in die Streichelzoos mit Ferkelchen und Lämmchen und Kaninchen.

Gleich neben den Ferkelchen hängen übrigens die ausgenommenen Schweinehälften. Und gleich unter den Schweinehälften liegen Schinken- und Speckstückchen zum Verkosten. Das mag man nun für zynisch halten: Hier die süßen Schweinderln – da ihr Karriereziel; und das, was dazwischen passiert, wird geflissentlich ausgeblendet. Aber es ist wohl um einiges ehrlicher, als dem Fleisch jede Tierähnlichkeit zu nehmen und so zu tun, als ob es auf Bäumen gewachsen ist, bereits in praktischer Quaderform.

Ich weiß nicht, ob man hier so selten über Massentiertransporte liest, weil es sie nicht gibt oder weil sich noch kein Problembewusstsein dafür gebildet hat. Das Thema Umweltschutz ist in Frankreich ja eher noch im Erwachen. Es gibt selbstverständlich auch hier eingeschweißte Fleischquader in den Supermärkten. Doch ein ausreichend großer Teil der Bevölkerung legt nach wie vor Wert auf Qualitätsfleisch. In unserem *quartier* gibt es nicht weniger als sieben Fleischhauer, darunter einen koscheren und einen Pferdemetzger. Sie alle machen nicht den Eindruck, kurz vor dem Konkurs zu stehen. Und da sprechen wir noch gar nicht von den mindestens fünf Fleisch- und Geflügelständen, zwischen denen wir uns jeden Samstag auf dem Markt entscheiden müssen. Während in Deutschland ein Metzger nach dem anderen zusperrt, gibt es in manchen Pariser Arrondissements alle paar Meter einen, inklusive Menschenschlange davor. Weil die Franzosen den Qualitätsunterschied erkennen und weil sie stolz auf ihre Produkte sind. Es kommt nicht selten vor, dass man selbst in einem gewöhnlichen Bistro auf der Speisekarte über die Herkunft und den Produzenten des Fleisches informiert wird, und zwar etwas genauer als lediglich »stammt aus der EU«.

Hugo Desnoyer ist in Paris ein Name, den fast jeder kennt. Er gilt als einer der besten Schlachter. Bordier ist mittlerweile ein Haushaltsname in ganz Frankreich. Jean-Yves Bordier macht, so sagen viele, die beste Butter im Land. Ich verdamme den Tag, an dem ich erstmals seine Algenbutter gekostet habe, denn wegen ihm werden wir in Hamburg eine sehr große Tiefkühltruhe brauchen. Und dann gibt es noch Joël Thiebault, der berühmt ist für sein Gemüse, und das über die Grenzen von Paris hinaus. Bordier und Thiebault werden übrigens auch gern auf Speisekarten als Lieferanten erwähnt.

Man nenne mir nun bitte einen Schlachter, den man in ganz Hamburg kennt, einen Butterhersteller sowie einen Gemüsebauern. Und wer jetzt »Wiesenhof« sagt, ist raus.

Wir schwärmen unseren Gästen also nicht nur vom Markt vor, wir wappnen sie sicherheitshalber auch dafür, was sie dort zu sehen bekommen. Wenn einer am Ende unseres Vortrages über all die herumhängenden toten Tiere doch schon ein wenig grün im Gesicht geworden ist, sagen wir immer: »Aber dafür sieht man den Eiffelturm im Hintergrund.« Denn dieser Anblick macht uns immer noch ergriffen. Besonders an himmelblauen Tagen stellen wir uns gern ein paar Minuten an das Kopfende der beiden Marktzeilen und schauen an ihnen entlang direkt auf den Eiffelturm. Und dann reißen wir uns los, weil wir sonst keine Zebra-Tomaten mehr bekommen.

Das einzige Problem, das ich auf dem Markt habe, sind die Männer. Es laufen hier nämlich verdammt viele davon herum, und sie gehören eindeutig nicht zu jener Sorte, die am Samstag gnädigerweise ihr Scherflein zum Haushalt beiträgt und zu diesem Zweck von der Gattin mit einem Einkaufszettel losgeschickt wird, den sie brav abarbeitet. *Pas du tout!* Die kennen sich aus, wissen, was sie wollen, können das bessere Filet vom noch besseren unterscheiden und lassen mich ganz generell vor Scham im Boden versinken.

Wenn ich es recht bedenke, habe ich bislang erst einen Franzosen kennengelernt, der in der Küche eine ähnlich große Null ist wie ich. Es stimmt schon: Nicht alle Franzosen können kochen. Aber es fühlt sich so an. Zeit, einen Hauptgang höher zu schalten.

Kapitel 8

Wie ich meinen zweiten Kochkurs überlebe

Wir schreiben Monat drei nach unserem Einzug. Die Steckdosen funktionieren endlich, und angeblich sind sogar die Fenster dicht. Es hat aber auch schon lange nicht mehr geregnet. Wir verbringen allerdings immer noch eine Stunde pro Tag unter der Dusche, bis wir alle Seifenreste weggetröpfelt haben.

Aziz weiß selbstverständlich, wo das Problem liegt. Unsere Wohnung liege zu weit oben im Haus, da reiche der Wasserdruck nicht aus. Wir wohnen in der fünften Etage. Vermutlich, weil ich in den vergangenen Wochen bei einigen technischen Grundsatzfragen recht behalten hatte, schickt er mir zum Beweis per Mail eine Grafik, in welcher der abnehmende Wasserdruck pro Meter Höhenunterschied dargestellt wird. Der Grafik zufolge müsste die Nachbarin im Nebenhaus, die im Sommer ihre Balkonpflanzen mit dem Schlauch gießt, schon längst auf dem Trockenen sitzen. Sechster Stock!

Nach der Grafik schickt Aziz den Klempner, der hier gegen ein Rohr klopft, da einen Wasserhahn öffnet und sich ansonsten dafür loben lässt, wie einwandfrei er die Klomuschel installiert hat. Ich stelle mir mit Schrecken vor, wie er sie offensichtlich sonst so montiert. Gegen die Tröpfchendusche kann er allerdings auch nichts machen.

Aziz erklärt mir daraufhin, einen Wasserdruckverstärker im Keller installieren zu müssen. Zwei Tage später erklärt er mir, dass er den Verstärker lieber direkt in unserer Wohnung montiere, das sei zwar teurer, aber wieso sollten die anderen Hausbewohner von *unserem* Verstärker profitieren?

Eine Woche zieht ins Land, in der Aziz auf den bestellten Verstärker wartet. Am Ende der Woche erklärt er mir, dass in Wirklichkeit die Pariser Wasserwerke zuständig seien. Eine weitere Woche zieht ins Land, in der er mir täglich einen Termin mit den Wasserwerken ankündigt. Am Ende der Woche erklärt er mir, dass der Termin schon stattgefunden habe. Die Dusche tröpfelt immer noch.

Ein paar Tage darauf ist Krzysztof bei uns. Krzysztof ist ein polnischer Handwerker, der Aziz bei der Renovierung der Wohnung geholfen hat. Auf Deutsch: Er hat die ganze Arbeit erledigt. Während Krzysztof ein paar letzte Korrekturen vornimmt, erzähle ich ihm beiläufig von der tröpfelnden Dusche und dem offensichtlich miesen Wasserdruck in Paris. Er reagiert überrascht: »Da ist sicher nur irgendwo Dreck drin. Das passiert oft, wenn man eine Dusche neu installiert.«

Er schraubt den Schlauch ab, spült und bläst ein paar Mal in alle Öffnungen, die er erreichen kann, schraubt den Schlauch wieder an – und wir können normal duschen. Als ich Aziz davon erzähle, wechselt er das Thema. Kein Wunder, dass französische Handwerker Angst vor der Konkurrenz aus Polen haben.

Nach diesem Erfolgserlebnis bin ich bereit für weitere Abenteuer. Mein erster Kochkurs liegt nun lang genug hinter mir. Ich habe schon seit mindestens drei Wochen keinen Farbbeutel mehr gegen die Auslagen von Fischgeschäften geworfen. Ich kann mich unseren Pfannen nähern, ohne hektische Ausschläge zu bekommen. Und ich habe autogenes Training gelernt. Der Gatte hat den Erste-Hilfe-Koffer frisch aufgefüllt, und ich fühle mich nun psychisch wie physisch in der Lage, auch noch den Rest vom Kochen zu lernen. Das mit dem Fleisch.

Um die Sache nicht unnötig zu komplizieren, gehe ich wieder zu Lenôtre. Dort weiß ich schon, wo das Klo ist – im Ernstfall ein nicht zu unterschätzender Wettbewerbsvorteil.

Diesmal sammeln sich ganz wenige Schulkinder im Lenôtre-Shop. Um genau zu sein: keines. Monsieur le Chef und ich warten zehn Minuten, die Organisationsdame sieht noch einmal die Anmeldungslisten durch, aber mein Schicksal ist besiegelt: Ich bin heute allein.

Allein!

Jede Chance, einen Fehler zu vertuschen, indem man unschuldig pfeifend auf den Nachbarn deutet – verflogen.

Jede Möglichkeit, vom Kollegen abzuschreiben – vergeben.

Jede Hoffnung, der Lehrer könnte meinen blanken Gesichtsausdruck übersehen, der nichts anderes bedeutet als »WAS UM ALLES IN DER WELT HAT ER JETZT SCHON WIEDER GESAGT??« – vertan.

Ich bin vom Sternzeichen Rampensau, im Mittelpunkt zu stehen, ist mein Naturell. Allerdings nur, wenn ich etwas kann. Salti schlagen, jonglieren, Schillers *Bürgschaft* aufsagen – alles kein Problem. Aber hier soll ich allein mit jemandem *kochen*. Mir bricht der Angstschweiß aus, und ich überlege, ob ich schnell »Da! Carla Bruni!« rufen und mich in der anschließenden Verwirrung aus dem Staub machen soll. Aber die wissen, wo ich wohne.

Ich unterdrücke meinen Fluchtreflex und folge meinem Lehrer in die Küche. Dabei hilft mir, intensiv an die riesige Beute zu denken, die ich nach diesem Privatissimum nach

Hause schleppen werde. Immerhin ist er nett, hat Humor und will auch das Beste aus dieser etwas ungewöhnlichen Situation machen.

Wir kochen eine Lammkeule am Spieß, ein Huhn, ein Roastbeef sowie die üblichen Nebengeräusche. Die Lammkeule werde ich in dieser Form zu Hause wohl nicht nachmachen, außer der Gatte kauft uns noch schnell einen Ofen mit Drehspieß. Aber ich möchte Herrn Lehrer nicht den Spaß verderben und glänze durch gute Mitarbeit.

Die Lammkeule ist bereits entbeint und wird mit Rosmarin und Knoblauch gespickt, die man schräg in das Fleisch schiebt. Dann wird sie mit Butter eingerieben, gepfeffert, gesalzen und kommt bei 200 Grad in den Ofen, der später auf 150 Grad runtergedreht wird. Man soll sie regelmäßig mit ihrem eigenen Bratensaft begießen.

Wer hat eigentlich behauptet, dass Kochen kompliziert ist?

Danach widmen wir uns dem Roastbeef, das wir in Butter und Öl anbraten und bei 180 Grad für 30 Minuten ins Rohr schieben. Vorgeheizt wird auf 210 Grad, weil der Braten noch kalt in den Ofen kommt.

Monsieur le chef betont bei dieser Gelegenheit mit Nachdruck, dass man das Fleisch erst nach dem Anbraten salzt. Und verwirrt mich damit restlos. Zu diesem Thema sagt nämlich jeder etwas anderes.

In einer Ausgabe des Magazins *Feinschmecker* gab beispielsweise Hans Stefan Steinheuer von der Alten Post in Bad Neuenahr genau den gegenteiligen Befehl: vor dem Anbraten salzen. Auch unser Freund Matthias, der hier in Paris bei niemand Geringerem als dem französischen Sternesammler Alain Ducasse kocht, reibt das Fleisch vorher ordentlich mit Salz ein und lässt es nach Möglichkeit noch ein bisschen stehen. Und es gibt sogar die Theorie, dass richtig heftiges Vorab-Salzen qualitativ minderwertiges Fleisch in ein 1A-Steak verwandeln kann. Irgendwas mit Osmose und der Denaturierung der Eiweißzellen, die ein besonders zartes Stück ergeben sollen. Was ja nicht so schlecht klänge, hätten der Gatte und ich uns nicht schon vor langer Zeit entschlossen, nur noch in absoluten Notfällen Supermarktfleisch zu kaufen.

Eine Frage, zwei einander völlig widersprechende Antworten. Das hilft einem Anfänger der Kochkunst wirklich *riesig* weiter. Darf ich mir jetzt nach Sympathie aussuchen, wer recht hat? Eine Münze werfen? Ist das so eine Lebensentscheidungsfrage wie »HSV oder St. Pauli«, die man am Beginn seiner Kochkarriere trifft? Stellt man sich in Kochkreisen untereinander vor und fragt dann: »Und? Du so? Vorher salzen oder nachher?«

»Ja, also ich total vorher salzen.«

»Oh ... tja, sorry du, aber mit Vorher-Salzern kann ich echt überhaupt nicht. Ich *verstehe* euch einfach nicht. Nix für ungut, nä?«

»Null Problem. Tschüss dann.«

Wir schießen Menschen auf den Mond, sind uns aber immer noch nicht einig, wann man Fleisch salzt. Der eine sagt hü, der andere hott. Das ist der erste Schritt in die Anarchie.

Ich stehe also vor meinem Lehrer und versuche, mir diese Gedanken nicht ansehen zu lassen. Natürlich wäre es die Chance meines Lebens, ihn all das zu fragen, was ich kochtechnisch jemals auf dem Herzen gehabt habe. Aber der Kurs dauert ja nur vier Stunden. Und auch wenn ich die Fragen vielleicht noch problemlos formulieren hätte können (»Pourquoi après?« – »Wieso nachher?«), bei seinen Antworten hätte ich möglicherweise kapitulieren müssen. Wie damals mit 17, als ich zum ersten Mal allein in Urlaub fahren durfte und in der Camargue einen Eingeborenen nach Möglichkeiten fragte, das berühmte Naturschutzgebiet zu besichtigen. Die Frage schien fehlerfrei gelungen zu sein, jedenfalls wurde ich in Folge mit einem Wortschwall überschüttet, von dem ich schlicht kein Wort verstand. Es ist sehr leicht möglich, dass ich mich damals mit meinem herzlichen »Merci beaucoup!« in Wirklichkeit für eine wütende Tirade gegen nervige Touristen bedankt habe. Wir werden es nie erfahren.

Wie irgendein weiser Philosoph sicher einmal gesagt haben wird: Wenn du für die Antwort nicht bereit bist, stelle die Frage nicht.

Wir salzen unser Roastbeef also erst nach dem Anbraten. Danach kommt es bei 180 Grad ins Rohr, für elf Minuten pro Pfund Fleisch. Dies stellte meine Selbstbeherrschung erneut auf eine schier übermenschliche Probe. Ich war gezwungen, etwas zu tun, was mir nur in wirklich seltenen Fällen gelingt: Ich musste die Klappe halten.

Das mag jetzt überraschend kommen, aber: Ich weiß alles besser. Erst vor Kurzem habe ich dem Fahrer des Wiener Flughafenshuttles gesagt, wie er zu fahren hat. Weil er diese Strecke ja erst seit ein paar Jahren mehrmals täglich zurücklegt. Ich erkläre regelmäßig dem französischen Rugby-Team, was sie tun müssen, um zu gewinnen. Dass ich dafür bislang noch keine Prügel bezogen habe, ist nur dem Umstand zu verdanken, dass ich meinen Senf immer aus sicherer Entfernung abgebe: zu Hause vor dem Fernseher. Da fällt es auch nicht so auf, dass ich keine Ahnung von Rugby habe, aber das nur nebenbei.

Es ist einfach stärker als ich. Und ja, es ist ein verdammt hartes Los, immer recht zu haben.

Im konkreten Roastbeef-Fall *weiß* ich ausnahmsweise, dass es auch andere, sicherere Garvarianten gibt. Roastbeef konnte ich nämlich sogar schon vor dem Kurs. Gottes Geschenk an die Kochidioten heißt Niedrigtemperaturmethode. Das ist der einzige Küchenvorgang, der sogar bei mir auf Anhieb klappte und dem ich mindestens eine Kapelle stiften müsste, wenn nicht gleich ein ganzes Blasorchester. Auch hier wird das Fleisch angebraten, kommt dann aber nur bei 80 Grad in den Ofen. Das natürlich um einiges länger als nur für 30 Minuten, aber dafür schießt man mit dieser Methode auch nicht so leicht übers Ziel hinaus. Deppengesichert wird das Ganze durch ein Bratenthermometer, ohne das ich mittlerweile nicht einmal mehr Wasser koche. Man holt das Fleisch aus dem Ofen, wenn es die gewünschte Kerntemperatur beinahe erreicht hat, lässt es sicherheitshalber noch ein wenig ruhen – nie schlecht – und hat dann das rosigste, saftigste Roastbeef, das man sich nur wünschen kann. Never change a winning Garmethode. Aber ich halte sicherheitshalber den Mund. Ich weiß nicht, ob es in Frankreich legal ist, die Methoden eines Kochs anzuzweifeln.

Eine halbe Stunde Koch- und weitere 30 Minuten Ruhezeit später schneidet mein Lehrer sein Roastbeef an. Es sieht verdammt rosa und saftig aus. Von mir aus. Dann gibt es eben mehrere Wege zum perfekten Roastbeef. Habe ich jemals behauptet, meiner wäre der einzig richtige?

Wir kochen Mangetouts als Beilage, und ich lerne, dass man bei grünen Gemüsen das Wasser erst salzt, wenn es bereits kocht, um die Temperatur noch um drei bis vier Grad zu erhöhen und dadurch die grüne Farbe besser zu konservieren. Wir machen Kartoffelpüree, und ich lerne, die rohen Kartoffelwürfel vor dem Kochen unter warmem Wasser abzuspülen, um einen Teil der Stärke zu entfernen, die das Püree klebrig machen könnte. Ins Wasser kommen Gewürze, aber kein Salz, dafür eine Knoblauchzehe. Ich schäle, schneide und schreibe. Ein Kochkurs ist kein Ponyhof.

Dazwischen will ja auch noch das Huhn gebraten werden. Dieser Teil interessiert mich besonders, schließlich besteht mein aktuelles Kochtalent in erster Linie darin, Hähnchen in Staub zu verwandeln. Zuerst entferne man »am Pürzel das Fettding mit Drüsen«. So wird es jedenfalls später in meinen Notizen stehen, wobei ich bereits jetzt keine Ahnung mehr habe, wie Monsieur le Chef zu Pürzel sagt. Ich muss gestehen, dass ich diesen Trick seither nur fallweise befolgt habe, was meine Erfolgsrate allerdings nicht wirklich entscheidend beeinflusste. Meine Hühner kriegt man nach wie vor nur unter schwerem Sauceneinsatz runter, und daran ist sicher nicht die Pürzeldrüse schuld.

Monsieur kappt das letzte Glied vom Flügel, an dem ohnehin nichts dran ist, das aber oft Gefahr läuft zu verbrennen, und löst den Glücksknochen aus, der später beim Tranchieren der Brustfilets stören würde. Dann demonstriert er zwei unterschiedliche Varianten, wie man das Huhn fürs Braten verschnürt. Ich passe auf wie ein Luchs, weiß aber bereits, dass ich keines seiner Verschnürungsmuster jemals nachmachen können werde. Das nächste Mal bringe ich eine Videokamera mit.

Eine der Varianten nennt man in Frankreich die amerikanische Art, »à l'américaine«, und ich weiß immerhin noch, dass man dafür eine riesige Spicknadel braucht, um das Küchengarn brutal mitten durch das arme Tier zu jagen. Die andere war die herkömmliche Fasson, die sicher auch fürs weihnachtliche Geschenkeverpacken ganz praktisch gewesen wäre, aber wie gesagt: Informationsüberfluss. Ich werde bei meinen Hühnern also nach wie vor Freistilverschnürung anwenden, was bei mir üblicherweise in eine mittelschwere Bondage-Session ausartet. Aber Essen soll ja auch etwas Sinnliches haben.

Monsieur schiebt das Huhn in den kalten Ofen, stellt ihn auf 180 Grad (ich erkenne langsam ein Verhaltensmuster an ihm) und achtet darauf, dass ich ausnahmsweise leserlich notiere: »Immer auf der Seite anfangen!! Dann auf die andere Seite legen, dann die Brust nach oben!« Dies würde dem ewigen Huhn-Dilemma Abhilfe verschaffen, dass die Brust schon völlig trocken ist, wenn die Keulen gerade beginnen, nicht mehr gesundheitsgefährdend zu sein. Wochen später werde ich bemerken, dass ich doch nicht genau aufgepasst und deshalb eine Kleinigkeit übersehen habe, die schuld daran sein wird, dass ich meine Hühner auch weiterhin zu Stroh brate.

Nach einer knappen Stunde holt er das Poulet aus dem Ofen und zeigt mir einen Trick, wie man sich das Tranchieren erleichtern kann: Er biegt dem Tier die Keulen in jene Richtung, wo es einmal einen Kopf hatte, worauf sie sich von allein ablösen. Ich äußere Bewunderung und streiche in Gedanken alle Dehnungsübungen von meinem täglichen Sportprogramm.

Er demonstriert mir noch, wie man aus den unterschiedlichen Bratensäften Saucen zaubert, bläut mir ein, dass man rotes Fleisch immer ruhen lassen soll, und zwar auf einem Gitter, damit es nicht in seinem eigenen Saft liegt, und dann sacke ich bereits meine Beute ein. Ich zeige mich großzügig und lasse Monsieur le chef freiwillig die Hälfte des Roastbeefs für das Personalessen zurück. (Will heißen: Er konnte den Braten in weniger als zehn Minuten aus meiner Umklammerung lösen, was bei mir als freiwillige Herausgabe gilt. Fragen Sie meine Schwestern. Vor allem die mit den Bissnarben an den Unterarmen.)

Ich schleppe die übrige Beute heim. Der Gatte und ich arbeiten drei Tage lang schwer, dann haben wir alles aufgegessen. Nie wieder werde ich mich über hohe Kursgebühren beschweren. Das Huhn war mir allerdings immer noch nicht saftig genug. Ich sehe noch viele Testhühner in meiner Zukunft.

Kapitel 9

Wie ich lerne, Kochblogs zu misstrauen. Und Kochbüchern ebenso

Ich habe gerade nachgezählt: Ich habe nicht weniger als 56 Kochblogs sowie Blogs, die sich mit Essen & Trinken beschäftigen, abonniert. Und das ist lediglich der Stand von vor fünf Minuten. Des Weiteren sind auf meiner Festplatte gut 430 Rezepte gespeichert, auf meinem iPod touch noch einmal knapp 200. Wenn ich sie durchblättere, stoße ich andauernd auf Rezepte, die ich »unbedingt auf der Stelle« nachkochen wollte. Wobei »unbedingt auf der Stelle« hier als Synonym zu verwenden ist für »bis mir das nächste Rezept im nächsten Kochblog unterkommt, das ich unbedingt auf der Stelle nachkochen will«. Ich habe in dieser Hinsicht die Aufmerksamkeitsspanne einer Maccheroni. Einer ungekochten.

Ich platze dem Gatten mindestens drei Mal pro Tag mit den Worten »Ich habe gerade ein suuuper Rezept gefunden!« ins Arbeitszimmer. Selbstverständlich finde ich täglich mehr als drei, aber die restlichen zwölf schicke ich ihm lieber per Mail, damit er nicht aus der Konzentration gerissen wird. Hin und wieder hat er Zeit, sich das Rezept genauer anzusehen und dank seiner Kocherfahrung Bedenken zu äußern, worauf es auf »Probiere ich irgendwann aus, wenn er nicht da ist« degradiert wird. Er ist beispielsweise kein Fan von Lasagne, was er mir jedoch erst am Tag nach unserer Hochzeit gestanden hat.

Hin und wieder aber entwickle ich ungeahnte Tatkraft und gehe unverzüglich in die Küche und ans Werk. Meistens wird er auf diese Weise doch kurze Zeit später aus seiner Konzentration gerissen, vor allem dann, wenn ich laut genug fluche – was ich so gut wie jedes Mal tue, sobald ich einen Kochlöffel berühre. Vater Teresa, der er ist, lässt er seine Titelgeschichte dann Titelgeschichte sein, klappt seinen Computer zu und erkundigt sich aus sicherer Entfernung nach dem Problem. »DIE hat gesagt, das gehört so«, zische ich ihn daraufhin oft an und halte ihm einen verkohlten Topf hin. »Und wer ist ...DIE?«, fragt er meistens zurück, worauf ich nur noch kleinlaut »Na, die aus dem Blog« nuschle.

Er seufzt dann meistens tief, beißt sich die Zunge blutig bei dem Versuch, *nicht* »Ich hab's dir ja gesagt« zu sagen, geht zurück in sein Arbeitszimmer und dreht die Musik lauter.

Mittlerweile versuche ich, diesen Dialog zu vermeiden, indem ich einfach nicht mehr fluche. (Sobald ich das erst einmal draufhabe, kann Übers-Wasser-Wandeln nur noch ein Kinderspiel sein.) Der Gatte hält nämlich nicht wahnsinnig viel von Kochblogs. Er ist ein glühender Fan von Blogs, immerhin hat er selbst eines der ersten in Deutschland geschrieben. Aber beim Kochen ist er Old School. »Wir haben ein ganzes Regal voller Kochbücher«, pflegt er zu sagen. Oder auch: »Willst du nicht erst schauen, ob's dieses Rezept nicht auch im Buch von Haeberlin gibt? Oder im *Uecker*?«

Wenn ich es genau bedenke, war er Kochblogs gegenüber vielleicht noch gar nicht so skeptisch eingestellt, bevor er mich kennenlernte.

Nicht, dass wir zu wenige Kochbücher hätten. Der Gatte hat bereits mehrere Regalmeter in die Ehe eingebracht, und ich kaufe täglich weitere dazu. Man kann Billy-Regalen ja vieles nachsagen, nicht jedoch, dass sie dicken Kochwälzern standhalten. Aber seine Bücher behandeln ja auch nicht gerade die leichte Küche.

Kochbücher sind zurückhaltender in der Selbstvermarktung als Blogs, sie schreien nicht so laut. Deswegen falle ich mehr auf Blogs herein. Mein Problem ist meine Leichtgläubigkeit. Ich bin ein willfähriges Opfer von Eigenlobpreisungen wie »Der beste Schokopudding der Welt!«. Da braucht einer nur »Meine Gäste haben den ganzen Topf leergeputzt!« zu schreiben, und bei mir setzt sofort Pawlowscher Speichelfluss ein. Da es mittlerweile bereits mehr Kochblogs im Internet gibt als Katzenfotos, muss natürlich jedes besonders laut trommeln. Der beste Pudding hier, das geniale Toastrezept da, die Lasagne aller Lasagnen dort. Und ich hechle sabbernd vom einen zum anderen, wedle freudig mit dem Schweif und renne immer dem hinterher, der gerade am lautesten ruft: Ich bin der Golden Retriever der Kochblogs.

Für eine unserer Abendeinladungen wagte ich mich – als Ausgleich für die Biskuitroulade des Grauens – an einen Gâteau de crêpes heran. Auf Österreichisch würde man vermutlich profan Palatschinkentorte (deutsch: Pfannkuchentorte) dazu sagen. Ich ließ mich von einem entsprechenden Blogeintrag bei *smitten kitchen* beeindrucken, nicht wissend, dass es sich hierbei quasi um ein Standardwerk der Späten Patisserie handelt. Im Internet findet man auf einen Schlag Dutzende Rezepte.

Was ich verabsäumte, war, das Rezept gründlich durchzulesen, bevor ich die schwachsinnige Idee hatte, diesen Gâteau nachzubauen. Es ist, dies zur Einstimmung, eine Arbeit von zwei Tagen. Zugegeben, man arbeitet nicht durchgehend zwei volle Tage lang. Der eine oder andere

Toilettenbesuch ist durchaus drin. Aber es beginnt schon einmal damit, dass man für den Crêpe-Teig Nussbutter anfertigt. Herkömmliche Butter ist schließlich nur was für die Mittelklasse.

Man erhitzt Milch – um sie danach wieder abkühlen zu lassen. Dann schlägt man Eier, Mehl, Zucker und Salz, fügt die nun wieder abgekühlte Milch sowie die Nussbutter hinzu und stellt den fertigen Teig bis zum nächsten Tag in den Kühlschrank.

Danach rührt man eine Patisserie-Crème an, für die man Milch mit einer Vanilleschote aufkocht und, klar, abkühlen lässt. Diese vermengt man mit Eigelben, Zucker und Maisstärke, kocht alles noch einmal auf, bevor man es – das alte Lied – auf 60 Grad herunterkühlt, um erst dann die Butter unterzurühren. Ebenfalls ab in den Kühlschrank.

Am nächsten Tag backt man die Crêpes, wobei man 20 halbwegs gelungene zustande bringen sollte. Das ist zu schaffen, der Teig reicht nämlich locker für 40 Stück. Dann wird aus ihnen ein Turm gebaut, mit der Crème als Mörtel. Klingt einfach, allerdings ist bereits die Crêpes-Backerei eine zeitraubende Geduldsprobe, nach der man auch noch ein ausreichend ruhiges Händchen haben sollte, um einen halbwegs geraden Turm zusammenzukleistern.

Es war das aufwendigste Dessert, das ich jemals nachgemacht hatte. Und ich erwartete mir als Reaktion unserer Gäste mindestens spontane Tränenausbrüche, Überschreibungen von Bausparverträgen und/oder Erstgeborenen, wenn nicht die eine oder andere kleine Ohnmacht. Was kam, war lediglich überschwängliches Lob. Welches allerdings vielleicht einfach aus der Dankbarkeit rührte, diesmal mit dem Leben davongekommen zu sein.

Für Kochbücher bin ich etwas weniger leicht zu begeistern. Deshalb bestelle ich ja auch nur eines pro Tag. Viele davon könnte ich als »ungebraucht« weiterverkaufen, vor allem die dicken Wälzer. Ich habe mir vor Jahren *The Silver Spoon* angeschafft, die »Bibel der authentischen italienischen Küche«. 1264 Seiten, 2000 Rezepte und selbstverständlich noch auf Englisch, weil das Umrechnen von Cups und Teaspoons so einen Spaß macht. Nachgekochte Rezepte: null.

Vor Kurzem eingetroffen: Das *Grand Livre de Cuisine* von Alain Ducasse, nicht weniger als eine »kulinarische Enzyklopädie«. Mit der normalen Küche bin ich bekanntlich schon so gut wie durch, da ist es nur noch eine Frage von Stunden, bis ich Fortgeschrittenenstoff wie die »glacierte Bisque von Flusskrebsen« in Angriff nehme. 1056 Seiten, mehr als 700 Rezepte, davon bislang nachgekocht: null.

Schon länger liegt hier *How to Cook Everything* des *New-York-Times*-Foodautors Mark Bittman herum. Diese Anschaffung halte ich auch heute noch für absolut gerechtfertigt: Bittman dekliniert Grundrezepte in allen möglichen Varianten durch. Es ist also ein Buch, das dem Kochanfänger helfen könnte, die ganze Chose zu *kapieren*. Gute Idee, ich sollte wirklich mal reinschauen. 1046 Seiten, 2000 Rezepte, davon bislang nachgekocht: null.

Halt, falsch! Ich *habe* bereits ein Bittman-Rezept nachgekocht! Und zwar seinen absolut traumhaften Ofen-Milchreis, weil ich über den wahre Lobeshymnen gelesen habe.

Im Internet.

Na gut, langsam fällt es mir auch auf. Sich kiloweise Kochbücher zu kaufen, die man nie aufschlägt, aber Rezepte daraus nachzukochen, sobald sie im Internet gelobt werden, ist ein wenig ... eigenartig. Ich bin eben ein Kind meiner Zeit. Was nicht blinkt, pfeift und laut tutet, schafft es nicht, meine Aufmerksamkeit auf sich zu ziehen. Da haben es die Blogs eben leichter, schon allein durch die Tatsache, dass sie großzügiger in Sachen Bebilderung sind. Blogger fotografieren brav alles, was sie kochen, inklusive der Zwischenschritte, damit man mittendrin kontrollieren kann, ob das alles so soll. In Kochbüchern hingegen erhöht jedes Bild nur die Druckkosten.

Ich jedoch schaffe es beim besten Willen nicht, mir vorzustellen, wie ein Gericht am Schluss aussehen, geschweige denn schmecken könnte, wenn ich lediglich die Zutatenliste und eine Anleitung vor mir habe. (Diese Fähigkeit sitzt vermutlich auf demselben Chromosom wie das Orientierungsvermögen.) Eine Zutat plus eine Zubereitungsart kriege ich gerade noch hin. Kartoffeln. Kochen. Kein Problem. Aber wenn man hier etwas anschwitzt, dort etwas zu einer Suppe kocht und am Schluss alles zusammenschüttet, steige ich aus.

Klassisches Beispiel? Meine Freundin Michaela hat mir vor Kurzem von einem Rezept des israelisch-britischen Kochs Yotam Ottolenghi vorgeschwärmt. Gefüllte Weißkohlpäckchen oder so ähnlich.

Sie: »Da schlägt sich sogar J. immer den Bauch voll.«
Ich: »Davon hab ich noch nie gehört. In welchem Buch ist das?«
Sie: »Na, in dem *Genussvoll vegetarisch!* So ein rotes Buch.«
Ich: »Das habe ich doch auch! Aber bei mir ist das nicht drin.«
Sie: »Schau noch einmal!«
Ich (im Inhaltsverzeichnis blätternd): »Oh ... richtig ... ist bei mir auch drin.«

Es war selbstverständlich ein Rezept ohne Bild.

Wie gesagt, man ist ja auch ein optischer Mensch. Man ist aber vor allem ein Mensch, der sich leicht von anderen beeinflussen lässt. Immerhin habe ich mir abgewöhnt, die

Kommentare von Kochblogs zu lesen. Die sind nämlich immer schwärmerisch, immer. Und ich möchte hier nicht ausbreiten, wie lange ich für die Erkenntnis gebraucht habe, dass die wenigsten dieser Schwärmer das Rezept überhaupt nachgekocht haben. Nein, sie schwärmen meistens schon, wenn etwas auf Fotos lecker *aussieht*. Oder so ganz theoretisch im Prinzip lecker schmecken *könnte*. Man braucht in einem Blog nur einmal das Wort »Karamellsauce« erwähnen, und die Leser liegen flach. Vermutlich selbst dann, wenn die Sauce über Rosenkohl oder Lachs gekippt würde.

Ich beschließe also, Ottolenghis »Feine Weißkohlpäckchen« nachzukochen. Obwohl ich noch nie ein Bild von ihnen gesehen habe, obwohl keines meiner Kochblogs das Rezept erwähnt hat, und nur, weil meine Freundin Michaela davon schwärmt. Blindflug mit Instrumenten – ich fühle mich fürchterlich erwachsen.

Ottolenghi füllt Weißkohlblätter mit einer Mischung aus angebratenen Nudeln, Reis, Ricotta und Pinienkernen und backt sie dann im Ofen. Die erste Anweisung lautet, kleine Suppennudeln in Butter anzubraten.
Hm.
Wie jetzt.
Roh?
Ich finde ja, dass ich in Theorie längst aus dem Nichtschwimmerbereich raus bin. Ich bilde mir ein, alle Zubereitungsarten zu kennen, die es so gibt. Vielleicht bis auf ein paar Molekulartechniken, aber die erkenne ich immerhin, wenn ich sie sehe. Wenn mir aber jemand aufträgt, rohe Nudeln anzubraten, verfalle ich in Panikstarre. Ja, geht das denn? Hat er vielleicht nur vergessen dazuzuschreiben, dass man sie vorher kochen muss? Ist das ein Fehler im Rezept, den ausgerechnet ich, Koch-Bambi, als Erste weltweit entdecke?

Dieser Gedanke lag mir tatsächlich nicht so fern, und ich sollte mich vermutlich dafür schämen.

In Fällen von Ja-Nein-Entscheidungen setzt in meinem Gehirn immer ein ebenso blitzartiger wie elaborierter Entscheidungsprozess ein. Ich debattiere mit mir selbst die Pros und Kontras. Bei der Frage, welche Kabine einer öffentlichen Toilette ich wählen soll, arbeitet sich mein Gehirn beispielsweise durch folgenden Entscheidungsfindungsablauf:

- Auf welches gehen normale Frauen? Wahrscheinlich gleich das rechte. Also nehme ich das linke.
- Aber wenn normale Frauen sich auch denken, dass andere normale Frauen eher aufs rechte gehen, würden sie dann nicht eher aufs linke gehen? Nehme ich also doch das rechte.
- Aber wie viele von den anderen Frauen machen sich so viele Gedanken darüber, welches Klo sie nehmen sollen? Die gehen sicher gleich auf das erstbeste, also das rechte. Ich nehme doch das linke.

Das geht gefühlte drei Hirn-Stunden lang so, bis entweder eine Notfallentscheidung getroffen werden muss, eines der Klos mittlerweile ohnehin besetzt ist, es kein Klopapier gibt, die Klobrille erst trockengelegt werden muss oder ich entnervt aufgebe und hoffe, als Nächstes auf ein Drei-Kabinen-WC zu treffen, wo ich dann immer die hinterste Kabine wähle, weil alle anderen sicher nicht so gaga sind und einfach immer auf das erste freie gehen.

Ja-Nein-Entscheidungen, zu denen auch Hierlinksoderrechts?-Dilemmata gehören, laufen im Prinzip nach dem gleichen Schema ab, wobei ich mich aufgrund jahrzehntelanger Erfahrungswerte (besonders bei linksoderrechts) letztendlich doch sicherheitshalber für das Gegenteil des endgültigen Denkergebnisses entscheide. Man kann mir vor allem orientierungsmäßig einfach nicht über den Weg trauen. Deswegen gehe ich schlussendlich in die entgegengesetzte Richtung.

Ähnliches geht also in meinem Kopf bei der Frage vor sich, ob Ottolenghi meint, dass man die Nudeln roh oder gekocht anbraten solle. Hier konkurrierten beispielsweise unter anderem folgende Argumente:

- In einem Kochbuch stehen die Anleitungen doch immer deppengerecht aufbereitet drin. Die sagen dir ja sogar, wo bei einer Tomate oben ist!
- Aber hat der normale Mensch schon jemals etwas von roh angebratenen Nudeln gehört? Ottolenghi geht sicher davon aus, dass jeder Idiot weiß, dass sie vorher gekocht gehören.

Anstatt mich, wie sonst üblich, am Ende dieser Debatte (wer braucht schon Diskussionspartner?) zielsicher für das Falsche zu entscheiden, ziehe ich sicherheitshalber das angetraute Kochlexikon zurate.

»Doch, ich glaube schon, dass man rohe Nudeln anbraten kann.«

»Und was soll das bringen?«

»Keine Ahnung, die werden dann wahrscheinlich ... knuspriger?«

Ich vertraue dem Gatten, was Kochen anbelangt, bekanntlich blind. Es ist also reiner Zufall, dass ich kurz danach noch einmal Michaela anrufe und beiläufig auf das Nudelthema zu sprechen komme.

»Ja, doch, die werden roh angebraten. Ich hab mich zuerst auch gewundert, aber das funktioniert.«

»Und die brechen dabei nicht ab?«

»Nicht, wenn man's vorsichtig macht.«

Nach läppischen 2,5 Stunden Recherchezeit beginne ich mit dem Kochen. Dies ist übrigens ein weiterer Punkt für Kochblogs vs. Kochbücher: Man kann die Blogautoren im Fall von Rückfragen viel einfacher erreichen.

Die Nudeln werden in Butter angebraten, dann kommen Reis und Wasser hinzu, und beides wird 20 Minuten lang geköchelt. Danach werden Pinienkerne, Ricotta, Parmesan, Kräuter und Gewürze untergerührt. Und an dieser Stelle wird jedem klar, wie Ottolenghi auf die Idee kam, diese Masse in blanchierten Weißkohlblättern zu verstecken, mit Parmesan zu bedecken und sicherheitshalber auch noch zu überbacken.

Aber wir gehen ja nicht nach Äußerlichkeiten. Sondern nach dem Geschmack. Und der war ein eindeutiges Na ja. Ottolenghi beschreibt das Gericht in seinem Buch als »*comfort food* in Reinkultur« – und ich nehme hiermit die Unterstellung zurück, Kochbuchautoren könnten nicht für ihre eigenen Rezepte trommeln. Ich weiß nicht, ob die 20 Gramm Pinienkerne, die ich zu wenig hatte, den entscheidenden Kick gegeben hätten oder ich einfach generell großzügiger mit Salz und Pfeffer hätte sein dürfen. Auf jeden Fall sind die Päckchen irgendwie ein bisschen uninspiriert. Der Gatte bekrittelt außerdem den eher bröseligen Zustand des Ricotta, der tatsächlich nichts fürs Auge ist. (Wir essen hier nämlich auch mit den Augen. So bleibt der Mund frei fürs Reden.) Und die von Ottolenghi versprochene »angenehm leichte und zarte Konsistenz«, die die Kombination von Reis und Nudeln ergeben hätte sollen, wäre uns so jetzt auch nicht aufgefallen.

Es hätte mir also vielleicht zu denken geben sollen, dass noch keines meiner Kochblogs von diesem Gericht geschwärmt hat. Aber immerhin habe ich mein erstes Rezept ohne Bild nachgekocht.

Kapitel 10

Wie ich mich dank Paul Bocuse nicht mehr als Tusse fühle

Eigentlich ist Carola eine hübsche Frau. Nur eben dann nicht, wenn ihr gerade die Cola bei den Nasenlöchern herausläuft. Ich gebe zu, es ist auch ein bisschen meine Schuld. Ich habe ihr gerade gesagt, dass ich kochen lernen will. Ihre Reaktion war nicht wirklich die feine englische. Erst Cola-Fontäne, dann hervorpoppende Augen (die allerdings auch fontänenbedingt sein konnten), dann ein vielleicht etwas zu lautes »Was, DU willst KOCHEN LERNEN?«.

Carola war einmal meine beste Freundin. Bis vor drei Sekunden, um genau zu sein. Wir haben die gesamte Mittelschulzeit miteinander verbracht und danach sogar gemeinsam kurz studiert. Jetzt ist sie Motivationstrainerin. Im Moment kann ich sie nicht wirklich weiterempfehlen.

Wir sitzen in einem Wiener Kaffeehaus und updaten uns gegenseitig über unser Leben. Sie erzählt mir über das Singledasein und wie man Manager dazu bekommt, ihre Mitarbeiter nicht dauernd anzugähnen. Ich erzähle ihr über das Eheleben und wie man Pariser dazu bekommt, einem nicht dauernd im Weg zu stehen. Es sind jeweils fremde Welten, über die wir einander berichten. Und bislang hat die eine der anderen immer mit Interesse, Aufgeschlossenheit und gutem Willen zugehört. Als ich Carola allerdings von meiner neuesten fremden Welt erzähle, strotzt sie bis zu den Haarwurzeln vor Verständnislosigkeit.»Kochen lernen? Wozu *das* denn?!«

Die Sache ist die: Wenn ich beschließe, kochen zu lernen, ist das so, als ob Markus Lanz beschließt, schlagfertig werden zu wollen. In Wien bin ich berühmt für mein Nichtkochen. Niemand kann so gut nicht kochen wie ich. Als ich nach Deutschland ging, hat sich die österreichische Nichtkocher-Nationalmannschaft aufgelöst. Ohne mich waren sie chancenlos.

Carola war schon einigermaßen erstaunt darüber, dass ich, jahrzehntelanger Single, nun verheiratet bin. Aber das mit dem Kochen war ihr zu viel.»Ich bin bislang wunderbar ohne Kochen ausgekommen«, sagt sie, nachdem ihr endlich keine Flüssigkeiten mehr aus dem Gesicht laufen. »Ich meine, wozu? Es ist heiß, man steht stundenlang in der Küche, und es macht Dreck. Kochen ist total überbewertet. Außerdem, heutzutage kann man sich doch alles von Pizza bis Sushi bringen lassen. Den Rest der Zeit geht man ins Restaurant, und wenn du mich fragst: Such dir einen Liebhaber, der kochen kann. Das funktioniert wunderbar.«

»Du verstehst das nicht«, antworte ich, leicht gekränkt. »Ich *habe* ja einen Liebhaber, der wunderbar kochen kann. Aber irgendwann würde es sogar dir peinlich werden, ohne seine Hilfe maximal Spaghetti hinzukriegen. Mit Tomatensauce, wenn du einen guten Tag hast.«

»Was die Ehe aus Frauen macht«, ätzt Carola.»Und als Nächstes lernst du stricken?«

»Klar«, keife ich zurück,»putzen kann ich ja schon.«

Wir lenken das Gespräch auf unverfängliche Themen wie Atomkraft oder die Taliban in Afghanistan, aber die Luft ist raus. Carola muss ohnehin weiter zu ihrem nächsten Klienten, einem Chefredakteur, der sich in Konferenzen ständig das Gehänge zurechtschiebt. Ich bleibe noch ein wenig sitzen.

Carolas Reaktion hat mich zutiefst verunsichert. Sie hat einen Gedanken ausgesprochen, der schon seit längerer Zeit in einem kleinen Eckchen links hinten schlummert. Wie reaktionär ist es heutzutage, als Frau kochen zu lernen? Verrate ich in meinem kleinen persönlichen Lebensbereich die Errungenschaften der Emanzipation, die die Frauen vom Heimchen-am-Herd-Schicksal befreit hat?

Meine Mutter musste es können, schließlich gab es damals, als wir klein waren, noch keinen McDonald's in Wien. Ich hingegen muss gar nichts. Man kommt im Jahr 2013 ja wirklich eher ohne Koch- als ohne Englischkenntnisse zurecht. Ich will aber. Und habe trotzdem manchmal das Gefühl, ich müsse meinen Plan vor mir selbst rechtfertigen. Carola hat recht. Was kommt als Nächstes? Katzenbilderalbum auf *Facebook*? Ich habe keine Katze. Häkeldeckchen für den Fernseher? Halten ja doch nicht auf diesen Flachbildschirmen.

Nur: Einige meiner Freundinnen sind sehr wohl das, was man noch ein paar Monate lang »hip« nennen darf. Modisch gekleidet, belesen, popkulturell immer auf dem Laufenden, gehen nach wie vor auf Rockkonzerte – und all das, obwohl sie flott auf die 50 zustöckeln. Wären sie Männer, würden sie mit dem Tretroller herumfahren. Doch nicht einmal diese Frauen haben Probleme, in aller Öffentlichkeit Kochrezepte auszutauschen. Sogar Pippa Middleton, Schwester der zukünftigen englischen Königin, schreibt jetzt über ihre »Freitagnacht-Festessen«, und das noch dazu für das Magazin eines Supermarktes, wo die Hausmütterchen-Gefahr noch viel höher ist. Wieso hänge ich mir immer die gedankliche Kittelschürze um, wenn ich vom Kochen erzähle?

Ich gehe in Gedanken meinen Freundinnenkreis durch. Da ist Lena, die ebenfalls nicht kochen kann, damit aber auch kein Problem hat. Kochen würde sie nur wertvolle Freizeit kosten, die sie lieber in Clubs verbringt. Sabine ist eine grandiose Köchin, hatte es aber auf der Hotelfachschule gelernt und somit keine andere Wahl. All meine übrigen Freundinnen können kochen, seit sie Kinder haben. Sprich: weil sie Kinder haben. Jamie Oliver könnte zwar ein trauriges Lied davon singen, wie viele britische Mütter ihren Nachwuchs ohne jegliche Kochkenntnisse aufziehen und sie einfach mit Fertigfutter vollstopfen. Aber meine Freundinnen stehen ja alle unter sozialer Kontrolle. Da darf sich kein McDonald's-Besuch herumsprechen.

Als die legendäre amerikanische Kochbuchautorin Julia Child 1948 nach Paris kam, wusste sie nicht recht, was sie mit ihrer Zeit anfangen sollte. Sie wollte kochen lernen, nachdem ihr Mann Paul, ein ausgewiesener Gourmet, sie auf die französische Küche angefixt hatte. Erst im Laufe ihrer Ausbildung an der Kochschule »*Le Cordon Bleu*« reifte in ihr der Plan, Kochkurse für andere Amerikanerinnen in Paris zu geben. Sie hätte genauso gut einfach nichts machen können, wie das für Ehefrauen damals durchaus üblich war.

    Ich hingegen *habe* einen Beruf, mir ist hier alles andere als langweilig. Ich liebe den Gatten, aber ich gehöre einer Frauengeneration an, die sich nicht über die Zufriedenheit ihrer Lebenspartner oder das Glück ihrer Kinder definiert. Es gibt Dinge, die ich nicht einmal ihm zuliebe tue. In Freejazz-Konzerte gehen, zum Beispiel.

    Meine Selbstbestätigung hole ich mir aus anderen Quellen. Ich lebe nicht für den Moment, in dem ich den perfekten Braten auf den Tisch stelle und von allen Anwesenden als »wunderbare Hausfrau« akklamiert werde. Ich habe beschlossen, kochen zu lernen, weil es *mir selbst* peinlich wurde, wie ein Küken im Nest den Schnabel aufzusperren und zu warten, bis der Gatte Futter herangeschafft hat. Und trotzdem.

Vielleicht sind es die abschreckenden Beispiele, über die ich immer wieder stolpere: *Facebook*-Bekanntschaften, deren Leben nur daraus zu bestehen scheint, was sie Mann und Kindern gekocht haben. Oder die Erzählungen einer alten Schulfreundin, die ich als coole Frau in Erinnerung hatte, die bei allen Trends immer auf dem Laufenden war. Heute, Jahre später, führt sie ein Blog, das so klingt, als ob ihre größten Probleme derzeit wären, den weltbesten Apfelkuchen zu backen und das Kinderzimmer ihrer kleinen Tochter umzudekorieren. Vor meinem inneren Auge taucht dann immer Miss Ellie aus *Dallas* auf, deren wichtigste Aufgabe in der Serie es war, hin und wieder die Blumenvasen auf der Southfork Ranch zurechtzurücken.

Eine Kollegin schrieb zu diesem Thema einmal im *SZ-Magazin*:

»Alles ist immer nur niedlich, niedlich, niedlich, alles ist hübsch. Nicht schön, nicht elegant, nicht einem erwachsenen, weltgewandten Geschmack entsprechend, sondern die unverhohlene Regression in einen Bambi-Bastel-Bullerbü-Kosmos, wo man quietschend Keksrezepte und »schöne Deko-Ideen« (mit vielen Herzchen und Vögelein) austauscht.

(...) so sehr eingerichtet in der Püppi-Welt hat sich bislang noch keine Generation wie die derzeitige, die ihr Essen bevorzugt breiförmig (Karotten-Ingwer-Suppe) oder in Papierförmchen zu sich nimmt und auch sonst alles dafür tut, dass man sie nicht ernst nehmen muss.

Gott, wir waren wirklich schon mal weiter.«

Von der Püppi-Welt bin ich weiter weg als von einem Verhältnis mit George Clooney. Ich vertrage Frauen nicht, die sich mit 35 immer noch als »Mädchen« bezeichnen. Und das Wort »niedlich« existiert in meinem Wortschatz nicht. Ich würde sagen, ich bin die Letzte, die sich hier angesprochen fühlen muss. Trotzdem renne ich nach jeder Kerze, die ich auf den Esstisch stelle und nach jeder Tarte tatin, die ich mache, sofort zum Werkzeugschrank und kontrolliere panisch, ob ich meiner Bohrmaschine mittlerweile Blümchen aufgemalt habe.

Ja, all diese Assoziationen und Ängste löst das Thema Kochenlernen bei mir aus. Ist es ein Wunder, dass ich es bis ins hohe Alter verdrängt habe?

Und das, obwohl ich zum ersten Mal in meinem Leben so was von im Trend liege! Kochen ist das neue Schwarz. Bei meinen schicken Freunden liegen mittlerweile Magazine wie *Beef* oder *Effilee* auf dem Couchtisch gleich neben *Brand Eins* und *Architectural Digest*. Erwachsene Männer, die üblicherweise ihr Geld als intellektuelle Schöngeister verdienen und für genagelte Maßschuhe wieder ausgeben, schreiben nun Kochkolumnen. Man muss in gewissen Kreisen heutzutage genauso wissen, wer Dostojewski und Philip Roth sind, wie man Ferran Adrià und Thomas Keller zu kennen hat. Bei großen Essenseinladungen gewinnt nicht mehr der mit der Bildungsreise nach Nepal, sondern der, der einen Tisch im derzeit angeblich besten Restaurant der Welt, René Redzepis *Noma* in Kopenhagen, ergattert hat.

Früher konnte man zwar auch mit dem Besuch von Sternerestaurants angeben. Aber heute ist der Kreis derjenigen, die man damit beeindrucken kann, viel größer. Und wenn man früher die Starköche nur als Gast bewunderte, gehört es heute schon bald zum Alltag, dass man sie zu Hause nachkocht. Oder sich wenigstens von ihnen inspirieren lässt.

Dabei *will* ich die alle gar nicht nachkochen! Ich will einfach nur... Gute Frage: Was will ich eigentlich?

- Ich will mehr kochen können als ein Butterbrot mit Schnittlauch drauf.
  (Na bitte, das war doch schon einmal gar nicht so schwierig!)

- Ich will nichts kochen, für dessen Erklärung man länger braucht als für seine Zubereitung. (Es gibt Restaurants, in denen die Küche offensichtlich so stolz auf Zutaten ist, dass man vom Kellner mit jeder persönlich bekannt gemacht wird: »Der kleine Tupfen links, ja, der hier – Sie müssen die Lupe nur ein bisschen näher halten –, das ist ein Basilikumpüree. Und die winzigen Kristalle daneben sind geräuchertes Wikingersalz.« Man hat am Ende die ersten fünf Zutaten wieder vergessen, und das Essen ist kalt. Der Gatte nennt das Kindergeburtstag, und man findet das auch immer öfter in Kochblogs. Nein danke.)
- Ich will nichts kochen, das »Cappuccino« heißt, weil es ein Schaumhäubchen trägt, aber noch nie in seinem Leben eine Kaffeebohne gesehen hat. Ich will auch keine »Luft« auf meinem Teller, egal, wonach sie schmeckt.
- Ich will Rezepte nachkochen können, ohne dass dabei die Küche in die Luft fliegt.
- Ich will die Grundtechniken so beherrschen, dass ich auch ohne Schritt-für-Schritt-Anleitung weiß, was ich mit einer Hühnerbrust und einem halben Kilo Wirsing machen kann. Also... theoretisch zumindest.

Ich will so kochen können, wie die Musiker unlängst in einem Jazzclub gespielt haben, in den wir öfter gehen. (Er liegt übrigens gleich ums Eck von jenem Geschäft für Schädlingsbekämpfung, das in *Ratatouille* vorkommt. Das Schaufenster sieht immer noch so aus wie im Film.) In Paris hat sich eine überdurchschnittlich gute und aktive Jazzszene erhalten, die zwar nicht mehr ganz an die goldene Ära der Dreißigerjahre heranreicht, aber immer noch alle deutschen Städte locker in den Schatten stellt. Zu allem, was kein Freejazz ist, gehe ich mit. Für den Rest gibt es gottlob unseren Freund Fabien, der des Gatten Musikgeschmack bis in alle Extreme teilt.

Hin und wieder werden in diesem Club offene Jamsessions veranstaltet. Bei diesen Sessions darf jeder mitspielen, der glaubt, ein Instrument einigermaßen richtigherum halten zu können. »Zur Not gehen wir in der Pause einfach«, sagte der Gatte, der meinen skeptischen Blick mittlerweile kennt. Aber diesmal wollte ich sogar freiwillig bleiben – auch wenn mich der Abend in eine tiefe Depression stürzte.

Auf der Bühne gab ein hervorragender Perkussionist den Ton an, der ein bisschen aussah wie der Geschäftsführer eines mittelständischen Betriebes. Er führte mit viel Witz durch den Abend, holte immer wieder Musiker zu sich, die er schon kannte und mit denen er wunderbar zusammenspielte. Kein Grund zu flüchten.

Der zweite Teil des Programms bestand dann wirklich darin, Unbekannte mitspielen zu lassen. Da meldete sich zum Beispiel ein Mann für das Piano, der wie ein Buchhalter aussah. Dazu kam ein Zwölfjähriger, der hervorragend Schlagzeug spielte. Und ein Diego hatte passenderweise seine Gitarre mit. Bongoman gab das Stück vor – einen Klassiker –, fragte, ob es alle kannten, dann legten sie los. Es war schon allein faszinierend zu beobachten, wie sich alle verblüffend schnell aufeinander einstellten. Jeder hörte auf den anderen, korrigierte vielleicht ein bisschen sein Tempo, seine Lautstärke – es klang wunderbar!

Mitten während eines Stücks stolperte ein möglicherweise nicht mehr ganz nüchterner Typ mit langen Rastazöpfen und in einem Outfit ans Mikrofon, bei dem ich eher erwartete, dass Rastaman gleich wieder zurück zu seiner Schlafstätte im Hauseingang nebenan bugsiert werden würde. Stattdessen ließ Bongoman ihn ans Mikro, wo Rastaman Laute von sich gab, die man nicht unbedingt als Singen bezeichnen konnte, die aber auch nicht allzu störend waren. Fast unmerklich stellte sich die Band auch auf den Neuen ein. Und plötzlich, beinahe hätte man es nicht richtig mitbekommen, spielten sie das Stück als Reggae! Der Piano-Buchhalter hatte sich einen Spaß daraus gemacht, den Rhythmus der Frisur des Sängers anzupassen.

Der Abend stürzte mich in eine Depression, weil ich Menschen abgrundtief bewundere, die etwas richtig gut können. Kopfrechnen, ein Instrument spielen, kochen. Und weil ich weiß, dass ich eine solche Virtuosität nie erreichen werde – es sei denn, mich trifft der Blitz, und ich wache in einem Hollywoodfilm wieder auf.

Es weckt in mir eine fast körperliche Sehnsucht, Musiker zu beobachten, die überhaupt nicht mehr denken müssen, wenn sie spielen. Dem Piano-Buchhalter floss die Musik einfach aus den Fingern. Er musste nur die Idee haben »Hey, Reggae wäre jetzt witzig!«, und schon floss die Musik als Reggae. Vermutlich hätte er das Stück auch, ohne nachdenken zu müssen, zum Walzer umfunktionieren können.

Ich werde es meiner Mutter nie verzeihen, dass sie mich als Kind nicht dazu gezwungen hat, Klavierspielen zu lernen. Könnte ich eine Zeitreise machen, ich würde ihr als Zwölfjährige selbst den Rohrstock in die Hand drücken. (Ich würde ihr sicherheitshalber auch gleich einen Zettel zustecken, auf dem ich mich vorbeugend für alle Beschimpfungen entschuldige, die ich ihr in den darauffolgenden sechs Jahren deswegen an den Kopf würfe.)

Wie der Buchhalter sein Piano, so würde ich gern das Kochen beherrschen. Ich möchte nicht mehr nachdenken müssen, sondern »fühlen«. So wie unser Freund Fabien es praktiziert, wenn er wieder einmal sein Wohnzimmer mit Freunden füllt und für sie kocht. Er legt eine riesige *côte de bœuf* auf einen Grill in seinem offenen Kamin und vergisst sie dort ebenso wie die Zwiebeln und Äpfel, die er zuvor in Alufolie gewickelt hat. Er legt ein paar *boudins noirs*, Blutwürste, in eine Pfanne und vergisst sie dort. Und irgendwann fällt ihm das alles wieder ein, er nimmt es vom Feuer, serviert es, und es ist alles perfekt gegart. Ohne Thermometer, ohne Stoppuhr, einfach so, aus dem Gefühl.

Ich würde auch gern einfach so auf die Idee kommen, Pfifferlinge mit Vanillesauce zu machen, wie es dem Gatten vorgestern eingefallen ist. Die einzige »Idee«, die ich bislang hatte, war, dass Linsen gut zu Apfel passen müssten. Da war ich aber auch schon sehr stolz auf mich.

Ich würde ohnehin gern so kochen können wie der Gatte. Er sieht etwas auf dem Markt, und dann fallen ihm, ohne dass er sich besonders anstrengen müsste, alle möglichen Variationen, Beilagen und Kreationen ein, die dazu passen könnten. Wie gesagt: Zwölf Beilagen für einen Gang.

Heute ärgere ich mich, dass ich meiner Großmutter nicht öfter beim Kochen zugesehen habe, so wie unser Hamburger Freund Franco das offensichtlich getan hat. Franco führt gemeinsam mit seinem Bruder das »Ristorante San Michele« in der Jarrestraße. Dort ignoriert man am besten die Karte und sagt stattdessen die Zauberworte: »Franco soll uns etwas kochen!« Dann erwähnt man noch kurz etwaige Lebensmittelunverträglichkeiten und legt die Anzahl der Gänge fest, was dringend notwendig ist, weil Franco sonst zwanzig Gerichte schicken würde – und eines wäre delikater und überraschender als das andere. Es ist schwierig, dort mit angemessenen Manieren zu essen, weil man oft den Mund vor Begeisterung nicht zubekommt.

Und immer, wenn man Franco nach einem besonders tollen Gericht fragt, erzählt er, dass es von seiner Großmutter stammt. Ich kann mich noch an eine Pasta erinnern, die gemeinsam mit Blumenkohl gekocht wird. Aus dem Kochwasser, Parmesan und Estragonöl rührte Franco eine Sauce, die sogar den militanten Blumenkohlverweigerer, dem ich angetraut bin, vorübergehend bekehrte.

Ich könnte mich in den Hintern beißen, meine Großmutter nicht wenigstens nach ihrem Rezept für Marillenknödel gefragt zu haben. Ein Mal pro Sommer veranstaltete sie das große Marillenknödel-Wettessen für all ihre Enkel. Meiner Erinnerung nach liegt der Rekord bei zwölf Stück, wenngleich ich mittlerweile glaube, dass mein Gedächtnis durch den Zuckerschock korrumpiert worden sein könnte. Andererseits waren Omamas Marillenknödel der absolute Traum und haben uns alle zu körperlichen Höchstleistungen getrieben.

Die Rekordhalterin bleibt ein Familiengeheimnis. Ich war's jedenfalls nicht, ausnahmsweise.

Mit Gemüse würde ich gern wenigstens ansatzweise so umgehen können wie Alain Passard in seinem Restaurant *L'Arpège*. Ich weiß, der hat ja nur drei Sterne.

An seine mit unterschiedlichen Gemüsekombinationen gefüllten Ravioli in einer klaren, intensiven Consommé werde ich mich ewig erinnern können. Sobald man einen Bissen davon in den Mund steckt, breitet sich der Geschmack nicht nur auf der Zunge aus, sondern im gesamten Kopf. Hätte man in diesem Moment mein Hirn gescannt, es wäre ausschließlich dieser Raviolo zu sehen gewesen.

Alain Passard ist ein Gemüseversteher. Er baut es in mittlerweile drei Gärten in der Nähe von Paris selbst an und bekommt es von seinen Gärtnern ins Restaurant geliefert, wenn es perfekt reif ist. Er scheint für jede Aubergine und jede Tomate die perfekte Garmethode gefunden zu haben, die ihren Eigengeschmack geradezu potenziert. Ich vermute ja, dass er heimlich mit seinen Rüben, Karotten und Zucchini spricht und die ihm zuflüstern, wie sie am besten zubereitet werden. Ich brauche eigentlich gar nicht den großen Lottogewinn mit den 50 Millionen Euro. Mir würden schon läppische zehn genügen, nur eben so viel, dass ich mir das *L'Arpège* leisten kann, sooft ich will.

Deswegen sind wir öfter im *Au Passage*. Dieses Lokal

sieht eher aus wie eine Studentenkneipe mit seinen zusammengewürfelten Tischen, Stühlen und Sofas und dem Boden, der hier gefliest und dort mit Parkett belegt ist. Aber die Inneneinrichtung passt zu dem Kochstil, den man – zumindest in Paris – immer häufiger in den jungen Bistros antrifft. Da wird kombiniert, was zusammenpasst, und nicht, was bisher als zusammenpassend gegolten hat. Gemüse und Obst kommen gemeinsam auf den Teller, gern auch Fleisch und Obst, alles sehr sorgfältig gegart – wenn überhaupt. Selbst der Blumenkohlsalat ist so fruchtig-frisch, dass ihn sogar der Gatte mag.

Die französische Küche hätte ich gern so drauf wie die Köche im *Bélisaire* oder im *Le Griffonnier*. Klassisch, aber doch nicht so schwer und butterlastig, wie sie früher einmal war. Der »choux farci« (gefüllter Kohl) im *Griffonnier* ist für mich ein einziges physikalisches Wunder. Er wird als durchaus beeindruckende Halbkugel serviert, die dadurch entsteht, dass die Kohlblätter in eine Schüssel gelegt und dann schichtweise mit Hackfleisch und weiterem Kohl belegt werden. Und trotzdem ist man danach nicht zu voll, um nicht noch mit einer der besten Tartes tatin der Stadt abzuschließen. Ginge man ein Jahr lang täglich zum *Griffonnier*, hätte man sich vermutlich durch die gesamte französische Küche durchgegessen – und müsste das nur durch *einen* Marathon pro Tag kompensieren.

Obwohl – nichts gegen Butter! »Du beurre, du beurre, du beurre« ist nicht umsonst der Leitspruch aller legendären französischen Köche. Das durften wir beim Kochgott Paul Bocuse persönlich erleben. Unsere Freunde Matthias und Conni hatten den Ausflug nach Lyon vorgeschlagen, schließlich muss man dort wenigstens ein Mal im Leben gegessen haben, wenn man sich wirklich für französische Küche interessiert. Und ganz besonders, wenn man in Frankreich als Koch arbeitet, so wie Matthias.

Wir entschieden uns für das Klassikerprogramm mit der legendären Trüffelsuppe, die Chef Bocuse für den französischen Präsidenten Valéry Giscard d'Estaing kreiert hatte, danach die Seezunge à la Fernand Point in einer reichhaltigen Buttersauce, der Wolfsbarsch in Teigkruste mit einer abgewandelten Sauce béarnaise, das Bresse-Huhn in der Schweinsblase und zum Schluss noch Kostproben von einem wunderbaren Dessertwagen. Unser Blutcholesterinspiegel war zu diesem Zeitpunkt vermutlich vierstellig, aber das war es wert.

Der wahre Höhepunkt kam ganz zum Schluss, als sich Gott höchstpersönlich an unseren Tisch setzte, um für seinen jungen Kollegen eine Speisekarte zu signieren. Und als der große Bocuse zu Matthias »Bonjour, chef!« sagte, wäre ich vor Stolz beinahe in Ohnmacht gefallen.

Wenn ich mir wieder einmal tussihaft vorkomme, weil ich versuche, kochen zu lernen, muss ich nur an diesen Moment zurückdenken. In Deutschland haben Spitzenköche dank der unzähligen Kochshows mittlerweile Starstatus erreicht, aber eher im Showbiz-Sinne. Den meisten Zusehern ist wohl egal, was die kochen (und ob sie es wirklich können), Hauptsache, sie kennen das Gesicht aus dem Fernsehen.

In Frankreich gelten Köche als Künstler, sie werden ehrfürchtig bewundert, und ihnen wird tiefster Respekt entgegengebracht. Kochen ist – wie der Gatte nicht müde wird, mich zu beruhigen – eine Kulturtechnik. Nicht umsonst wird gerade wieder gefordert, Schulkindern Kochen beizubringen, damit sie sich später nicht automatisch von Fertigfraß ernähren.

Von der Kochkünstlerin bin ich Lichtjahre entfernt. Aber wenn ich mir einfach weiterhin verkneife, Muffins mit Herzchen und Rüschchen zu verzieren, bin ich vor dem Heimchen am Herd genauso sicher.

Kapitel 11

Wie ich dem Gatten beibringe, dass ich so nicht arbeiten kann

Da sagt man immer, Eheleute würden pro Tag nur noch wenige Minuten miteinander sprechen. Das könnte uns nicht passieren. »Stimmt. Weil du ohnehin den ganzen Tag redest«, würde der Gatte jetzt sagen. »Stimmt, weil ich dir jeden Tag von Neuem erklären muss, wie der Staubsauger funktioniert«, würde ich dann antworten.

Eine wunderbare Methode, diese Sprachlosigkeit abzuwehren, besteht darin, sich ein paar Dialoge zurechtzulegen, die dank ihrer Zeitlosigkeit immer gültig sind. Bei uns lautet einer dieser Dialoge folgendermaßen:

»Ich will einen Reiskocher!«
»Nein.«
»Ich will eine Eismaschine!«
»Nein.«
»Ich will eine Grillpfanne!«
»Nein.«
»Ich will eine Mandoline!«
»Von mir aus.«

Zu beachten ist, dass dieser Dialog jedes Mal ein ganz klein wenig abgewandelt wird. Beim letzten Mal hat er zur Mandoline auch noch Nein gesagt. Und beim nächsten Mal wird er mir erklären dürfen, wie man ohne Eismaschine ordentlich kochen können soll. Er wird, wie immer, sagen: »Geliebte, du darfst dir selbstverständlich eine Eismaschine kaufen. Aber sag mir vorher, wo du sie unterbringen wirst.« Ich hasse seine Totschlagargumente.

Mir ist nämlich klar geworden, dass ich nur deshalb in der Küche nichts zustande bringe, weil die Ausrüstung völlig lachhaft ist. Wer kocht heutzutage noch ohne Dampfgarer? Da kann ich ja gleich auf dem Balkon ein Lagerfeuer machen und mein selbstgejagtes Mammut darüberhängen! Oder ohne Reiskocher! Wie soll das gehen? Erwartet er allen Ernstes von mir, dass ich Reis und Wasser in einen Topf gebe und den auf den Herd stelle? Nur weil er das so macht? Und der Reis jedes Mal perfekt wird? Zufallstreffer.

Ablenkungsmanöver, werden die einen sagen. Übersprungshandlung, die anderen. Quasi »Klavierspielen lernen, aber gleich mit der Kunst der Fuge beginnen wolle«! Und Menschen, die mich schon etwas länger kennen, würden sagen: »Du willst dir doch nur endlich wieder ein neues Gadget kaufen.« Worauf ich nur antworten kann: Bereitet ihr einmal selbstgemachtes Eis nach der altmodischen Methode zu! Das bedeutet nämlich, die Crème alle 15 Minuten aus dem Gefrierfach zu holen und sie ordentlich durchzurühren, damit sich keine Kristalle bilden. Und wozu das alles? Damit man dann erst recht ein Schokoladeneis serviert, das an die miesen italienischen Gelato-Stände erinnert, deren Stracciatella zu gleichen Teilen aus Schokostückchen und Eisbröckchen bestand?

Wirklich, ich kann so nicht arbeiten!

Ganz zu schweigen von der Sous-vide-Technik. Ich weiß wirklich nicht, wie Bocuse in einer Zeit, als sie noch nicht erfunden war, zu all seinen Sternen gekommen ist.

Sous vide bedeutet eingeschweißt, vakuumdicht. Dazu wird, was auch immer man garen will, in robuste Plastikfolie verpackt, dann wird alle vorhandene Luft rausgesaugt und das Ganze luftdicht abgeschlossen. Dieses Päckchen legt man für mehrere Stunden in Wasser mit einer exakt gleichbleibenden, niedrigen Temperatur, meistens um die 60 Grad. Das zieht dann so vor sich hin und kann auf diese Weise nie zu stark gekocht werden. Idiotensicher.

Bei meinem ersten Sous-vide-Versuch ohne Ausrüstung mussten zwei Hühnerbrüste als Versuchskaninchen herhalten. Ich esse nämlich keine Hasen. Ich legte die Filets in einen Tiefkühlbeutel und versuchte, so viel Luft wie möglich herauszusaugen. Unter vollstem körperlichen Einsatz. Sagen wir so: Es war doch gut, dass ich mit dem Rauchen aufgehört habe. Und ich würde das nicht für eine größere Tischrunde machen.

Mangels Sous-vide-Gerät, für das ich geschätzte ein bis drei Banken überfallen oder meine Saugtalente gewinnbringender einsetzen müsste, verwendete ich unseren größten Topf, den ich vor vielen Jahren als Schokopuddingtopf angeschafft hatte, weil schließlich kein normaler Mensch weniger als vier Liter Schokopudding auf einen Schwung kocht. Ich hatte in Physik zwar eine Vier, aber dass mehr Wasser die Temperatur besser hält als weniger Wasser, ist sogar mir klar.

An den Topf wurde das elektronische Bratenthermometer geklemmt, das ich mir sogar ohne des Gatten Erlaubnis gekauft hatte. (Es ist klein genug, um locker in die Schublade zu passen, in der seine sechs Korkenzieher lagern.)

Sobald das Wasser meine Zieltemperatur von 62 Grad erreicht hatte, legte ich das abgesaugte und verpackte Huhn hinein und begab mich in meine zuvor sorgfältig einstudierte Kampfhaltung: rechte Hand am Gasregler, linke Hand am Glas mit kaltem Wasser, Augen auf das Thermometer fixiert – und mit der dritten Hand ständig umrühren, damit im ganzen Topf dieselbe Temperatur herrscht.

Der Gatte, eigentlich immer bereit, mich bei meinen Schnapsideen zu unterstützen, wollte mir zwischendurch kurz die Stirn tupfen, hat sich das aufgrund jahrelanger Erfahrung aber dann doch verkniffen. Er ist nur gesetzlich versichert.

Hühnerbrüste brauchen, wenn sie vorher Zimmertemperatur hatten, angeblich 30 Minuten, um die ideale Kerntemperatur zu erreichen. 30 Minuten sind verdammt lang, wenn man währenddessen weder zu blinzeln, noch sich vom Kochtopf zu entfernen wagt. Ebenso wenig sollte man vorher eine große Kanne Tee trinken.

Doch die Mühen waren es wert: Das Huhn war so saftig, wie ich es bis dahin nur als Suppe gegessen hatte. Da war es auch nur noch halb so schlimm, dass der Gatte mich füttern musste. Meine Schultern waren so verkrampft, dass ich die Gabel nicht mehr halten konnte.

Das Ziel war klar: Ich brauchte eine Sous-vide-Ausrüstung. Doch dazu musste ich erst denjenigen von ihrer Notwendigkeit überzeugen, mit dem ich die Küchen-Quadratmeter teile. Meine Taktik in den folgenden Tagen hätte jeden Schachgroßmeister zum Erblassen gebracht. Zuerst gab ich dem Gatten gezielt wissenschaftliche Studien über die längere Haltbarkeit von luftdicht verpackten Lebensmitteln zu lesen. Dann schlug ich ihm vor, unseren Freunden beim nächsten Heimatbesuch französischen Käse mitzubringen. Er ist immer sofort dabei, wenn es darum geht, französischen Käse zu kaufen, selbst wenn er für jemand anderen ist. Ich allerdings machte bei dem Vorschlag ein nachdenkliches Gesicht und sagte: »Hm, aber wie transportieren wir einen Époisses nach Hamburg, ohne dass der ganze Koffer stinkt? Wie nur, wie?«

Drei Tage später wurde der Vakuumierer geliefert. Und ich bin mir immer sicherer, dass es eine Frau war, die die Abseitsfalle erfunden hat.

Das Sous-vide-Gerät selbst wird aber noch auf sich warten lassen. Für 3000 Euro kann ich sehr viele Kochkurse belegen, die mir beibringen, wie man ein Huhn richtig kocht.

Weil die Küche tatsächlich randvoll ist, wohnt der Vakuumierer mittlerweile in einer Kommode im Wohnzimmer, gleich neben der Nudelmaschine. Teile der alten Küchenmaschine hausen in meinem Kleiderschrank. Es musste nämlich eine neue her, als ich begann, eigenes Brot zu backen. Für die Eismaschine, die ich mir dann doch irgendwann bestellte, habe ich extra Platz unter der Spüle freigeräumt, wo sonst nur noch die Putzmittel stehen. Dort schaut der Gatte nie hin.

Sein neuestes Killerargument ist nämlich: »Aber sicher kannst du einen Dampfgarer haben. Wenn du dich dafür von etwas anderem trennst.« Demnächst vermiete ich ihn für Verhandlungen mit Terroristen.

Er ist nicht der erste Mann, der zu solch drastischen Erpressungsversuchen neigt. Einer meiner Freundinnen ging es ähnlich, nur waren es bei ihr Schuhe. Ihr damaliger Lebensgefährte zwang sie, nach jedem neuen Paar, das sie sich gekauft hatte, ein altes vor seinen Augen zu entsorgen. Worauf sie sich einfach im gesamten Freundeskreis Schuhe zusammenschnorrte, die ohnehin in der Tonne gelandet wären. Dass sich ihr Typ so leicht überrumpeln ließ, lag wohl zu gleichen Teilen an ihrer riesigen Kollektion wie an seiner Ignoranz für ihre Outfits. Sie heiratete dann jedenfalls einen anderen.

Wenn ich mir also etwas Neues kaufen will, bedarf das wochenlanger taktischer Planung und Vorbereitung. Einer meiner Tricks ist es, mir Rückendeckung von unserem Freund Matthias zu holen. Wir lernten Matthias über seine Frau Conni kennen, neben der wir ganz zu Beginn unserer

Paris-Zeit zwei Wochen lang im Französischkurs saßen. Er arbeitet schon seit vielen Jahren in Frankreich, sie kam erst später nach. Im Sprachkurs erzählte Conni, dass Matthias »in der Gastronomie« arbeite, wobei wir uns nicht viel dachten.

Als der Kurs zu Ende war, luden wir beide zum Essen ein. Der Gatte kochte eines seiner Lieblingsgerichte, *coquelets,* Stubenküken. Ich griff zu einem meiner Standarddesserts und backte meine Sachertorte für Faule. (Faul deshalb, weil ich mir das aufwändige Glasieren der Torte immer spare.)

Conni und Matthias kamen und bekamen das erste Glas Champagner in die Hand gedrückt, dann musste ich mich kurz entschuldigen, um ein Telefonat zu führen. Als ich wieder in die Küche kam, stand der Gatte dort mit kreisrunden Augen, sichtlich unter Schock, und stammelte nur: »Weißt du, was Matthias beruflich macht??« Ich schüttelte den Kopf und machte mich auf etwas wie »Katzenbabybeseitiger« gefasst.

»Er ist Koch!«, fuhr der Gatte fort und holte noch einmal tief Luft. »Bei ALAIN DUCASSE! Im *JULES VERNE*!« Alain Ducasse ist lediglich einer der besten und berühmtesten Köche Frankreichs, der Sterne sammelt wie andere Leute Erstausgaben. Das »*Jules Verne*« ist eines seiner zahlreichen Restaurants weltweit, in einer Lage, die man durchaus als ganz okay bezeichnen kann: auf der zweiten Etage des Eiffelturms.

Wären die Küken nicht schon fertig gewesen, der Gatte hätte den Kochlöffel fallen gelassen und die Küche an diesem Abend nicht mehr betreten. Doch selbstverständlich waren die *coquelets* erstklassig, die Weine ohnehin, und selbst von meinem simplen Schokokuchen blieb nicht mehr viel übrig.

Mittlerweile kann der Gatte mit Matthias längst reden, ohne dabei zu hyperventilieren. Es ist wunderbar, beide beim Markteinkauf zu beobachten, wie sie sich gegenseitig Ideen zuwerfen. Und gemeinsam haben sie schon oft genug die grandiosesten Menüs für Conni und mich zubereitet.

Am meisten profitiere ich von dem Umstand, dass der Gatte alles will, was er bei Matthias sieht. Auf diese Weise sind wir zu einer schicken *Microplane*-Reibe gekommen, mit der man sich die Fingerknöchel viel feiner blutig schrammen kann als mit dem herkömmlichen Blechteil. Zugegeben, das schmale Ding nimmt etwas weniger Platz weg als ein Dampfgarer. Und weniger Geld.

Matthias hätte auch eine dieser genialen *KitchenAid*-Küchenmaschinen, aber da hatte ich schon meine neue (zweite) gekauft. Außerdem verwendet der Gatte keine Küchenmaschinen. Er blanchiert zwar Salatblätter, aber die drei Handgriffe, um die Maschine aus dem Schrank zu holen, sind ihm zu viel Aufwand. Vermutlich ist er deshalb auch überzeugt, Mayonnaise würde viel besser gelingen, wenn man sie mit der Hand schlägt statt mit dem Mixer.

Weshalb ich beschlossen habe, dass Matthias bei unserem nächsten Besuch etwas mit einer Grillpfanne zubereiten muss. Er braucht so etwas nicht, er würde selbst ein Chateaubriand über einem Feuerzeug perfekt hinkriegen. Aber ich will eine.

Dabei ist der Gatte Küchenzuwachs gar nicht abgeneigt. Bei ihm sind es eher bestimmte Messer (wir haben ja erst 15 davon) und Töpfe (dito), ohne die er nicht mehr leben kann. Hier setzt mein zweiter Trick an. Wenn er auch nur ein einziges Mal beiläufig erwähnt, dass, sagen wir, eine Sauteuse ganz praktisch wäre, um dieses eine Gericht, das er maximal ein Mal pro Jahr zubereitet, noch besser gelingen zu lassen, wird er in den folgenden Wochen immer öfter über Sauteusen stolpern. Bildlich gesprochen. Ich würde dann hier ein Sonderangebot vom lokalen Supermarkt finden,

»aber das ist sicher keine gute Qualität«, dort im Sterne-Kochbuch das Kapitel »Was jeder normale Mensch zum Kochen braucht« auf der Sauteusen-Seite aufgeschlagen herumliegen lassen, oder mir grandios die Hand verbrennen: »Mit einer Sauteuse wäre das wohl nicht passiert, meinst du nicht auch?«

Eine Sauteuse ist übrigens ein Topf mit Stiel. Davon haben wir zwar auch schon drei, aber ich werde mir hier jetzt nicht ins eigene Bein schießen. Es geht um den großen Zusammenhang.

Im nächsten Schritt durchforste ich seinen Kalender, und wenn sich irgendwo eine Woche auftut, in der er nicht drei Titelgeschichten gleichzeitig schreibt, schlage ich wie immer beiläufig – Beiläufigkeit ist hier sehr wichtig – vor, dass wir doch wieder einmal zu *Dehillerin* gehen könnten. »Du brauchst doch auch irgendetwas für die Küche, was war das noch gleich?« Es ist wichtig, dass er mitkommt, weil er dann durch seine eigene Neuanschaffung eher gehemmt ist, den bösen »Was wirst du stattdessen rausschmeißen?«-Satz zu sagen.

Jetzt kann ich's ja verraten: Die Frau, die die Abseitsfalle erfunden hat? Das war ich.

Wer nun findet, dass dies reichlich viel Aufwand ist, um einfach in ein Küchenausstattungsgeschäft gehen zu können, war noch nie bei *Dehillerin*. *Dehillerin* ist jedes Opfer, jeden Aufwand wert. *Dehillerin* ist wie die untere Etage bei *Ikea*, nur viel schlimmer.

Das Geschäft liegt in Ölspritzerweite von Les Halles entfernt. Dort standen bis zum Jahr 1969 die Hallen, also der großteils überdachte Pariser Großmarkt. *Der Bauch von Paris*, wie nicht nur Émile Zola schrieb. In seinem Dunstkreis siedelten sich ein paar der ältesten Restaurants der Stadt an, aber auch ein paar der legendärsten Küchenausstatter. *Mora*, ein Geschäft, das eher auf Patisserie spezialisiert ist, existiert seit 1814. *G. Detou* bietet seit 1951 Gewürze und alle Zutaten an, die Zuckerbäcker so brauchen.

Doch uns zieht es immer zu *Dehillerin*, gegründet 1820, was man übrigens auch von allein erraten würde, sobald man dort über die Schwelle tritt. Es müssen Tausende Artikel sein, die auf riesigen Holzregalen lagern, die bis unter die Decke reichen. Was man hier nicht findet, gibt es nicht. Nudelwalker oder Schneebesen allein nehmen schon jeweils mehrere Regalfächer in Anspruch. Ganz zu schweigen vom Kupfergeschirr, für das *Dehillerin* berühmt ist. Sie haben Kuchenformen von Fingerhutgröße bis erwachsen, Tortenringe in allen Durchmessern, und Kochtöpfe, in denen man eine komplette Kuh schmoren könnte.

Alles wirkt so, als würde eine dünne Staubschicht darüber liegen, und irgendwo noch Schneewittchen in seinem Glassarg. Sollte man es jemals wagen, hier renovieren zu wollen, kette ich mich an die Entenpresse.

Auf Französisch heißen solche Geschäfte Ali-Baba-Höhlen, weil man immer wieder Schätze findet. *Dehillerin* hat sogar eine echte Höhle, das Kellergeschoß, das mir immer noch jedes Mal einen leichten Schauer über den Rücken jagt. Bei unserem ersten Besuch waren wir nicht sicher, ob man als Kunde überhaupt hinunter darf. Mittlerweile starten wir hier meistens unseren Rundgang. Müsste ich mich jemals vor der Polizei verstecken (oder vor jemandem, dem ich etwas gekocht habe), dann im Keller von *Dehillerin*.

In einer gewissen Weise ist das Geschäft typisch französisch. Alles strahlt dieses lässige Selbstbewusstsein aus, das mit dem Wissen kommt, die Besten zu sein. Wer für sein Shoppingerlebnis schick präsentierte Waren, unterwürfige Verkäufer und Scheinwerfer braucht, ist hier falsch. Amerikanische Touristen wagen sich vermutlich nur deshalb durch die Tür, weil sie in ihren Reiseführern gelesen haben, dass sich schon Julia Child bei *Dehillerin* ausgestattet hat. Für die ist es wohl ein wahrer Kulturschock, Kleinteile wie im Baumarkt aus Plastikschütten klauben zu müssen, sich aus in- und übereinandergestapelten Topf- und Pfannentürmen erst einmal ihr Wunschobjekt herauszuarbeiten oder sich durch die immer enger werdenden Gänge zu schlängeln, in denen jeder Quadratzentimeter für noch ein weiteres Regalfach genutzt wird. Die Siebe und Tortenringe hängen ohnehin schon an Schnüren unter der Decke. Nora Ephron hat für ihren Film *Julie & Julia* sicherheitshalber ein ganz anderes, hübscheres Geschäft kreiert.

Der Gatte und ich kommen freilich nur dann hierher, wenn wir etwas *brauchen*. Eine Sauteuse, wie gesagt. Trotzdem nehmen wir uns einen halben Tag dafür frei, weil man bei *Dehillerin* nicht einfach nur hineingeht, kauft und wieder nach Hause fährt. Es ist immer wieder eine Entdeckungsreise, bei der wir jedes Mal Dinge finden, von deren Existenz wir keine Ahnung und von deren Anwendungsbereich wir keinen blassen Schimmer hatten. Bei meinem ersten Besuch hätte ich vieles von dem, was es dort gibt, eher einem SM-Studio zugeordnet als einer Küche. Man darf übrigens nicht zu oft hingehen, sonst nutzt sich der Zauber ab.

Leider schwächelt *Dehillerin* ziemlich in der Gadget-Abteilung. Was vielleicht gar nicht so schlecht ist, weil ich sonst überhaupt nicht mehr aus dem Dispo käme. Ich muss jedes Mal schwer an mich halten, nicht doch ein paar dieser winzigen Formen für Minikuchen zu kaufen, die sich am Ende eines Diners so gut zum Kaffee machen würden. Oder noch drei dieser professionell aussehenden Edelstahlschüsseln, die es blöderweise bei *Ikea* um einiges billiger gibt. Oder – einfach aus Jux und Tollerei und weil gerade Mittwoch ist – eine riesige Flotte Lotte, mit der ich endlich ganze Landstriche mit Kartoffelpüree versorgen könnte. Was ich ja schon immer vorhatte.

Am Ende jedes Besuches lotse ich den Gatten von den Servierringen weg, entwinde ihm das Austernmesser (von dem wir erst drei Stück haben) und wische ihm den Sabber aus den Mundwinkeln. Einer von uns beiden muss schließlich stark bleiben. Dann nehme ich mein neues Nudelholz, meine größenverstellbare rechteckige Tortenform und das Ding, mit dem man Eier trennscharf köpfen kann und ziehe ihn zur Kasse.

Auf der Heimfahrt blickt er seine neue Sauteuse so liebevoll an, dass ich eifersüchtig würde, hätte ich nicht alle Hände voll zu tun, mich zu meiner genialen Feldherrinnentaktik zu beglückwünschen. Denn jetzt, wo er ein neues Spielzeug hat, darf er nichts mehr gegen meinen zukünftigen Reiskocher sagen.

In Gedanken bereite ich den nächsten Feldzug vor. Ich habe gelesen, dass man für das Sous-vide-Verfahren nicht unbedingt das sauteure Spezialgerät braucht, sondern auch ein ganz anderes zweckentfremden kann, das nur einen Bruchteil davon kostet. Ich brauche also als Nächstes: einen Glühweintopf. Und eine größere Küche. Das aber nur ganz beiläufig.

Kapitel 12

Wie ich zig Male versuche, ein Huhn nicht zu Stroh zu kochen

Wenn man erst einmal die 30 überschritten hat, setzt etwas ein, das ich gern Altersweisheit nenne. Man lernt, rechtzeitig jenes Glas Wein zu erkennen, das am nächsten Morgen für fortgeschrittenen Aspirinmissbrauch sowie einen verlogenen Anruf im Büro verantwortlich sein würde. Man begreift, dass es weniger peinlicher ist, sich vor dem Nachhausegehen zu verabschieden, als am nächsten Morgen verkrampfte Konversation (»Und? Wie heißt du?«) machen zu müssen. (Was übrigens ursächlich mit dem Glas Wein verbunden ist.) Und man gibt endgültig den Berufswunsch Kunstturnerin auf, weil einem ja doch immer dieses lästige Rückgrat im Weg wäre.

Ich hoffe zumindest, dass es Altersweisheit ist und ich nicht einfach nur langweilig geworden bin.

Seither habe ich gelernt, loszulassen: Freundinnen, bei denen mir in einem hellen Moment endlich klar wurde, dass sie eigentlich nur nerven. Fernsehdiskussionen, von denen ich rote Flecken am Hals bekomme. Und Gerichte, für die ich einfach nicht geschaffen bin. Linsen. Ich kann Linsen zu nichts anderem kochen als zu Matsch. Vermutlich ein Geburtsfehler. Ein blinder Fleck in meinem Kochauge. Ein schweres Trauma, das nur mit mehrjähriger Therapie zu lösen wäre. Nu, dann eben nicht. Tschüs, Linsen!

Viele Wochen lang hatte es so ausgesehen, als ob Linsen nicht das Einzige wären, das ich nicht kochen kann. Moment, das klingt missverständlich. Immerhin hatte es viele Wochen lang so ausgesehen, als ob ich *gar nichts* kochen könnte. Aber wir wissen ja, dass es mittlerweile immerhin mit Roastbeef, Bœuf bourguignon und dem Frühstücksmüsli ganz gut klappt.

Da man sich jedoch nicht einseitig ernähren soll, habe ich die Hoffnung noch nicht aufgegeben, irgendwann auch *den* Küchenklassiker schlechthin zu meistern: das gemeine Brathuhn.

Ich möchte nicht wissen, wie viele Hühner ich bis zum heutigen Tage auf dem Gewissen habe. Gut, tot waren sie schon vor mir, aber mein Anspruch an meine Kochkenntnisse lautet ja, die Tiere nicht auch noch posthum leiden zu lassen. Vielleicht sollte ich im Interesse meines Karmas die nächsten paar Jahre auf keine Ameise mehr treten.

Ich habe nur trockene Hühner zustande gebracht. Und man kann mir wirklich nicht vorwerfen, dass ich nicht jede Methode ausprobiert hätte:

Ich habe das Huhn, wie bei Lenôtre gelernt, in den kalten Ofen geschoben, erst auf der einen Seite, dann auf der anderen, dann auf dem Rücken. Trocken.

Ich habe es, wie vom Schinkenweltmeister auf unserem Markt propagiert, in den vorgeheizten Ofen geschoben, eine Schüssel mit Wasser auf den Boden gestellt und die Temperatur nach 20 Minuten von 220 auf 180 Grad abgesenkt. Trocken.

Ich habe es in eine Salzkruste gehüllt, was meiner Mutter vermutlich den Kommentar »Eine ordentliche Patzerei!« entlockt hätte. Trocken.

Ich habe es in eine Bratfolie gekleidet. Besser, aber im Prinzip immer noch zu trocken.

Ich habe das Huhn auf eine offene, gefüllte Bierdose gestülpt, wie es mir mein Freund Klaus gezeigt hat. Er schwärmt von dieser Zubereitungsart, weil das Fleisch auf diese Weise laufend von innen befeuchtet werde. Das Huhn, so auf seiner Bierdose steckend, sah allerdings aus, wie ich mir Fotos vorstelle, die von Computerfestplatten beschlagnahmt werden. Klaus mag ja ein begnadeter Koch sein, aber die Würde der Kreatur geht ihm eindeutig am Pürzel vorbei.

Das Huhn blieb jedenfalls unbeeindruckt und trocken. Vielleicht hätte ich es auf eine Flasche Bordeaux stecken sollen.

Ich habe – weil das nun auch schon egal war – das Tier gespatchcockt, wie der Amerikaner das nennt. Dafür schneidet man das Rückgrat heraus (was vielleicht auch eine Lösung für meine Turnerinnenkarriere wäre), klappt den Vogel auf und drückt ihn flach aufs Backblech. Menschen, die gegen das appetitanregende Geräusch krachender Rippenknochen allergisch sind, ist diese Technik allerdings nicht zu empfehlen. Und man sollte damit vielleicht auch keinen romantischen Abend einleiten. Zum ersten Mal sah ich das flache Huhn vor vielen Jahrzehnten, als Alfred Biolek noch eine Kochsendung moderierte. Er legte auch noch einen Ziegelstein darauf, damit es nun ganz sicher nicht mehr fliehen konnte. Durch diese Malträtierung soll das Tier nun durchgehend eine ähnliche Höhe haben, sodass es gleichmäßiger gart. Ganz Amerika schwärmt vom Spatchcocking, vielleicht auch einfach deshalb, weil es ein lustiges Wort ist. Ich habe mit dieser Technik jedenfalls das Kunststück zustande gebracht, dass die Brüste auch nicht wirklich saftig waren, die Keulen aber trotzdem noch weitere 45 Minuten benötigten, um durch zu sein.

Allerdings hege ich schon seit Langem den Verdacht, dass all die Garzeiten, die in den Rezepten angegeben werden, nicht für unseren Ofen gelten, weil dort 180 Grad irgendwie andere 180 Grad sind als bei normalen Öfen. Was genau da drinnen passiert, werde ich nie erfahren, denn bei einem Test mit nicht weniger als drei Thermometern wurden nicht weniger als drei unterschiedliche Temperaturen mit einem Spielraum von nicht weniger als 30 Grad angezeigt. Seither nenne ich den Ofen nur noch unsere Slot Machine. Eine mit einem sehr, sehr großen Slot.

Der Gatte und ich legten als neue Regel fest, dass wir beim Verzehr von Hühnern nur abwechselnd schlucken, damit einer von uns immer bei Bewusstsein ist, falls dem anderen das Fleisch in der Kehle stecken bleibt. Zusätzlich buchte ich einen Saucen-Kochkurs.

Ich ging dazu über, Huhn nur noch in pochierter Form zu servieren. Der »Hainan Chicken Rice« aus dem Kochblog www.ziiikocht.at wurde schnell zu des Gatten Lieblingsrezept. Mittlerweile ist mir klar, wieso: keine Erstickungsgefahr. Auch mit dem Hainan Chicken wird wenig pfleglich umgegangen. Ihm wird die Haut abgezogen, und wer jemals ein nacktes Huhn gesehen hat, weiß, wie peinlich berührt sich sogar der unbeteiligte Zuschauer bei diesem Anblick fühlt: »Wirf dem armen Ding doch was über!«

Das Huhn wird, nackig, wie es ist, in einer aromatisierten Brühe sanft pochiert. Und ich wäre nicht ich, wäre ich nicht auch da offensichtlich ein wenig übers Kochziel hinausgeschossen. Ist vermutlich der Höhenunterschied. Bei uns im fünften Stock wird einfach alles schneller gar. Beim Hainan Chicken ist das immerhin egal, weil es – doppelte Sicherheitsgurte – sowohl mit der Brühe als auch mit drei Saucen serviert wird.

Wirklich saftige Hühnerfilets habe ich nur ein einziges Mal zustande gebracht, mit meiner Baumarkt-Sous-vide-Technik. Es lag also nicht an den französischen Hühnern, denen ich schon unterstellt hatte, sie wären einfach genauso fettfrei wie die Pariserinnen. Es lag an mir! Keine allzu überraschende Erkenntnis.

Doch der sous-vide-Aufwand war sogar einer technikverliebten Person wie mir etwas zu hoch, um Huhn nur noch auf diese Weise zuzubereiten. Weshalb ich eine Zeit lang den – moralisch vielleicht nicht ganz sauberen – Plan hegte, dem Gatten so lange trockene Hühner vorzusetzen, bis er endlich der Anschaffung des Glühweintopfes zustimmte. Spätestens nach dem dritten Luftröhrenschnitt wäre er fällig gewesen.

Doch dann erinnerte ich mich an eine Temperaturtabelle, die ich bei meinen Lenôtre-Kochkursen bekommen und seither geflissentlich ignoriert hatte. Demnach sollen Hühnerbrüste bis zu einer Kerntemperatur von 62 Grad gegart werden, Keulen bis 70 Grad. Das ist ja schön und gut und eine vermutlich wichtige Information. Aber wie man das in einem Ofen hinkriegen soll, in dem eine Einheitstemperatur herrscht, blieb mir nach wie vor ein Rätsel.

Jedenfalls kaufte ich ein paar Tage später ausnahmsweise Blancs de poulet, Hühnerfilets. Üblicherweise kommen uns hier nämlich nur ganze Hühner ins Haus, schon allein deshalb, weil wir Hühnerfond mittlerweile nur noch aus den Karkassen kochen. Das funktioniert genauso gut, und man muss sich keine Verwertungsmöglichkeiten für ausgekochtes, trockenes (ha!) Hühnerfleisch überlegen.

Eigentlich wollte ich wieder meine Sous-vide-Versuchsanordnung aufbauen. Aber irgendwie habe ich – comme d'habitude – zu spät mit den Vorbereitungen begonnen. Da beschloss ich, es einmal mit meinem Bratenthermometer und meiner Lenôtre-Liste zu probieren.

Ich briet die Filets brav in der Pfanne an, rammte dem dickeren von beiden das Thermometer hinein, legte sie in den Ofen, der auf mutmaßliche 180 Grad vorgeheizt war, und wartete, bis die Kerntemperatur 60 Grad erreicht hatte. Dann ließ ich sie noch ein bisschen ruhen, auch wenn mein Fleischlehrer betont hatte, dass man nur rotes Fleisch nach dem Braten entspannen lassen muss.

Und siehe da: Die Filets waren perfekt! Sogar der Gatte sagte – und diesen Satz habe ich mir sofort in Stein meißeln lassen: »Das hätte ich mit meinen Methoden nicht so hingekriegt.«

Ich kam mir vor wie jemand, der seit Jahren, nein, Jahrzehnten unter Blut, Schweiß und Tränen versucht, einen Ton aus einer Trompete zu bekommen. Bis er eines Tages das Instrument umdreht und ins Mundstück bläst.

Die Geschichte könnte hier ihr Happy End gefunden haben. Aber wir kennen mich ja mittlerweile. Wieso logisch, wenn's auch gaga geht? Auf meinem Plan stand nämlich nach wie vor das klassische Sonntags-Ofenbrathuhn. Außerdem hatte ich wieder einmal eine neue Technik in einem Blog entdeckt, die ein saftiges, zartes Huhn garantieren soll: die Beize. Man lege das Huhn für mindestens acht, höchstens 24 Stunden in eine leicht übersalzene Flüssigkeit, die mit Aromen wie Zitrone, Knoblauch oder Estragon versetzt ist. Das Fleisch saugt sich mit der aromatisierten Salzlösung voll und bleibt dadurch beim Braten viel saftiger. Angeblich.

Der amerikanische Koch Michael Ruhlman, auf dessen Webseite ich die Technik entdeckt hatte, brät sein Huhn danach eine Stunde lang bei 230 Grad. Das fand ich reichlich gewagt, schließlich waren meine Hühner schon bei angenehmeren Temperaturen zu Staub zerfallen. Ich würfelte also wieder einmal Temperaturen. 220 Grad für den Beginn, danach runter auf 180 Grad. Allerdings wollte ich den Tipp meines Fleischlehrers nicht unbeachtet lassen, das

Huhn erst auf der einen, dann auf der anderen Seite zu braten und erst danach auf den Rücken zu legen.

Ich steckte dem Tier das Fleischthermometer in die Brust und legte es in den Ofen. Den stellte ich allerdings erst runter, nachdem es schon eine halbe Stunde lang in Seitenlage gewesen war. Zu diesem Zeitpunkt zeigte das Thermometer schon beinahe 70 Grad an und kletterte mit einer Geschwindigkeit, die mich in leichte Panik versetzte. Das soll doch eine Stunde lang braten! Und es ist noch so blass! Und es hat doch noch gar nicht richtig auf dem Rücken gelegen! Hilfe!

Der Gatte reagierte auf meine Schreie aus der Küche mit seinem Standardsatz: »Was steht denn im Rezept?« So sehr hatte er noch nie mit seinem Leben gespielt.

Ich holte das Poulet heraus und maß die Temperatur noch an ein paar anderen Stellen. Der arme Vogel war bald halb durchlöchert. Die Brust war wieder einmal übergart, die Keulen hatten eine unbestimmbare Farbe, allerdings die richtige Temperatur. Appetitlich sah es allerdings nicht aus.

Immerhin: Es war nicht optimal, aber man konnte es essen. Der Estragongeschmack hatte sich schön in das Fleisch gearbeitet, und vermutlich war das stundenlange Beizen der einzige Grund, wieso es nicht schon wieder staubtrocken war.

Ich fragte meine Schwester Barbara nach Rat, die ja genetisch bedingt das gleiche Kochtalent hat wie ich. »Ich fürchte, ich kann dir nicht wirklich helfen«, meinte sie. »Ich drehe das Rohr auf, stopfe Rosmarin und sonstige Kräuter in das Huhn, würze es mit Salz, Pfeffer und Paprikapulver und lege es dann mit ein bisschen Öl in eine Form. Wenn ich dran denke, begieße ich das Huhn mit seinem Saft.«

»Und bei wie viel Grad?«

Es folgte langes Schweigen. »Ich weiß es nicht«, kam es dann zögerlich. »Irgendwann nehme ich's dann einfach raus.« Als frischgebackene Psychotherapeutin spürte sie, dass sie jetzt dringend etwas Positiveres sagen sollte. »Vielleicht ist mein Huhn auch gar nicht so gut«, fügte sie also schnell hinzu, »sondern ich habe nur ein dankbares Publikum.« Klar, als ob zwei Kleinkinder etwas essen würden, das ihnen nicht schmeckt.

Unvorsichtigerweise beklagte ich auf *Facebook* mein Hühnerleid und schrieb, dass ich hiermit so gut wie jede Variante durchprobiert hätte und zu der Überzeugung gelangt wäre, man könne ein Huhn im Ofen nicht so braten, dass es saftig bliebe. Das Einzige, was ich noch zu versuchen bereit wäre, sei, statt Umluft Ober- und Unterhitze zu verwenden, aber das könne ja wohl keinen so großen Un...

Augenblicklich brach ein kleiner Sturm der Entrüstung los. Meine »Freunde« fragten, sinngemäß, ob ich noch ganz dicht sei, weil »Umluft bei Geflügel?? Nie, nie, niemals!«. Nachdem ich mich von dem guten Ratschlag, am besten nie wieder eine Küche zu betreten, erholt hatte, keimte Hoffnung in mir. Konnte das der ewige Fehler gewesen sein? Diese lächerliche Kleinigkeit?

Ich unternahm einen finalen Versuch. Wenn der nicht gelang – so hatte ich beschlossen –, würde ich alle guten Vorsätze aufgeben und in Zukunft einfach zu Doping greifen. Bei Geflügel heißt die leistungssteigernde Substanz Butter und wird subkutan angewandt: Man schiebt sie unter die Brusthaut. Der Gatte hatte das bereits des Öfteren vorgeschlagen, jedes Mal mit etwas mehr flehender Dringlichkeit in der Stimme.

Als ich beim Fleischhauer an die Reihe kam, griff der schon, ohne zu fragen, nach einem Poulet.

Zu Hause ging ich diesmal auf Nummer doppel-sicher. Das Huhn wurde wieder zehn Stunden in seine Beize gelegt. Außerdem sprang ich über meinen Schatten und las in dem *TimeLife*-Buch »Geflügel« nach, das mir der Gatte in den letzten Wochen mehrmals stündlich ans Herz gelegt hatte. Ich entschied mich für »langsames Braten« bei 170 Grad. Zusätzlich bekam das Poulet wieder ein Fleischthermometer in die Brust. Und diesmal brauchte ich zum Zusammenbinden weniger als drei Meter Küchengarn! Sogar das hatte ich endlich drauf!

Ich überlegte noch kurz, ob ich in der Kirche ums Eck sicherheitshalber noch schnell eine Kerze entzünden sollte, aber da es sowohl einen Schutzpatron für »Geflügel« als auch einen für »Hühner« gibt, wollte ich lieber keinen von beiden vergrämen. Zu viel stand auf dem Spiel.

Weil *TimeLife* das ebenfalls empfahl, rotierte das Huhn wieder ein bisschen im Ofen. Die Temperatur kletterte langsam und kontrolliert, das Tier verhielt sich vorschriftsgemäß, und ich hatte sogar die Gardauer einigermaßen richtig eingeschätzt. Ich hatte ein verdammt gutes Gefühl.

Bei 70,4 Grad Kerntemperatur holte ich es heraus und ließ es bis 74,8 Grad ruhen. Beim Tranchieren sah es einen kurzen Moment so aus, als ob die Keulen schon wieder nicht durch wären. Ein Verdacht, den man besser nicht haben sollte, wenn man gerade ein Tranchiermesser in der Hand hält.

Es war ein Fehlalarm. Die Brust war saftig, die Keulen waren durch, es war vollbracht!

Ich hatte den Gatten zum glücklichsten Mann von Paris gemacht. Vor lauter Erleichterung begann er hysterisch zu kichern.

Doch anstatt nun auf die Knie zu sinken und unter Tränen meiner Agentin, meinem Ehemann und Steven Spielberg zu danken, war ich nur mehr zu einem einzigen Gedanken fähig: Und? War das jetzt wirklich so schwierig?

Kapitel 13

Wie ich einmal Zwiebeln kaufe

Nach einigen Wochen in Paris hat sich der Gatte so viele berufliche Kontakte erarbeitet, dass unser gesellschaftliches Tanzkärtchen immer gut gefüllt ist. Wobei das Wort Tanz in diesem Zusammenhang vielleicht ein wenig falsche Assoziationen weckt. Oft wäre die passendere Bezeichnung eher »Diskussionsveranstaltung in lockerem Rahmen«. Oder »olympischer Visitenkartenaustausch mit anschließendem Buffet«. Oder »verschärfter Small Talk unter Zuhilfenahme diverser Gläser Champagner«. Wenn die Einladung mehr als nur Kanapees verspricht, komme ich mit. Unnötig zu erwähnen, dass 99,9 Prozent dieser Abende auf Französisch ablaufen.

Mittlerweile sind wir ein eingespieltes Team. Wir überlegen nur noch maximal eine halbe Stunde, wie elegant der Abend wohl werden wird, ob es Krawatte und kleines Schwarzes sein müssen oder ob saubere Fingernägel genügen. Wir haben inzwischen auch schon eine Formel dafür erarbeitet, wie sehr wir zu spät kommen müssen, um als höflich zu gelten. Bei rein französischen Veranstaltungen haben wir uns auf mindestens 30 Minuten festgelegt. Bei Deutschen, die bereits länger als drei Jahre in Paris leben, kommen wir nicht unter 20 Minuten zu spät, bei weniger als drei Jahren visieren wir die Viertelstunden-Marke an. Frisch Zugereiste müssen zehn Minuten auf uns warten, sie sollen sich schließlich an Pariser Bräuche gewöhnen.

Spezialfälle sind deutsch-französisch gemischte Paare sowie Franzosen, die längere Zeit in Deutschland gelebt haben. Bei ihnen greifen wir zu einfachen Differentialgleichungen. Offizielle Veranstaltungen werden mit einem eigenen Koeffizienten berücksichtigt, ebenso wie Einladungen mit weniger als vier Gästen. Ich bringe demnächst eine entsprechende App heraus.

Diesmal ist es ein Cocktail dînatoire, eine Art Stehempfang mit Häppchen oder Buffet, bei einem Berater der deutschen Botschaft – also eine offizielle Veranstaltung (-1 Minute; kein Gastgeschenk), allerdings in den Privatgemächern des Gastgebers (+3 Minuten; vorher nicht in Hundekacke treten!). Cocktail dînatoire bedeutet mehr Lockerheit als ein gesetztes Essen (+2 Minuten), dafür findet er in diplomatischen Kreisen statt (-4 Minuten). Wir klingeln also pünktlich 36 Sekunden nach 20.17 Uhr.

Der Gastgeber, ein älterer Herr in Anzug und Krawatte, öffnet persönlich. Neben ihm steht seine Frau, höchstens 30, jedoch ebenfalls klassisch-langweilig in weißer Bluse und schwarzem Rock. »Na, ist die nicht ein bisschen jung für ihn?«, denke ich und verkneife mir gerade noch einen vielsagenden Blick zum Gatten.

Sie streckt mir die Hand entgegen. Ich bin keine Moralapostelin. Von mir aus soll heiraten, wer will – mir hat man beigebracht, immer höflich zu sein. Ich ergreife ihre Hand und schüttle sie herzlich. Sie sieht mich ein wenig überrascht an, wartet, bis ich endlich wieder loslasse, und deutet dann stumm auf meinen Mantel.

Sie ist die Garderobenfrau.

Nach solchen Erlebnissen ist mein Verhältnis zu meinem Gastland immer ein wenig getrübt, um nicht zu sagen: Ich würde am liebsten sofort meine Koffer packen. Ich bin zu alt dafür, mich zu fühlen, als wäre ich »auf der Nudlsuppn dahergschwumma«, wie man es bei uns zu Hause etwas unbedarften Zeitgenossen unterstellt. Ich habe mein gerüttelt Maß an offiziellen und offiziösen Veranstaltungen hinter mir, weiß mit Messer und Gabel zu essen, rülpse in der Öffentlichkeit nur noch mit geschlossenem Mund und habe genug Erziehung und Leben erfahren, um zu wissen, dass bunte Unterwäsche unter einem weißen Kleid nicht immer eine gute Idee ist. Zumindest in dieser Hinsicht hat meine Mutter ganze Arbeit an mir geleistet.

Doch wenn man in ein fremdes Land kommt, werden alle Zähler auf null gestellt, gleichzeitig bleiben sie auf dem alten Stand und gehen manchmal auch noch vor. Man vergleicht zwar jede Situation mit eigenen Erfahrungswerten, denkt sich dabei aber andauernd: »Vielleicht ist das hier ja normal?« Und dann pfuschen auch noch Klischees dazwischen, die man sich zuvor angelesen hat. Beispielsweise erinnert man sich angesichts eines älteren Mannes und einer jüngeren Frau daran, was den Franzosen in Liebesdingen so alles nachgesagt wird, oh là là!

Mit dem Resultat, dass man der Garderobenfrau die Hand schüttelt.

Auch das mit der Küsserei, *faire la bise,* ist jedes Mal ein einziges Himmelfahrtskommando. Prinzipiell wird hier alles geküsst bis auf Passanten, die einem zufällig auf der Straße entgegenkommen. Wenn man jemanden allerdings schon öfter als zwei Mal gesehen hat, ist die Sache schon nicht mehr so eindeutig. Wenn ich es recht bedenke, küssen wir nur die Käsefrau und die Supermarktkassiererin nicht. Und den Kaminkehrer. Der färbt immer so ab.

Wir gewöhnen uns langsam daran, ohne Vorwarnung von Freundesfreunden links-rechts abgebusselt zu werden, selbst wenn wir sie gerade zum ersten Mal in unserem Leben getroffen haben. Kinder von Erwachsenen, bei denen wir eingeladen sind, halten uns ebenfalls immer brav die Backe hin, was für mich persönlich eine einzige Grenzüberschreitung ist. Handelt es sich bereits um Jugendliche, versuchen wir, blitzschnell aus Mikrobewegungen in ihrem Körperverhalten zu erkennen, ob sie geküsst werden wollen oder nicht. Manchmal kommt es dabei Sekundenbruchteile lang zu Pattstellungen, wo beide Kontrahenten sich gegenseitig abchecken. Man kann sich das so vorstellen wie die Kampfszenen in *Matrix,* in denen Keanu Reeves plötzlich reglos in der Luft hängt.

Die nächste Frage ist: Wie oft? Es gibt Landkarten im Internet (combiendebises.free.fr), auf denen verzeichnet ist, in welchem Teil Frankreichs wie oft geküsst und – das könnte die Unfallrate stark reduzieren – auf welcher Seite damit begonnen wird. Die Frequenz reicht von einem Kuss (ausschließlich in zwei Departements) bis zu vier *bises*. Wenn man nun bedenkt, dass sich in Frankreich sogar Arbeitskollegen jeden Morgen mit *la bise* begrüßen, muss man sich nicht mehr groß darüber wundern, dass die Deutschen viel produktiver sind. Vier *bises* für jeden Kollegen jeden Tag plus all die Rauchpausen – kein Wunder, dass die Franzosen so früh in Rente gehen.

Zählt man nun auch noch die Streiks im öffentlichen Dienst sowie in staatlichen Unternehmen dazu, die vor allem in Paris abgehalten werden, sobald es draußen wieder warm ist, muss man ihnen eigentlich gratulieren, dass sie überhaupt etwas zustande bekommen. Streiks heißen hier übrigens euphemistisch *mouvement social,* »soziale Bewegung«. In Deutschland würde man Grillfest sagen.

Die sozialen Bewegungen zeichnen sich dadurch aus, dass sich nichts mehr bewegt. Was auch nicht ganz richtig ist. Wenn beispielsweise die Metro-Bediensteten streiken, heißt das nur, dass die U-Bahnen nicht mehr alle drei, sondern alle fünf Minuten fahren. Die genaue Frequenz lässt sich berechnen aus der Anzahl der Gewerkschaften sowie der Frage, welche von denen nun zum Streik aufgerufen hat. Als wir noch Paris-Anfänger waren, mussten wir dringend ein Fax verschicken. Wir stolperten in das nächstbeste Postamt, das uns schon am Eingang mit der Warnung »mouvement social!« empfing. Am Schalter teilte man uns mit, dass wir heute kein Fax versenden könnten. Die Dame nach uns durfte allerdings problemlos ihren Scheck einlösen.

Wir suchten daraufhin das halbe Arrondissement nach einem geeigneten Geschäft ab und kamen zufällig beim nächsten Postamt vorbei. Das nicht bestreikt wurde.

Ein »mouvement social« beginnt meistens damit, dass sich die Arbeitnehmer vor ihren Bürogebäuden versammeln, wo sie sich erst einmal ein paar Würstchen auf den Grill legen und schlechte französische Musik aus noch schlechteren Lautsprechern hören. Sobald die Kollegen ausreichend gestärkt sind, schlendern sie mit Transparenten und Trillerpfeifen zu jenem Ministerium, das schuld daran ist, dass ihre Wochenarbeitszeit von 20,5 auf 21 Stunden hinaufgesetzt wurde. Dort werden noch ein, zwei Ansprachen gehalten, dann verabschieden sich alle in den wohlverdienten Feierabend.

Dass die Gepäckabteilung des Flughafens Charles de Gaulles fast täglich streiken würde, ist allerdings ein Gerücht. Es kommt einem nur so vor.

Die häufigste Frage, die man gestellt bekommt, wenn man in Paris lebt, lautet: »Boah, wie ist es, in Paris zu leben?!« Die Paris-Groupies erkennt man daran, dass sie dabei ganz plüschige Augen bekommen. Je plüschiger, umso fieser fällt meine Antwort aus. Ich kann nichts dafür, es ist stärker als ich. Die Psychologen nennen es Reaktanzverhalten, ich nenne es mieser Charakter. Vor allem, wenn ich in der Woche zuvor wieder einmal der Putzfrau des Gastgebers um den Hals gefallen bin.

Den härtesten Paris-Groupies (also jenen, die immer nur im Hôtel Amour absteigen, glauben, dass steak frites die hiesige Nationalspeise ist und ausschließlich Macarons von Pierre Hermé über ihre Lippen lassen, weil sie nach ihren zweieinhalb Pariswochenenden *wissen*, dass es *die besten der Stadt* sind) antworte ich dann: »Na ja, es ist schon ein kleiner Unterschied, ob man als *Tourist* hier ist, oder ob man hier lebt.« Und den Erwachsenen erkläre ich, dass sich der Alltag in Paris nicht besonders vom Alltag in Hamburg/Wien/Castrop-Rauxel unterscheidet. Man arbeitet den ganzen Tag und knobelt dann, wer mit Einkaufen dran ist.

Die Frage, die danach kommt, lautet so gut wie immer: »Und wie geht's dir mit der Sprache?« Meistens antworte ich darauf mit einem eindeutigen »Öhm, tja«.

Der Gatte und ich paukten vor unserer Ankunft in Paris Französisch, bis uns die Zungen rauchten. Es gab dabei viele kleine Erfolgserlebnisse: jedes Mal, wenn eine verschollen geglaubte Vokabel aus Schulzeiten plötzlich aus dem Nichts im Kopf auftauchte – und sogar richtig war! Oder der Abend, an dem wir bemerkten, dass wir die französischen Nachrichtensendungen bereits komplett verstehen.

Wir fühlten uns einigermaßen gewappnet, als wir in Paris landeten. Bis uns der erste echte Franzose etwas zu erklären versuchte und wir gerade mal »donc«, »d'accord« und »voilà« verstanden. Nun ist es so, dass man mit diesen Wörtern bereits ein Drittel aller Konversationen in Frankreich bestreiten kann. Bei Miss-France-Kandidatinnen reicht das sogar für eine komplette Meinungsäußerung zu jedem beliebigen Thema von Weltfrieden bis Gleichberechtigung. *Donc* heißt »also, deswegen«, *d'accord* ist mit unserem allgegenwärtigen »okay« vergleichbar, und *voilà* kann alles von »*hier ist*« bis »*seit*« bedeuten. Es wird aber auch gern als sinnfreies Füllwort vorm Luftholen benützt, oder wenn man vergessen hat, am Ende des Satzes rechtzeitig mit der Stimme runterzugehen. Merken Sie sich diese drei Wörter, und Sie können so gut wie Französisch. Ersetzen Sie Substantive, die Ihnen gerade nicht einfallen wollen, mit »*truc*« (Ding), und Sie können die französische Staatsbürgerschaft beantragen.

Nichtsdestotrotz versuchten einige Personen während dieser ersten Tage, uns auch noch Komplizierteres als Miss-France-Statements mitzuteilen. Blöderweise taten sie dies in ihrer normalen Sprechgeschwindigkeit, die man sich ungefähr vorstellen muss wie den Hinweis nach jeder deutschen Arzneimittelwerbung: »ÜberRisikenundNebenwirkungeninformiertSieIhrArztoderApotheker«. Dieses Sprechtempo ist allerdings noch nicht die Höchstgeschwindigkeit. Die erreichen Franzosen erst, wenn sie einem ihre Telefonnummer auf dem Anrufbeantworter hinterlassen.

Ich lernte schnell, aus dem, was ich verstanden hatte (im Durchschnitt jedes dritte Wort) sowie aus dem Gesichtsausdruck meines Gegenübers einen groben Rückschluss darauf zu ziehen, was er gesagt haben könnte. Meine Trefferquote war entweder ausreichend, oder meine Gesprächspartner waren sehr höflich. Mit der Zeit entwickelte ich ein untrügliches Gespür dafür, wann kurze Einwürfe meinerseits passend waren und auch, ob ich besser zu einem recht neutralen »*D'accord!*« oder zu einem überraschten »*Pas vrai!*« (Nicht wahr!) greifen sollte. Im Notfall half immer: lächeln und nicken.

Mit dieser Taktik überstand ich sogar eine komplette Weihnachtsfeier in einem lauten Lokal mit Menschen, die mir auf Französisch Dinge erzählten, die ich nicht einmal auf Deutsch kapiert hätte. Moderner Sprachen-Dreikampf sozusagen.

Das Niveau meines Französisch schwankt von peinlichem Gestotter bis zu flüssig-elaboriertem Small Talk, je nach Mondphase und Grad der Alkoholisierung. Wenn ich mit einem Menschen spreche, der mir wohlgesonnen ist, läuft es besser als mit jenen, die nach meinem ersten Satz bereits dieses angestrengte Gesicht machen. Telefonieren ist überhaupt eine Katastrophe, vor allem, wenn man dem arroganten Typen von der UPS-Hotline gern in angemessenen Worten sagen würde, wo er sich seine Auffassung von Kundenservice hinstecken soll.

Immerhin kann ich mittlerweile schon französische Sudokus lösen.

Normalerweise werfen der Gatte und ich nach einem Gespräch zusammen, was wir jeweils verstanden haben, und versuchen, aus den gesammelten Bruchstücken eine halbwegs kongruente Geschichte zu basteln. Dummerweise ergeben sich dabei manchmal geringfügige Diskrepanzen, wie beispielsweise:

Gatte: »Er hat gesagt, du hättest mit den Tabletten vor zwei Wochen aufhören sollen.«

Ich: »Er hat gesagt, ich soll die Tabletten noch zwei Wochen lang nehmen.«

Wir haben schon überlegt, ob wir zu wichtigen Terminen in Zukunft verkabelt gehen sollten, um das Gespräch unauffällig mitschneiden zu können. Aber wir fürchten, das ist verboten.

Ganz zu Beginn hatte ich ihm vorgeschlagen, dass wir beide eine Affäre beginnen sollten. Schließlich lernt man eine Sprache am besten *sur l'oreiller* (auf dem Kopfkissen). Er wollte nicht. Versteh einer diesen Mann.

Wenn ich allein bin, hängt es von meiner Tagesverfassung ab, ob ich mich nachzufragen traue, wenn ich etwas nicht verstanden habe. Dieser Verhaltensdefekt ist für Außenstehende schwer nachvollziehbar. Vielleicht ist es die Angst, den Satz auch beim zweiten Mal nicht zu verstehen. Vielleicht will ich auf mein Gegenüber auch einfach nicht den Eindruck machen, auf der Nudelsuppe dahergeschwommen zu sein. Und solange ich in dem Satz weder die Worte »terroristische Vereinigung« noch »Ihr Mann muss ja nichts davon erfahren« entschlüsseln kann, greife ich lieber zu meinem üblichen Ausweg: lächeln und nicken.

Was französisches Essen betrifft, ist des Gatten Wortschatz um einiges vollständiger als meiner. Er macht das schließlich schon lange genug. Ohne ihn gerate ich immer noch öfter auf Glatteis. Beispielsweise, wenn ich mich zu Beginn der Wildsaison beim Schlachter nach einem Rehrücken erkundigen will, mir aber nur das Wort für Eichhörnchen einfällt.

Als ich eines Samstags allein auf den Markt ging und wie üblich beim Schinkenweltmeister haltmachte, pries der mir sein aktuelles Sonderangebot an, von dem ich allerdings lediglich »oignons« verstand. Nun ist das Angebot des Schinkenweltmeisters nicht dergestalt, dass man dort irgendeine Form von Zwiebeln erwarten würde. Es gibt bei ihm Quiches, Œuf en gelée (Ei in Aspik), gefüllte Tomaten und ähnliches französisches Fastfood. Aber ich hatte mit meiner üblichen Drei-Wort-Ausbeute eben nur »Angebot« und »Zwiebeln« verstanden sowie ein gefühltes »Müssen Sie unbedingt ausprobieren, sind diesmal besonders gut«. Vermutlich speziell gefüllt und überbacken, reimte ich mir zusammen und tat das Übliche: Ich lächelte und nickte. Worauf er mir etwas einpackte, das recht wenig Ähnlichkeit mit Zwiebeln hatte.

Zu Hause präsentierte ich dem Gatten etwas ratlos meine Beute.

»Wieso hast du denn *das* gekauft?«

»Das war beim Schinkenweltmeister im Angebot. Er hat gesagt, das sei irgendwas mit Zwiebeln. Und superlecker. Aber ich gestehe, dass ich hauptsächlich *oignons* verstanden habe.«

Der Gatte hatte ein wenig Mühe, ernst zu bleiben.

»Er hat dir keine *oignons* verkauft, sondern *rognons*.«

»???«

»Schweinenieren.«

Nach alter Familientradition (»Weggeworfen wird nix«) kochte ich selbstverständlich auch die. Sagen wir so: Es war ein warmer Tag, und ich konnte alle Fenster öffnen. Aber wenn mir in Zukunft nach Pisseduft ist, fahre ich doch lieber wieder Metro.

Die Rückschläge kommen immer dann, wenn ich glaube, das mit dieser Sprache einigermaßen draufzuhaben. Was war ich stolz, als ich endlich mit den Aufzugstechnikern schäkern konnte, die mir den Lift extra noch einmal einschalteten, damit ich meine Einkäufe nicht fünf Stockwerke hochschleppen musste. Wir scherzten hin und zurück, und als ich endlich vor unserer Wohnungstür stand, war ich nahezu glücklich. Bis ich, kurz bevor ich die Tür hinter mir zuzog, hörte, wie der eine den anderen fragte: »Was hat sie gesagt?«

Die Kellner im Bistro wechseln auch immer dann zu Englisch, wenn ich meine Bestellung besonders fehler- und völlig akzentfrei formuliert habe. Ich weiß, sie wollen nur nett sein. Ihr Trinkgeld können sie trotzdem vergessen. Nur die Fahrradboten können mich immer noch ein wenig aus dem Konzept bringen, wenn sie mich nach dem Abliefern einer Sendung fragen, ob ich einen *tampon* für sie hätte. Dabei wollen sie nur einen Stempel auf ihren Auftragszettel.

Auch wenn es kontraintuitiv klingt, aber die frustrierendste Phase beim Erlernen einer neuen Sprache ist jene, in der man so gut wie alles versteht. Dank unserer Wohnung, ihrer kleinen Unzulänglichkeiten und der lediglich sporadischen Besuche von Aziz habe ich bereits einen stattlichen Bekanntenkreis von Pariser Handwerkern beisammen. Ich verstehe sie trotz ihres einschlägigen Vokabulars ohne Probleme – auch wenn ich fünf Minuten später nicht mehr weiß, was »Sicherung«, »Badewannenüberlauf« oder »Kurzschluss« heißt. Wenn es jemals einen Beweis brauchte, dass das menschliche Gehirn in zwei Hälften geteilt ist, dann ist er hiermit erbracht. Der passive Wortschatz ist in der einen untergebracht, der aktive in der anderen. Die Verbindung scheint immer nur phasenweise und vor allem unter Einsatz von französischem Wein zu funktionieren.

Die schlimmsten Momente sind jene, in denen einem gegen Ende einer Geschichte bewusst wird, dass einem das Vokabular für die Pointe fehlt. Ich muss dann immer an den Schriftsteller Franz Molnár denken, der laut seinem Freund Friedrich Torberg über die Zeit in der New Yorker Emigration sagte: »Es ist sehr traurig. Ich habe oft mitten im Satz meine Weltanschauung ändern müssen.«

Der Tag, an dem ich dieses Land vermutlich am meisten gehasst habe, war jener, an dem ich im Baumarkt auf eine Packung Dübel deuten und den Verkäufer absolut tussimäßig fragen musste, wie diese *trucs* heißen. *Ich,* die ich über die Hälfte meines Erwachsenenlebens in Baumärkten verbracht habe. *Ich,* die ich ein Mal pro Monat meine Bohrmaschine aufpoliere, damit sie sich nicht vernachlässigt fühlt. *Ich* muss einen Verkäufer fragen, wie »*das Ding da*« heißt. Ich hasse Französisch.

Man nimmt Menschen offensichtlich auch weniger ernst, wenn sie eine Sprache nicht perfekt beherrschen. Als ich bei Aziz die Satellitenschüssel bestellt hatte, machte ich mich im Internet kundig, wie man die passende Positionierung herausfinden kann, selbst wenn man keine elaborierten Messgeräte besitzt. Das hätte ich Technikfreak (und Besserwisserin) vermutlich auch dann gemacht, wenn sich Aziz nicht das gesamte Vertrauen, das ich möglicherweise jemals in seine Technikkompetenz hatte, mit der Wasserdruck-Episode restlos verscherzt hätte.

Team 1 kam, um die Schüssel zu installieren. Als sie begannen, die Halterung an einem Teil des Balkongeländers zu montieren, den ich für höchst ungeeignet hielt, verkniff ich mir jeden Kommentar. Zu diesem Zeitpunkt ging ich noch davon aus, dass es sich um Experten handelte, die wissen, was sie tun. Nicht, dass sie mir besonders professionell vorkamen. Aber vermutlich kann man eine Satellitenschüssel nur richtig einstellen, indem der eine an der Schüssel ruckelt, während der andere vor dem Fernseher sitzt und jedes Mal ins Handy brüllt, wenn der Empfangsbalken ausschlägt. Im Internet hieß es zwar, es gebe heutzutage Messgeräte, die anzeigen, wann man richtig liegt, aber was weiß das Internet schon.

Als die beiden nach mehreren Stunden ihre Handyakkus leer telefoniert hatten, schlug ich vor, es an einer anderen Stelle zu probieren. Und zwar dort, wo laut meinen Recherchen der ideale Platz war. Ich wurde ignoriert. Sie probierten es noch ein bisschen, dann wurde es dunkel, und sie gaben auf.

Ein paar Tage später kam Team 2. Diesmal machte ich meinen Vorschlag gleich zu Beginn, war damit aber ebenso erfolgreich wie bei Team 1. Team 2 leerte seine Handyakkus und zog wieder ab.

Ich engagierte Team 3, in der Hoffnung, dass jemand, der kein Freund von Aziz ist, sich besser auskennt. Vorschlag, Handyakkus, Erklärung, dass das Nebenhaus im Weg sei, 120-Euro-Rechnung. »Au revoir!«

Aziz schickte Team 4. Ich hatte zuvor kurz ausgerechnet,

wie viele Stunden ich in den vergangenen Wochen mit der Beaufsichtigung von Satellitentechnikern verbracht hatte, und war entsprechend gelaunt. Jetzt war Schluss mit *gentil*. Ich erklärte ihnen, dass sie es gefälligst an »meiner« Stelle probieren sollten, und machte dabei sicher immer noch massenhaft Grammatikfehler, die allerdings durch meinen Ton eindeutig ausgeglichen wurden. Sie folgten mir jedenfalls. Wir empfangen jetzt deutsches Fernsehen.

Seit wir in Paris sind, habe ich schon drei Mal David Sedaris' wunderbares Buch *Ich ein Tag sprechen hübsch* gelesen, zum Trost und zur inneren Stärkung. Sedaris, der zeitweise selbst in Frankreich lebt, erzählt darin von seinem Kampf mit der französischen Sprache. So kauft er ab einem gewissen Zeitpunkt alles nur noch doppelt, Kohlköpfe, Schweinebraten, Mixer. Und ich kann ihn so gut verstehen! Im Plural sind nämlich alle französischen Hauptwörter gleich, sodass man sich nicht den Kopf zerbrechen muss, ob nun der männliche Artikel *le* oder der weibliche *la* davor gehört. Da opfert man gern den letzten freien Platz im Abstellraum für den zweiten CD-Player.

Während es beispielsweise im Deutschen die Leber heißt, sagt der Franzose der Leber. Wenn man sich da im Artikel irrt, sagt man statt Leber Glaube. Das kann leicht zu Verwirrungen führen. Möglicherweise hat mich deshalb die Kellnerin in einem Restaurant, das berühmt für seine Leber ist, etwas hilflos angesehen, als ich von ihr wissen wollte, woher sie ihre Ware beziehen. Erschwerend kam hinzu, dass ich wieder einmal Boucherie mit Boulangerie verwechselte und sie also in Wirklichkeit fragte: »Bei welcher Bäckerei kaufen Sie Ihren Glauben?«

Genauso macht der falsche Artikel aus einem Pfund ein Buch. Ich war so froh, endlich einen Ausweg aus meiner offensichtlich chronisch falschen Aussprache von »fünfhundert Gramm« gefunden zu haben, und verlegte mich nach dem Tipp einer Freundin darauf, immer »ein Pfund« zu verlangen. Erst später kam ich durch Zufall drauf, dass ich bei Gemüsehändler und Fleischer dank des falschen Artikels wochenlang »ein Buch Zwiebeln« und »ein Buch Rinderhack« geordert hatte.

Ich bin heilfroh, wenn ich hin und wieder merke, dass auch die Franzosen selbst fallweise Schwierigkeiten mit ihrer eigenen Sprache haben. (Und damit meine ich nicht die Jugendlichen auf *Facebook*.) Unlängst konnte ich bei einem unserer Schlachter mithören, wie zwei ältere (!) französische (!!) Damen mit dem Meister die korrekte Aussprache des Wortes *os*, Knochen, diskutierten. Os ist so ein Fall wie œuf, Ei. Im Plural wird's nicht mehr, sondern weniger. Ein Ei ist ein [öff]. Viele Eier sind dann nur noch [öh]. Ein Knochen spricht sich: [oss]. Viele Knochen sind: [oh]. Folglich sagt man zu mehreren Kalbsknochen, lautsprachlich: [oh de voh].

Nachdem [oh] aber so ziemlich alles von Wasser bis, nun, »Oh!« heißen kann, wobei man Letzterem eigentlich immer ein »mon dieu!« folgen lässt, nachdem [oh] also vieles heißen kann, debattierten die beiden Damen und der Schlachter offensichtlich, wie man das etwas treffsicherer bekommen könnte. Sie kamen zu dem Schluss, dass man dem besseren Verständnis zuliebe auch zu mehreren Knochen [oss] sagen könne. Wobei der Schlachter diesem Kompromiss, als wahrer Fachmann, nur gequält zustimmte.

Wenn mich nur irgendjemand diese Sprache reformieren ließe! Die Franzosen würden so viel Zeit sparen! Die könnten sie alle dafür verwenden, mir auf dem Gehweg nicht mehr im Weg zu stehen.

Oft fußen meine Fehlschläge auch nur auf hauchfeinen Missverständnissen. Als ich mein erstes Coq au vin versuchte, war ich wild entschlossen, wirklich alles von vorn bis hinten selbst zu machen. Ich ging also zu einem neuen Fleischhauer, bei dem ich nicht alles fünf Mal sagen musste, erzählte ihm stolz, was ich vorhatte und bat um ein geeignetes Federvieh. Der Coq ist idealerweise ein alter Hahn, der schon »eine Menge Hühner gesehen hat«, wie der Gatte in seinem Buch *Genießen: Eine Ausschweifung* schreibt. Dieser Hahn wird in sechs Teile zerlegt und dann lange in einem »guten Pinot Noir« geschmurgelt.

Als der Fleischer fragte, ob er mir das Tier zerteilen solle, lehnte ich im Brustton der Entrüstung ab. Das würde ich selbstverständlich selbst erledigen! Ich bin ja schon groß.

Was ich kurz darauf zu Hause auspackte, war ein Hahn, wie Gott ihn schuf, inklusive Kopf, Füßen und Innenleben. Ich weiß jetzt, wie knallrot die Lunge eines Nichtraucher-Hahns aussieht und mit welchem Messer ich seine Beine abbekomme. Den Kopf musste allerdings der Gatte abhacken. Ich hatte derweil dringend am anderen Ende der Wohnung zu tun.

Meine Schlussfolgerung war sehr bald: »Wenn ich die nicht verstehe, verstehen die mich auch nicht.« Was mir eines Tages ordentlich auf die Fresse bescheren wird. Ich bin nämlich nicht nur ein schlechter Mensch, sondern auch ein unheilbares Schandmaul. Ich finde an allem und jedem etwas auszusetzen. Hatten wir das mit dem Besserwissen schon? Eben, das auch. Je freundlicher ich jemanden anlächle, umso sicherer kann derjenige sein, dass ich mir zwei Sekunden später das Maul über seine Frisur zerreißen werde. Oder die völlige Ahnungslosigkeit kritisiere, mit der jemand seine Kinder im Winter kleidet. Oder die Art, wie er die Passagiermaschine fliegt, in der ich gerade sitze. Ich würde vermutlich sogar Stephen Hawking die Welt erklären.

Solange wir noch in Deutschland lebten, musste ich die Lästerei immer in stummen Selbstgesprächen mit mir selbst erledigen. Die Frau, die in der U-Bahn einmal neben Ihnen heftig augenrollend mit den Händen gestikuliert hat, ohne ein Wort zu sagen – das war ich.

Hier in Frankreich, wo mich ohnehin keiner versteht, muss ich mich nicht mehr zurückhalten. Meine ich jedenfalls zu glauben. Wenn wir im Taxi unterwegs sind, raune ich dem Gatten dann gern etwas im Stile von »Na, der macht mit uns aber wieder einmal die große Tour« zu. Dies selbstverständlich auch in Gegenden, in denen ich noch nie war. Und je mehr ich raune, umso größer ist die Wahrscheinlichkeit, dass uns der Fahrer beim Aussteigen auf Deutsch verabschiedet, weil er nämlich zwei Jahre in Hannover gearbeitet hat.

Die Mutter, deren plärrendes Kind ich in der Warteschlange vor mir mit leisen Verwünschungen bedenke, tröstet ihr Kleines Sekunden später selbstverständlich ebenfalls auf Deutsch. Und wie oft ich über dahinschleichende Touristen gelästert habe, nur um beim Vorbeigehen festzustellen, dass es *deutschsprachige* Touristen sind, möchte ich gar nicht wissen. Der Gatte fürchtet sich jetzt schon davor, wenn wir wieder zurück nach Deutschland gehen – und ich bis dahin noch immer nicht gelernt habe, meine Klappe zu halten.

Kapitel 14

Wie ich versuche, Tafelspitz zu kochen

Eines Tages sagt der Gatte: »Wir könnten zu unserer nächsten Soirée doch eigentlich Tafelspitz servieren.« Wir hatten Jacqueline eingeladen, die Deutsche ist und fatalerweise einige Jahre in Wien gelebt hat, sowie Adeline und Robert, die wiederum viele Jahre in Deutschland verbracht hatten. Die haben also nicht nur bereits über den französischen Tellerrand geblickt, sie wissen auch, was gutes Essen ist, und haben, wie wir bereits des Öfteren erfahren durften, genug eigene Kocherfahrung.

Er wird jetzt übermütig, denke ich im Stillen. Wahrscheinlich, weil ich ihm gestern ein Frühstücksmüsli serviert habe, das nicht angebrannt war.

»Klar«, antworte ich, »einen Tafelspitz. Und woher soll ich das können?«

»Du bist doch Wienerin. Euch liegt das im Blut.«

»Das Einzige, was mir im Blut liegt, ist der Montrachet von gestern Abend.«

»Du hast über eine Woche Zeit zum Testen! Das wird schon klappen. Und ich esse gern jeden Abend Rindfleisch, wenn's hilft.«

Kann es sein, dass er die Komplexität des Tafelspitz ein klein wenig unter-, dafür meine Kochkünste maßlos überschätzt? Tafelspitz – für die wenigen Nicht-Österreicher auf dieser Welt – ist ein berühmtes Gericht aus der österreichischen Rindfleischküche. Ein bestimmter Teil vom Rindvieh wird in Wasser unter Anwesenheit von ein paar ausgesuchten Gemüsen sanft gekocht und in der dabei entstandenen Suppe serviert. Was dem Ami sein Steak, ist dem Österreicher sein Tafelspitz. Mit dem kleinen Unterschied, dass der Wiener nicht täglich Tafelspitz isst. Ein paar Kühe brauchen wir ja auch noch, um sie malerisch auf Almen verteilen zu können.

Der Wiener identifiziert sich – außer mit dem gleichnamigen Schnitzel – vor allem mit dem Tafelspitz. Dieses Gericht wird zwar immer ein wenig im Schatten des panierten Gassenhauers stehen, aber der fortgeschrittene Genießer würde sich, vor die Wahl gestellt, eher für den Tafelspitz entscheiden. Vielleicht auch, weil er nicht so ruck-zuck zuzubereiten ist? Wiener Schnitzel könnte sogar ich: Kalbsschnitzel in Mehl, Ei und Bröseln wenden und in Butterschmalz goldgelb backen. Vor allem Nicht-Wiener werden Ihnen gern weiß Gott was über das *wahre* Schnitzerl erzählen, von wegen, dass man sich draufsetzen können muss, ohne einen Fettfleck auf der Hose zu haben. In Wirklichkeit wird mit Wiener Schnitzel nicht nur außerhalb Wiens viel Schindluder getrieben. In einer Touristenfalle im ersten Bezirk wird das Fleisch so dünn ausgeklopft, dass man in Wirklichkeit zwei Kilo Panade und fünf Gramm Fleisch serviert bekommt. Eigentlich müsste man es als Mehlspeise deklarieren. Aber Hauptsache, das Ding hängt über jeden Tellerrand drüber.

Rindfleisch hingegen ist nicht so rückgratlos und lässt sich nicht alles gefallen. Rindfleisch muss man können. Sie verstehen langsam, wieso ich mit der Menüfolge für unsere nächste Soirée nicht so ganz einverstanden bin? Der Gatte glaubt tatsächlich, dass ich als Wienerin Tafelspitz blind kochen könnte. Instinktiv das richtige Fleisch, die exakte

Gartemperatur und den Zeitpunkt erkennen könnte, wann das Zeug fertig gesiedet hat. So wie Löwen spüren, wann welches Gnu fällig ist.

Er glaubt allerdings auch, dass ich, sobald er zur Tür raus ist, im Wohnzimmer Walzer tanze.

Sei's drum. Tafelspitz. Kann ja nicht so schwer sein. Das richtige Fleisch finden und ab in den Topf damit. Je länger es kocht, umso weicher ist es, voilà.

Die erste Hürde ist eine sprachlich-kulturelle. In Österreich geht man zu einem Fleischhauer und sagt: »Bitte ein Kilo Tafelspitz!« Im fremdsprachigen Ausland (wozu wir Österreicher alles nördlich von Nürnberg zählen) ist das ein wenig diffiziler. Freundinnen haben schon bei Schlachtern Verrenkungen aufgeführt, um an sich selbst die Lage des gewünschten Fleischstückes zu demonstrieren.

Dazu muss man wissen, dass der Tafelspitz am Arsch der Kuh liegt. Und dass so ein Schlachter sonst nicht viel zu lachen bekommt.

Die österreichischen Fleischhauer sind auch berühmt dafür, dass sie jeder Muskelfaser der Kuh einen eigenen Namen geben. Die heißen dann Schulterscherzl, Mageres Meisl, Fledermaus, Kavalierspitz, Kruspelspitz, Dickes, Mittleres und Dünnes Kügerl, Rieddeckel, Tristel, Hüferl und so weiter.

Oder, wie ich sagen würde: Schnitzel.

Und jetzt will also jemand, der eine Kuh dann am sichersten erkennt, wenn sie eine Glocke um den Hals trägt oder paniert vor ihm auf dem Teller liegt, ein ganz bestimmtes Fleischstück bei einem Schlachter bestellen, dessen Nationalstolz ihm geradezu verbietet, die Existenz anderer Sprachen, anderer Fleischschnittmethoden oder gar anderer *cuisines* anzuerkennen. Es konnte nur eine Annäherung geben.

Noch dazu genießt die österreichische Küche, weil wir gerade vom Nationalstolz reden, im Rest der Welt in keinster Weise den Ruf, der ihr gebührt. Cheesecake, Brownies und Pizza versteht in Paris jedes Kind, Kaiserschmarrn, Apfelstrudel oder Tafelspitz würden die meisten am ehesten für *Ikea*-Möbel halten. Wenn man hier zu einem Fleischfachverkäufer geht und fragt, ob er schon einmal was von einem Tafelspitz gehört hat, kann man sich auf ein entsprechendes Gesicht gefasst machen.

Ich mache mich also auf, mir weitere Dämpfer meines nationalen Selbstbewusstseins zu holen, jetzt, wo Niki Lauda nicht mehr fährt und Arnold Schwarzenegger ein Ami geworden ist. Doch in diese Schlacht würde ich nicht unvorbereitet ziehen. Mein erster Weg im täglichen Kampf mit der französischen Sprache führt mich immer zu *Leo*, einem Internet-Wörterbuch inklusive Diskussionsforum. Zu *Leo* habe ich mir quasi schon einen intravenösen Zugang gelegt. »Pointe de culotte bouillie«, sagt das *Leo*-Forum, würde als Übersetzung am ehesten hinkommen, also »gekochte Spitze des Schwanzstücks«.

Mein zweiter Weg führt mich zu *chefkoch.de*, dort hänge ich ebenfalls am Tropf, seit ich versuche, zu, äh, *kochen*. Den Rezepten dort kann man nicht immer trauen. Doch in den Diskussionsforen treiben sich oft Auskenner herum, was sag ich, anale Charaktere, die jene wissenschaftliche Herangehensweise ans Kochen, wie ich sie derzeit an den Tag lege, als erbärmliche Improvisation bezeichnen würden.

»Annelore« beispielsweise hat sich auf *chefkoch.de* die Mühe angetan, eine deutsch-französische Übersetzungsliste der diversen Rinderpartien zusammenzustellen. Was bei der österreichischen Kuh Tafelspitz heißt, wäre bei ihrer französischen Kollegin demnach die »Aiguilette baronne«. Damit taste ich mich weiter zur Seite einer einschlägigen österreichischen Marketingfirma. Die wiederum nennt es Culotte d'aiguillette baronne oder Aiguillette de rumsteck, fügt aber für die ganz Doofen ein Foto bei.

Ich drucke die Seite aus.

Solcherart gewappnet wage ich mich zur Fleischabteilung von *Lafayette Gourmet*, einem Pariser Edelsupermarkt, der den Kampf mit Touristen und anderen Ausländern gewohnt ist. Und von dem ich mir ein Häuchlein mehr Verständnis erhoffe als von unserem Schlachter drei Blocks weiter. Der beliefert zwar Sternerestaurants, aber ich musste auch schon einmal beobachten, wie zickig die Fleischexperten werden können, wenn die Bestellung nicht eindeutig ist und Rückfragen nutzlos sind, weil die Kundin ungefähr genauso gut Französisch spricht wie ich. Oder weil die Herrin des Hauses ihrem Au-pair-Mädchen keine weiteren Erklärungen auf den Einkaufszettel geschrieben hat.

Hinter der *Lafayette*-Fleischtheke stehen zwei Mitarbeiter, denen eindeutig langweilig ist. Gut so, wenigstens werde ich dann nicht den genervten Atem wartender Kunden in meinem Nacken spüren, sollte sich gar eine Fachsimpelei zwischen österreichischer und französischer Rindfleischküche im Allgemeinen und österreichischen und französischen Rindviechern im Speziellen entwickeln.

Nicht, dass diese Diskussion von meiner Seite sonderlich viel Input zu erwarten gehabt hätte.

Ich lese von meinem vorsorglich mitgebrachten Ausdruck ab: »Ich hätte gern etwas, das sich Aiguillette de rumsteck nennt, s'il vous plaît.« Noch bevor ich mit meinem Satz fertig bin, streckt einer der beiden Schlachter die Hand nach meinem Zettel aus, im Kampf mit Ausländern geübt, ich wusste es ja. Sein Kollege und er stecken die Köpfe zusammen, deuten dann auf ein Stück Fleisch vor ihnen und machen Gesichtsausdrücke, die sehr nach »Ja, doch, das hier muss es sein« aussehen.

Beflügelt vom ersten Erfolg werde ich übermütig und

versuche, die Interessenlage für einen kleinen Infovortrag zu sondieren: »Sie kennen nicht zufällig ein berühmtes österreichisches Gericht namens Tafelspitz?« Die Interessenlage stellt sich als überschaubar heraus, ich schließe den Mund, nehme meine Beute und zahle.

Das war der schwierige Teil, nun kommt der ... komplizierte.

Wer könnte besser wissen, wie ein richtiger Tafelspitz geht, als die Wiener Kochlegende Plachutta? Ein Mann, dessen Vornamen die meisten nur als »Der« kennen, der ein für Österreich maßgebliches Kochbuch geschrieben hat und der mehrere Restaurants in Wien betreibt, die vermutlich auch noch etwas anderes als gekochtes Rindfleisch servieren, weswegen aber niemand hingehen würde. Beim Plachutta – er heißt übrigens doch nicht Der, sondern Ewald – gibt es sämtliche Teile der Kuh in allen möglichen Schnittarten, alle gekocht. Sie werden in ihrer eigenen Suppe serviert, mit den klassischen Beilagen Kartoffelgröstl, Spinat und Apfelkren. Vor allem der Plachutta im ersten Wiener Gemeindebezirk ist immer gerammelt voll, und genauso verlässt man das Lokal auch. Das Fleisch ist weich und saftig und aromatisch – obwohl die doch eigentlich auch nur mit Wasser kochen können.

Der Plachutta, also in diesem Falle das Kochbuch, schreibt vor, das Fleisch für einen Tafelspitz kurz lauwarm abzuwaschen, es in kochendes Wasser zu legen und dann schwach wallend kochen zu lassen. Das Gemüse käme erst ca. 25 Minuten »vor dem voraussichtlichen Garende« dazu, die gesamte Kochdauer betrage bei einem 2,5-Kilo-Stück drei bis vier Stunden.

Das stellt mich bereits vor rein logische Probleme: Woher soll ich wissen, wann das Garende ist, geschweige denn das voraussichtliche? Per Kristallkugel? Außerdem: Wird das Fleisch nicht besser, aromatischer, wenn man das Gemüse gleich zu Beginn ins Kochwasser gibt? Klar, nach »drei bis vier Stunden« ist das Gemüse Matsch, aber dann kocht man eben neues.

Ich frage im Freundeskreis nach Experten. Prompt stellt sich heraus, dass ich offensichtlich die Einzige bin, die noch nie in ihrem Leben Tafelspitz serviert hat. Freundin Dodo sagt, zuerst Knochenbrühe aufsetzen, dann Fleisch rein. Kein Gemüse, denn vor allem Karotten würden die Suppe zu süß machen. Freundin Alice sagt hingegen, alles von Karotte über Knollensellerie, Knoblauch bis hin zu Kräutern und Gewürzen aufkochen, das Fleisch kalt (!) abwaschen und dann ebenfalls hinein damit. Also was jetzt?

Der 1. Versuch
Die Entscheidung ist gefallen: mit Gemüse. Ich schäle Karotten, schwärze Zwiebelhälften, schneide Rüben klein, lege das Fleisch ins bereits lauwarme Wasser, lasse es aufkochen, drehe die Hitze zurück und schaue auf die Uhr. In zweieinhalb Stunden sehen wir uns wieder.

Währenddessen widme ich mich den Beilagen. Wir haben uns für Spinat, Kartoffelgröstl und Apfelmus entschieden, das auch gleich für den Apfelkren verwendet wird. Kren ist das, was in Deutschland als Meerrettich verkauft wird. In unserer Familie wird er exakt ein Mal pro Jahr gekauft, als Zugabe zum traditionellen Osterschinken. Jedes Jahr heult jemand anderer, weil er/sie sich geopfert hat, den Kren zu »reißen«.

Ich trage Kontaktlinsen, mir macht das weniger aus. Ich wäre bereit und willig gewesen, unseren Gästen frisch gerissenen Kren zu servieren, aber den finde man erst einmal in dieser Stadt des Genusses! Immerhin habe ich nach längerem Suchen Kren im Glas aufgestöbert. Dieses Problem ist gelöst. Das Apfelmus stellt auch keines dar. Wenn es darum geht, einem Lebensmittel das letzte Vitamin aus dem Leib zu kochen und es dann noch im Mixer bis in seine Atome spalten zu dürfen, bin ich die Frau der Stunde. Darin habe ich jahrzehntelange Erfahrung.

Ich liebe Apfelmus. Nicht einmal ich habe es jemals geschafft, das zu verhunzen. Es klappt auch diesmal. Noch ein Problem weniger. Zur Not können wir also Apfelmus mit Kren servieren.

Nach zweieinhalb Stunden widme ich mich wieder dem Tafelspitz. Ich piekse zum ersten Mal hinein. Oder versuche es zumindest – das Ding ist steinhart. Nun gut, Plachutta hat ja geschrieben, dass es drei Stunden dauern darf.

Nach drei Stunden: hart. Stimmt, er hat »drei bis vier Stunden« geschrieben.

Nach dreieinhalb Stunden: hart.

Irgendwann muss ich das Teil wenden, weil ich es auf der Oberseite bereits so gut wie perforiert habe. Und siehe da: Auf der anderen Seite kann ich die Gabel plötzlich mit viel weniger Widerstand ins Fleisch schieben. Raus damit!

Ich schneide es auf, der Mann und ich setzen uns an den Tisch, es kommt freudige Spannung auf – mein erster Tafelspitz! Wir kosten das erste Stück. Es ist staubtrocken.

»Vielleicht liegt's am Fleisch?«

»Du weißt, wo ich's gekauft habe.«

»Hast du es vielleicht zu stark gekocht?«

»Keine Ahnung! Bei Plachutta stand ›schwach wallend‹ kochen. Woher soll ich wissen, was das ist? Ich glaube, unser Herd kann nicht schwach wallen.«

»Wir haben ja noch ein paar Tage bis zu unserer Soirée.«

»Und das soll mich jetzt beruhigen?«

Er hält den Mund. Er weiß, warum.

Selbstverständlich hatte ich das Fleisch zu heftig kochen lassen. Nicht volle Pulle sprudelnd, immerhin, das nicht.

Aber der Satz, den ich am Herd vermutlich am häufigsten sage, ist: »Da tut sich nix!!« Etwas anderes sage ich am Herd noch viel häufiger, aber das ist kein ganzer Satz.

Wolfram Siebeck hat einmal geschrieben, dass Männer dazu neigen würden, alles viel zu scharf anzubraten, Frauen hingegen ein Gespür für gemäßigte Zwischentöne hätten. Wolfram hat mich noch nicht kochen sehen. Für mich hat unser Herd genau zwei Einstellungen: Null und GIBIHM! Wenn ich Fleisch koche, ist es nachher jedenfalls wirklich tot.

Der 2. Versuch
Ich hänge mich noch einmal ins Internet. Bei *chefkoch.de* finde ich »Carsten's pochierten Tafelspitz«. Er empfiehlt: »Zum Sieden bringen und dann die Temperatur auf 90–95 Grad einstellen.« Ha-HA! Stolze Besitzerin eines Funkthermometers hier! Auf geht's!

Diesmal kommt das Fleisch vom anderen Schlachter in unserem Arrondissement, der nur drei Blocks entfernt ist. Jetzt, da ich den Namen des Kuhteils kenne und alle Hoffnung auf international gebildete Fachleute fahren lassen musste, kann ich ja auch dorthin gehen. Ich muss nur üben, die Bezeichnung richtig auszusprechen.

Zu diesem Zeitpunkt ahne ich noch nicht, wie viele Kilometer mir die Entscheidung, zum nächstgelegenen Schlachter zu gehen, in den kommenden Tagen ersparen wird.

Ich gebe meine Bestellung ab und werde sogar bereits beim ersten Mal verstanden. Dafür breche ich mir die Zunge bei einem simplen »s'il vous plaît«, aber man kann nicht alles haben. Ich kann den Fleischfachverkäufer nicht mehr davon abhalten, die Fettschicht, die mein Aiguillette baronne bedeckt, abzusäbeln, aber ich füge mich in mein Schicksal. In dieser Sprache geistesgegenwärtig sein zu wollen, habe ich mir schon lange abgeschminkt. Die Fettschicht sollte eigentlich bleiben, um dem Fleisch noch mehr Saftigkeit zu geben. Aber so habe ich meine Ausrede bereits parat, noch bevor der Herd eingeschaltet ist.

Ich lege das Fleisch in den Fond, der beim ersten Versuch entstanden ist. Man muss ja immer das Positive im Fehlgeschlagenen sehen. Aus einem so edlen Stück Fleisch wurde schon lange kein Fond mehr gekocht. Das Thermometer klemme ich zwischen Topf und Deckel ein, sodass es sich genau mittig zwischen Fleisch und Topfwand sowie zwischen Topfboden und Wasseroberfläche befindet. MacGyver wäre so stolz auf mich. Der kleine drahtlose Empfänger des Thermometers kommt auf den Schreibtisch. In den kommenden Stunden werde ich einen kleinen Marathon absolvieren.

Unser Herd ist mit einem Cerankochfeld ausgestattet. Dieses verfügt über die Einstellungen 0 bis 9 und hat, wie ich finde, eine verdammt lange Leitung. Anstatt wie bei einem Gasherd eine bestimmte Temperatur einstellen zu können, schaltet sich hier das Kochfeld je nach gewählter Stufe in regelmäßigen Abständen ein und aus. Stufe 9: Laaaaaang ein, kurz aus. Stufe 3: Kurz ein, laaaaaang aus.

Somit darf sich der Topf freundlicherweise eine Art Mittelwert ausrechnen, dem er gerade ausgesetzt ist. Ich wache über ihm, bis die Flüssigkeit eine halbwegs konstante Temperatur von 93 Grad erreicht hat. Dann gehe ich zurück an meinen Schreibtisch. Als ob man arbeiten könnte, wenn sich ein Auge sowie zwei bis drei Gehirnareale immer auf die Temperaturanzeige konzentrieren.

94 Grad. Keine Panik. Noch ist alles gut.

95 Grad. *Noch* ist alles gut.

96 Grad. Okay, bei 97 Grad gehe ich in die Küche.

(Dies hier ist übrigens die entschärfte Version für Herzkranke. Mein Thermometer zeigt in Wirklichkeit jedes Zehntelgrad an.)

97 Grad. Ich gehe in die Küche und drehe den Herd eine Stufe kleiner. Ich gehe wieder zurück zu meinem Schreibtisch.

Einige Minuten ist Ruhe. Dann beginnt die Temperatur zu sinken. 95 Grad, 94 Grad. Bei 91 Grad ahne ich, wie der Rest meines Nachmittags aussehen wird. Bei 90 Grad atme ich tief durch. Bei 89 Grad gehe ich in die Küche, drehe den Herd wieder eine Stufe höher, kippe den Deckel ganz leicht an und gehe zurück an meinen Schreibtisch.

Es nützt alles nichts. Ich finde keine Kombination aus Herdeinstellung, Deckelkippung und Veränderung der Umgebungstemperatur, die das verdammte Ding halbwegs im Zielbereich halten würde. Fünf Grad erlaubte Schwankungsbreite – dafür würden Nasa-Ingenieure zwei bis drei Erstgeborene geben! Unser Herd jedoch ist sogar damit überfordert. Nicht nur er.

Nach drei Stunden: Das Fleisch ist hart.

Nach dreieinhalb Stunden: Das Fleisch ist immer noch hart.

Nach vier Stunden beginne ich, mir erste Haarbüschel auszureißen.

Nach viereinhalb Stunden ist das Fleisch immer noch hart. Laut »Carsten's« Anleitung sollte das Zeug nach maximal dreieinhalb Stunden fertig sein.

Nach fünf Stunden reicht es mir, und ich hole es heraus. Besonders dünne Scheiben haben schon so manchen fehlgeschlagenen Kochversuch vertuscht.

Ich schneide es auf, der Mann und ich setzen uns an den Tisch, es kommt freudige Spannung auf – mein zweiter Tafelspitz! Wir kosten das erste Stück. Es ist staubtrocken.

Allmählich dämmert mir, wieso der Tafelspitz im Restaurant *Plachutta* in der Suppe serviert wird. Hart ist das Teil übrigens auch noch immer, aber das versteht sich ja von selbst.

Am nächsten Tag schreibe ich Annelore via *chefkoch* eine verzweifelte Mail und bitte sie um eine Ferndiagnose. Sie antwortet, dass sie das mit der Kochtemperatur nicht so päpstlich sehen würde. Die Brühe solle »lächeln«, schreibt sie, »ab und zu ein Blubb« dürfe schon sein, dann könne beim Tafelspitz »eigentlich nichts falsch laufen«. Und dann fügt sie noch hinzu: »Fünf Stunden ist in meinen Augen schon sehr heftig und einfach zu lange.« In meinen auch.

Der 3. Versuch
Der Tag der Soirée rückt immer näher. Ich neige langsam zu galoppierendem Fatalismus und kaufe beim Fleischer ein ähnliches Stück, das auf Österreichisch Schulterscherzel heißen würde. Just in diesem Moment ruft meine Mutter an. Ich schildere ihr meine bisherigen Versuche, worauf sie meint: »Also ehrlich gesagt nehme ich auch immer ein Schulterscherzl. Der Tafelspitz ist nämlich ein eher trockenes Stück.«

Was soll das werden, eine Weltverschwörung? Wissen alle außer mir, dass der Tafelspitz nicht dazu geeignet ist, mit ihm das Gericht Tafelspitz zuzubereiten? Und wagt es nur niemand laut auszusprechen, weil dann irgendein Bann gebrochen wird? »Ha ha, der Kaiser hat ja gar nichts an!« Mir fällt ein Freund ein, der, als sein Sohn knapp ein Jahr alt war, seinem Vater verzweifelt von den durchwachten Nächten und dem ganzen Stress vorjammerte: »Wieso sagt einem das niemand vorher?« Sein Vater antwortete: »Weil sich sonst niemand all das antun würde.«

Ich schleppe das Schulterscherzel nach Hause, knalle den Topf mit dem Fond (der mittlerweile exzellent sein müsste) auf den Herd, werfe das Fleisch hinein und versuche, die Suppe zum Lächeln zu bringen. Doch unser Herd kann nicht lächeln. Welche Stufe auch immer ich einstelle, ich treffe keine, die »ab und zu ein Blubb« produziert. Entweder tut sich zu wenig, oder eindeutig zu viel. Kein einzelnes großes Bläschen steigt auf, sondern es sind viele kleine oder keine.

Nach dreistündigem Lächelversuch hole ich das Fleisch heraus und schneide es auf. Diesmal ist es nicht nur trocken, sondern auch so verzogen wie mein *Stella-McCartney*-Wolltop, nachdem ich es in der Maschine gewaschen hatte. Und genauso eingeschrumpft. (Falls Sie wissen wollten, wieso meine kleine Nichte *Stella-McCartney*-Tops trägt.)

Allmählich komme ich mir vor wie der Typ, der *SevenUp* erfinden wollte. Er entwickelte *OneUp, TwoUp, ThreeUp* – nichts funktionierte. Er machte weiter mit *FourUp, FiveUp* – alles Fehlschläge. Nachdem auch *SixUp* ein Reinfall war, erhängte er sich in seinem Labor. Er hat nie erfahren, wie nah er dem Welterfolg war.

Eine meiner *Facebook*-Freundinnen gibt den Rat aus einem Kochbuch weiter, man solle das Fleisch aufschneiden, es auskühlen lassen und am nächsten Tag in der Suppe erwärmen. Das hätte bei ihr einen Riesenunterschied gemacht. Netter Tipp, aber wir brauchen trotzdem ein Abendessen. Ich lege die Fleischscheiben zurück in die Suppe und widme mich der Beilage. Heute wird Kartoffelgröstl geübt. Das sollte eigentlich auch nicht allzu schwer sein. Zwiebeln in Butter andünsten, die bereits gekochten und in Scheiben geschnittenen Kartoffeln dazu und ordentlich Stoff geben. Die Kartoffeln sollten am Ende schöne braune, knusprige Ränder haben.

Sollten. Wenn man genug Butter genommen und somit verhindert hätte, dass die schönen braunen knusprigen Ränder in der Pfanne zurückbleiben und erst am nächsten Morgen nach einer Nacht mit ausreichend Spülmittel von dort wieder wegzubekommen sein werden.

Ich serviere das verunstaltete Fleisch – lernen von den Profis – in der Suppe, in der ich es gekocht habe. Also quasi im natürlichen Habitat des Tafelspitz. Das rettet ihn auch nicht mehr.

»Ich mache morgen aus den Resten Rindfleischsalat«, sage ich, zu keinerlei Emotion mehr fähig. »Mit viel Dressing.«

»Das wird sicher lecker«, sagt der Mann und spült den letzten Bissen mit viel Wein hinunter. Hat er gerade instinktiv den Kopf eingezogen?

In meinem »Rezepte«-Ordner warten noch mindestens drei weitere Zubereitungsvarianten für Tafelspitz, eine davon für den Ofen, eine andere verlangt dezidiert nach Knochenbrühe. Alle klingen so idiotensicher wie »Carsten's pochierter Tafelspitz«. Weshalb ich psychisch noch nicht bereit bin, sie auszuprobieren. Ich lasse das Projekt sicherheitshalber vorerst ruhen.

Unsere Freunde bekommen am nächsten Tag pochiertes Rinderfilet serviert. Das der Mann kocht. Ich steuere Apfelmus bei. Immerhin das kann ich.

Kapitel 15

Wie ich eigentlich eh schon kochen kann

Wenn man längere Zeit in einer neuen Stadt lebt, aber eben doch noch nicht lange genug, kommt irgendwann die Phase, in der man übermütig, lässig, gar nachlässig wird. Man glaubt, sich jetzt schon auszukennen. Man verfällt dem trügerischen Gefühl, sich die Stadt erarbeitet zu haben, nur weil man weiß, wo der nächste Altglascontainer steht und welche Boulangerie das bessere Baguette backt. Ich für mein Teil bin mittlerweile geradezu eine halbe Pariserin. Es versteht mich zwar noch immer niemand, aber ich trage meine Handtasche jetzt schick über den Unterarm gehängt.

Uns Pariserinnen zeichnet vor allem unsere Coolness aus. Und unsere Panik, nur ja nicht mit Touristinnen verwechselt zu werden. Wir kennen die Stadt wie unsere Schminktasche, wir sind – ach, sind wir denn wirklich schon so lange hier? (leichtes Gähnen) – gegenüber ihren Schönheiten leider, leider immun. Ja, wir würdigen selbst den blinkernden Eiffelturm kaum mehr eines Blickes, wenn wir mit dem Bus über den Pont de l'Alma fahren. Wir sehen höchstens rein zufällig und seeeehr gelangweilt in seine Richtung.

Stattdessen sind wir mit unserem Handy beschäftigt, weil wir ja immer, immer ganz wichtige Dinge mit all unseren Freundinnen zu besprechen haben. Wenn zufälligerweise keine von all unseren zwei Freundinnen erreichbar ist, halten wir das Handy trotzdem ans Ohr und telefonieren mit dem Wetterbericht.

Wir stellen uns in der Metro nicht schon zwei Stationen vorm Aussteigen in die Nähe der Türen, denn das machen nur Touristen. Nein, wir beginnen erst, wenn die U-Bahn steht, uns mit diesem sehr pariserischen, leicht genervten »Pardon?« von ganz hinten nach ganz vorne zu arbeiten.

Was wir uns hierbei am wenigsten anmerken lassen, ist die Tatsache, dass wir nur deshalb aussteigen, weil wir gerade draufgekommen sind, dass wir uns grandios verfahren haben.

Es ist diese liebenswerte Mischung aus Überheblichkeit und Lässigkeit, die einen in den Irrglauben führt, nicht mehr auf Hinweisschilder achten zu müssen. *Been there, done that* – diese Metrostrecke habe ich doch so was von drauf, man langweile mich bitte nicht mit einem Stadtplan! Eine echte Pariserin kann schließlich die Strecke von ihrer Wohnung bis zum Arbeitsplatz zurücklegen, ohne ein einziges Mal von ihrem iPhone aufgeblickt zu haben.

So ähnlich geht es mir derzeit – so viel Ehrlichkeit muss sein – mit der Kocherei. Weil ich mich seit Monaten mit diesem Thema beschäftige, bilde ich mir ein, bereits alles darüber gelesen zu haben. Mein Hirn ist mittlerweile mit Kochwissen so getränkt wie ein Baba au rhum mit, nun, Rum. Nur, dass mein Gehirn kein französisches Dessert ist. Aber oft daran denkt. Doch ich schweife ab.

Es wäre übertrieben zu sagen, dass ich von früh bis spät nur ans Essen, pardon, Kochen denken würde. Ich habe schließlich auch noch einen Job. Allerdings beginnt mein Tag damit, dass ich mich zuerst mit ein paar Nachrichtenseiten auf den aktuellen Stand bei Weltpolitik und Dschungelcamp bringe, danach aber bereits meine 75 einschlägigen Koch-Webseiten nach neuen Einträgen abgrase. Dazu zählt die Food-Section der britischen Tageszeitung *The Guardian,* aber auch professionelle Foodblogs, die alles von simplen Rezepten bis hin zu wissenschaftlichen Erörterungen, wie ein Steak richtig gebraten wird, posten. Vor allem die Amerikaner sind recht experimentierfreudig und beweisen einen erstaunlichen Erfindungsreichtum, beispielsweise wenn es darum geht, fetttriefend Frittiertes durch figurfreundlichere Zubereitungsarten zu ersetzen.

Ich muss allerdings zugeben, dass ich nicht immer jeden Eintrag bis ins kleinste Detail lese. Wie gesagt, ich habe auch noch einen Job – der leider nicht darin besteht, das perfekte Schokopuddingrezept zu erarbeiten. Oft genug überfliege ich einen Artikel nur und versuche, das Wichtigste im Kopf zu behalten.

Tagsüber legt mir der Gatte all die Hochglanzmagazine auf den Tisch, die aus seinen Tageszeitungen gefallen sind. Da sie sich an Frauen richten, sind selbstverständlich immer auch Rezepte abgedruckt. Gleichzeitig trudeln via *Facebook* laufend Kochideen von Freunden oder Bekannten ein. Und abends arbeite ich gern die unzähligen Kochbücher durch, die sich bei uns angesammelt haben, um eine Art Kochplan für die nächsten Tage zu erstellen.

Da ich selbstverständlich ein grandioses Gedächtnis habe, dem ich bei allem, was keine französische Vokabel ist, voll und ganz vertraue, hat sich auf diese Weise in den vergangenen Monaten sehr viel an Wissen angesammelt, das ich im Einsatzfall nur noch abzurufen brauche. Nachschlagen ist etwas für Kleingeister. All diese Zubereitungsarten habe ich doch so was von drauf, man langweile mich bitte nicht mit einem Rezept! In der Theorie kann ich schließlich schon längst kochen. Nur in der Praxis stellen sich mir hin und wieder Hürden in den Weg, für die ich – und das möchte ich noch einmal betonen – ja meistens nichts kann.

Mit dieser Einstellung habe ich das denkbar Ungenießbarste geschaffen, das jemals in dieser Küche entstanden ist. Und wir wissen: Das ist eine Leistung. Ich wollte panierte, gebackene Kürbisscheiben machen. Schließlich war gerade Kürbissaison, und ich wollte nicht die hundertste Suppe kochen. Außerdem schwamm in meinem Hirn noch das »Wissen« herum, dass man Hühnerteile auch ganz brav und fettfrei im Ofen backen könne. Und was für ein Huhn gut ist, kann doch für einen Kürbis nur billig sein.

Es wurde tatsächlich eine sehr figurschonende Kreation. Sie landete nämlich nahezu komplett im Müll. Was angesichts der mir von Kindheit an eingeimpften Sparsamkeit vermutlich sehr viel über ihre Genießbarkeit aussagt. Es schmeckte wie halb roher Kürbis mit Semmelbröseln drauf. Ein Geschmack, den ich mir nie wieder in Erinnerung rufen möchte. Wie heißt es in der Kochbranche so richtig? Hochmut kommt vor dem Abfall.

Ich nenne das den Wimbledon-Effekt. Früher, als ich jeden Sommer dieses berühmteste Tennisturnier der Welt im Fernsehen verfolgte, war ich spätestens beim Finale überzeugt, selbst perfekt Tennis spielen zu können. Vielleicht nicht direkt in Wimbledon, aber Kreisliga ohne Probleme. Wenn man die richtigen Bewegungsabläufe einfach nur oft genug gesehen hat, gehen sie einem in Fleisch und Blut über. Man kann dann gleich in der Fortgeschrittenengruppe anfangen, selbst wenn man noch nie einen Tennisschläger in der Hand gehalten hat. Finde ich.

Deshalb koche ich derzeit harte Eier, ohne auf die Uhr zu schauen. Wir sind hier schließlich nicht mehr im Kochkindergarten! Das hat man im Gefühl!

Doch wie meine Mutter schon sagte: Gefühle trügen. Und Eier bleiben länger weich, als man denkt. Gleichzeitig werden sie früher hart, als man glaubt, vor allem dann, wenn man weiche Eier im Glas servieren wollte. Aber die kann man ja auch mit Messer und Gabel essen.

Ich befinde mich derzeit in dieser gefährlichen Phase des vermeintlichen Improvisierenkönnens. Und ich würde sie auch gern so schnell wie möglich wieder verlassen, aber das ist so, als wolle man aus einem Paternoster aussteigen, der auf schnellen Vorlauf gestellt ist. Man erkennt nie, wann der richtige Zeitpunkt gekommen ist.

Die Fehler passieren bei den harmlosesten Dingen. Beim Eierkochen, wie gesagt. Oder weil ich an der genau falschen Stelle improvisiere. Ein halbes Ei zu viel im Pastateig darf ich den gesamten Abend lang abbüßen, weil der Teig klebt wie Sau. Für eine Lasagne verwende ich Hüttenkäse statt Mozzarella, weil ich mir denke: Beides weiß, beides Käse – warum nicht? In den Kochblogs tauschen sie doch auch laufend Zutaten aus.

Warum nicht? Weil Hüttenkäse, im Gegensatz zu Mozzarella, nicht schmilzt und dadurch einer Lasagne ein eher gewöhnungsbedürftiges Aussehen verleiht. Eine kleine Erkenntnis, die in meinem umfassenden Kochwissen offensichtlich noch gefehlt hat.

Es hilft nicht wirklich, dass ich mir mit Vorliebe französische Kochsendungen ansehe. Ein kluger Mann meinte vor einigen Jahren bei einer Diskussionsveranstaltung hier in Paris, Kochsendungen dienten in erster Linie der Unterhaltung, ähnlich wie jeder beliebige Roland-Emmerich-Endzeit-Schocker. Schließlich sehe man sich im TV vor allem das an, was man selbst nicht tut. Ob es deshalb so viele Kochshows im deutschen Fernsehen gibt?

Ich jedoch sehe mir diese Sendungen nicht nur zur Unterhaltung an, ich bin jedes Mal knapp davor, mir Papier und Stift bereitzulegen, um mitzuschreiben und nachzukochen. Was ich im Eifer des Gefechts immer vergesse: Die haben das jahrelang gelernt.

Zumindest bei *Top Chef* machen fast ausschließlich Profis mit. Landesweit werden Vorausscheidungen veranstaltet, die 16 Besten dürfen in die Sendung. Zehn Wochen lang müssen sie sich immer unter Zeitdruck neuen Aufgaben stellen. Der Gewinner bekommt 100 000 Euro Startkapital für sein eigenes Restaurant.

Die letzte Staffel begann damit, dass die Teilnehmer eine Zutat vorgegeben bekamen und diese dann in Szene setzen mussten. Zum Beispiel einen Salatkopf. Punkteabzüge gab es, wenn zum Schluss zwar ein wunderschöner Teller mit perfekt gegarten Produkten vor den Juroren stand, aber der Salat gerade mal im Eckchen als Deko herhalten durfte. Oder sie mussten ein *trompe-l'œuil*-Gericht kreieren, also etwas, das aussieht wie ein bekanntes Rezept, sich aber bei der Verkostung als etwas ganz anderes herausstellt. Geraspelte Karotten, die in Wirklichkeit süße Papayastreifen sind. Eine Kirsch-Kaltschale, in der sich die Kirschen als Gänseleberkugeln entpuppen.

Dazu haben die Kandidaten dann immer just ein bisschen zu wenig Zeit, sodass man die Streber sofort daran erkennt, dass sie eine Sekunde vor dem Gong bereits fertig sind. Und ihnen kein Schweiß auf die Teller getropft ist.

Manche von ihnen arbeiten bereits in Sternerestaurants, andere führen ihr eigenes Lokal. Mein Vater würde an dieser Stelle sagen: »Mit vollen Hosen ist leicht stinken.« Auch die Jury besteht aus Sterneköchen. Entsprechend hoch ist das Niveau, auf dem hier gekocht wird. Trotzdem sitze ich gebannt vor dem Bildschirm und glaube, mir etwas abschauen zu können.

Nur, falls jemand gerade keine Definition für das Wort Selbstüberschätzung zur Hand hat.

Ich kann noch schlimmer: Die Tatsache, dass diese – ich wiederhole es gern noch einmal, bis sogar ich selbst es kapiert habe –, diese Profiköche bei allem, was sie zubereiten, ohne Rezept auskommen, erkläre ich mir natürlich damit, dass es vermutlich unsichtbar unter der Arbeitsplatte liegt. Die beim Fernsehen tricksen doch andauernd.

Spätestens, wenn *Top Chef* in seine vierte Woche geht, betrete ich die Küche nur noch im Laufschritt, stelle als erste Amtshandlung alle verfügbaren Töpfe und Pfannen auf den Herd und werfe beide Öfen an. Dann überlege ich, was ich eigentlich kochen will.

Man kann allerdings nicht behaupten, dass ich gar nichts lernen würde. Kurz vor Weihnachten lief im französischen TV eine ähnliche Sendung, *Le meilleur pâtissier,* auf Deutsch etwa »Der beste Zuckerbäcker«. Hier zeigen Hobbykonditoren, was sie draufhaben, wobei man allerdings ebenfalls nicht glauben darf, dass es nur um Omas Sonntagskuchen ginge. Von wegen. Was die »Amateure« da fabrizieren, sieht man in Paris in den Auslagen der besten Patisserien.

Doch dank *Meilleur pâtissier* weiß ich jetzt, wie das mit dem Brandteig funktioniert. In einer der Folgen mussten die Kandidaten nicht nur Eclairs backen, sondern dazu auch noch kleine gefüllte Brandteigkrapfen. Die Anleitung wurde so oft gebetsmühlenartig wiederholt, dass ich mich noch in derselben Nacht an den Herd stellte. Siehe Wimbledon.

Und vielleicht können's die Franzosen ja besser erklären, oder ich hatte einen guten Tag, oder die Sternenkonstellation war mir hold, oder ich hatte die richtige Mondphase erwischt. Es wurden jedenfalls echte Eclairs. Willkommen, Kreisliga!

Von diesem Erfolg angestachelt, versuchte ich mich auch noch an einem weiteren Rezept aus der Sendung. Diesmal selbstverständlich nicht mit etwas Simplem wie Brandteig-Eclairs, weil die ja schließlich jeder Amateur kann. Stattdessen machte ich mich an eine *Bûche de noël,* eine in

Frankreich für Weihnachten typische Nachspeise. Übersetzt heißt es ungefähr »*Weihnachts-Holzscheit*« und sieht aus wie ein der Länge nach in die Hälfte gesägter dicker Ast. Üblicherweise wird er als gefüllte Biskuitroulade gebacken und außen mit Schokoladeglasur bestrichen, auf die dann alle möglichen Verzierungen gesetzt werden, die alle mit Wald, Holz oder Weihnachten zu tun haben.

Biskuitroulade.

Nein, ich war noch nicht bereit, mich diesem Trauma zu stellen. War auch nicht notwendig. Die *Bûche de noël*, die ich im Auge hatte, war von Biskuitrouladen erfreulicherweise genauso weit entfernt wie, nun ja, meine Biskuitroulade es damals war. Damals, als ich noch nicht kochen konnte.

Für den Wettkampf mussten die Kandidaten die *bûche de noël* neu interpretieren. Allerdings fand kaum eine der Kreationen Gnade vor den Augen der strengen, zweiköpfigen Jury. Zu wenig festlich, hat nicht die typische Form, schmeckt bescheiden – es war ein einziges Massaker. Zum Ausgleich zeigte Cyril Lignac, einer der beiden Juroren, wie er die *bûche* neu erfinden würde. Lignac ist im Nebenberuf Sternekoch, aber vermutlich sehen ihn seine Mitarbeiter mittlerweile häufiger als Juror diverser Kochshows auf dem Bildschirm als in einem seiner drei Restaurants. Als gebürtiger Südfranzose hat er einen Akzent, gegen den ich geradezu Hochfranzösisch spreche. Aber er ist nett (zumindest vor der Kamera), lustig und angenehm fürs Auge.

Lignac also schuf eine *Bûche,* die erst gar nicht holzscheitig-halbrund war, sondern quaderförmig-eckig. Außerdem war sie grau. Mit einem kleinen roten Rechteck aus Zuckermasse an der Seite. So viel zum Thema »*festlich/klassisch*«. Aber Sterneköche dürfen alles.

Die graue Farbe fand ich eher abstoßend, aber das Darunter hatte bei mir sofortige Faszination ausgelöst. Der Hauptbestandteil der *Bûche* war eine Sahne-Vanillecrème in einem geschmeidigen Off-Weiß, die tief in meinem Inneren offensichtlich ein längst verdrängtes Kindheitserlebnis von Glück und Zufriedenheit weckte. Anders kann ich mir nicht erklären, wieso dieses Teil für die folgenden Tage zu einer solch fixen Idee in meinem Schädel werden sollte.

In der Mitte des Vanillesahnequaders verlief noch ein Streifen aus Karamellcrème, aber dagegen kann ja auch kein vernünftiger Mensch etwas haben.

Auf der Webseite des TV-Senders war das Rezept angegeben sowie eine Schritt-für-Schritt-Anleitung in Form einer Diashow. Oder was die Franzosen so unter einer Schritt-für-Schritt-Anleitung verstehen. Es war, mit sehr viel gutem Willen ausgedrückt, eher eine grobe Zusammenfassung. Auf einer anderen Webseite desselben Senders stand das komplette Rezept noch einmal, ausführlicher und in einigen Schritten stark von der ersten Version abweichend. Da ich zufällig und zum vermutlich ersten Mal in meinem Leben das Rezept vorher gelesen hatte, bemerkte ich die Diskrepanzen ausnahmsweise schon vor dem Einkaufen.

Doch wer wäre ich, würde ich mich von einer solchen Herausforderung abschrecken lassen. Ich bin die Frau, die Eclairs kann! Ich bin die Frau, die Kreisliga spielt! Ich bin die Frau, die nicht einmal Rezepte mit minutiös genauen Anleitungen schafft!

Streichen Sie den letzten Satz.

Ein paar meiner *Facebook*-Freunde versuchten noch, mich von meinem Vorhaben abzubringen. Erst ein paar Tage zuvor hatte ich meinen fehlgeschlagenen Versuch gepostet, mir eine heiße Schokolade zu »kochen«, ohne dabei die Küche in Schutt und Asche zu legen. Und jetzt ein vor Fehlern strotzendes Sternekoch-Rezept? Man erklärte mich für endgültig übergeschnappt und legte dem Gatten nahe, für einen ausreichenden Vorrat an Valium zu sorgen. (Ich weiß bis heute nicht, ob die Tabletten für ihn oder für mich gewesen wären.)

Da das Rezept teilweise schlicht unverständlich war – und zwar erfreulicherweise sogar für Muttersprachler –, beschloss ich abzurüsten. Eine Art Krümelmasse, die den Boden der *bûche* bilden sollte, war im Rezept so verwirrend beschrieben, dass ich sie einfach zu zerbröselten Spekulatiuskeksen mit ein bisschen Butter degradierte. Und zwar simpler Butter für Normalsterbliche, weil ich mir weder die Arbeit antun wollte, Kakaobutter aufzutreiben, noch jene, erst einmal herauszufinden, was der Unterschied zwischen beidem ist.

Ebenso wenig war ich gewillt, mir eine Farbsprühpistole zu kaufen, um das Ding zum Schluss mit grauer Lebensmittelfarbe zu airbrushen. Das allerdings machte mir dann doch kurz Bedenken, weil ich sonst keine Ausrede ungenutzt lasse, um zum Baumarkt zu dürfen. (»Schatz, wirklich, du hast keine Ahnung, was diese modernen Schraubenzieher heutzutage alles können! Wir brauchen dringend neue.«)

Das Rezept war in erster Linie zeitaufwändig, in zweiter Linie ein Blindflug mit unbekanntem Ziel, in dritter Linie aber für jemanden, der schon hin und wieder mit Karamell gearbeitet hat, durchaus stemmbar. Für die Vanillecreme wird Sahne mit Vanille aufgekocht, mit weißer Schokolade verrührt und dann entweder vier oder zwölf Stunden im Kühlschrank gelagert. Hier widersprachen einander die beiden Rezepte zum ersten Mal, und man durfte würfeln, welcher Variante man eher Glauben schenkte.

Nach diesen vier oder zwölf Stunden musste man die Creme entweder glattrühren oder aufschlagen, auch hier durfte wieder die Münze entscheiden. Doch siehe da, sie ließ sich tatsächlich einigermaßen steif schlagen! Wobei man französische Schlagsahne aufgrund ihres Fettgehalts ohnehin maximal sockensteif bekommt. Sie hat nur bis zu 30 Prozent Fett, in Deutschland und Österreich jedoch 35 Prozent, was einen ziemlichen Unterschied bei den Haltungsnoten macht. Offensichtlich sind in Frankreich sogar die Kühe auf Diät. Ich nenne das Zeug nur noch Schwachsahne.

Auch beim Karamellkern durfte man wieder zwischen den Zeilen lesen. Das Karamell sollte laut Rezept nicht wie üblich mit Sahne, sondern mit Wasser abgelöscht werden. Was ich persönlich noch nie gehört habe. Und bekanntlich weiß ich *alles* übers Karamellmachen. Am Schluss sollte man die *Bûche* in den Gefrierschrank stellen, aber weder stand dabei, wozu, noch, wie lange. Auch hier wieder Würfeln.

Ich habe mir also erlaubt, das Rezept des Herrn Sternekochs ein wenig zu korrigieren. Wo geht's hier nach Wimbledon?

Wenngleich ich nicht unerwähnt lassen möchte, dass die *Bûche* ein respektabler Erfolg wurde. Vielleicht noch nicht ganz Kreisliga, aber in der Seniorenklasse hätte ich damit ganz vorne mitgemischt. Vor allem konnte ich erstmals Spuren von »Erfahrung« an mir feststellen: Ich hatte Fehler im Rezept früh genug bemerkt. Bevor ich eine Zutat wegließ oder austauschte, *dachte ich nach*. Ich hielt mich an die vorgegebenen Kochzeiten! Die Lässigkeit war weg!

Keine zwei Tage später kochte ich ein halbes Kilo Linsen zu Brei.

Kapitel 16

Wie ich mit Gérard Depardieu Ratatouille koche

Gérard steht in seiner Küche und kocht Ratatouille. Das ist ein wunderbarer Anblick, und man könnte ihm stundenlang dabei zusehen. Was sich insofern ganz gut trifft, als dass Gérard Schauspieler ist und seit ein paar Jahrzehnten nicht schlecht davon lebt, dass man ihm gern dabei zusieht, wie er Dinge tut. Als Obelix Römer verhauen, zum Beispiel.

Wir verbringen mit Gérard ein Wochenende auf seinem Anwesen im Anjou. Der Gatte schreibt ein Portrait über ihn, aber nicht über Gérard, den Schauspieler, sondern Gérard, den Winzer. Der Gatte will mit ihm nicht nur über Wein reden, sondern ihn auch in den Weinbergen beobachten. Wie er an der Erde riecht, die Trauben kostet, im Keller nach den Fässern sieht und über die Weine seines Lebens erzählt. Auch dabei hört man ihm gern zu. Gérard ist an einigen Weingütern beteiligt, die über die ganze Welt verstreut sind, aber hier, in der Nähe von Saumur an der Loire, trägt der Wein seine Handschrift. Hier hat er das Sagen.

Der Gatte und Gérard wurden gleich ziemlich beste Freunde, als sie bei ihrem ersten Vorgespräch in Gérards Pariser Restaurant »*La Fontaine Gaillon*« herausfanden, dass sie beide denselben Lieblingswein haben. Als Gérard dann noch kurz sein halbes Huhn beiseitelegte, um mit dem Gatten ein erstes Glas Wein zu trinken, war das Eis endgültig gebrochen. Da war es ja auch schon elf Uhr vormittags.

Unser Rendez-vous auf Gérards Schloss sollte eigentlich erst in zwei Wochen stattfinden. Wir hatten uns deshalb beruhigt einen Drei-Tage-Pass für ein Pariser Musikfestival gekauft und überlegten am Ende des ersten Tages gerade, worauf wir uns am zweiten und am dritten Tag besonders freuten. Da ging, kurz vor Mitternacht, des Gatten Handy. Gérard war dran, sagte, dass er den geplanten Termin nicht halten könne, weil er da zum Staatschef von Irgendwo eingeladen wäre, und zu einem Staatschef von Irgendwo sage man schließlich nicht Nein.

Er erwarte uns also morgen.

Da man auch zu einem Gérard nicht Nein sagt, rahmten wir uns unsere halbjungfräulichen Festivalpässe ein, alarmierten noch in derselben Nacht den Fotografen – der gerade ausgerechnet seine Familie in Deutschland besuchte – und setzten uns am nächsten Morgen in den Zug. Man ist ja spontan.

Der erste Anblick, der sich uns auf Château Tigné bietet, wird auf ewig in meinem Gedächtnis gespeichert bleiben: Gérard auf einem Quad, seinen massiven Rücken zu uns gewandt, telefonierend. Er trägt ein hellblaues Ruderleibchen, auf dem man am Ende dieses Wochenendes ablesen können wird, was er alles erlebt (und gegessen) hat.

Als er uns sieht, begrüßt er uns mit einer Herzlichkeit, als würden wir einander seit Jahren kennen. Das war lange vor dem Aufruhr, den seine Steuerflucht ausgelöst hat. Damals war er auch noch kein russischer Staatsbürger, der sich schwer damit tut, Freundschaftsanfragen von Diktatoren abzulehnen. Damals war er ein entzückender Gastgeber, normal wie ein Stück Brot, mit einer unglaublichen

Geduld für alle Bittsteller, die im Laufe des Wochenendes mit ihren Projekten an seiner Tür scharrten. Der Mann hat ein Herz, dessen Größe seinem Leibesumfang entspricht.

Ich durfte in meinem Leben bereits einige sogenannte Prominente treffen. Ich hatte mit schmallippigen deutschen Schauspielerinnen zu tun, die sich als direkte Nachfahrinnen der Duse verstanden und vor dem Abdruck ihres Interviews am liebsten sogar die Schreibweise meines Namens festgelegt hätten. Oder die mit einer winzigen Geste verrieten, dass sie jeden Visagisten, der um sie herumwuselte, für zu duldendes Personal hielten, anstatt ihm auf Knien dafür zu danken, dass man ihr wahres Alter nur aus der Nähe erkannte.

Gérard hingegen könnte, wie er so über den Hof seines Anwesens humpelt, nicht fröhlicher, freundlicher, umgänglicher und mehr bei der Sache sein. Dabei hätte er allen Grund, uns als unnötige Nervensägen zu behandeln. Wochen zuvor hatte er sich bei einem Motorradunfall eine Verletzung am Fuß zugezogen, die einfach nicht heilen will. Sein Terminkalender ist – wie üblich – randvoll. Wenn er nicht gerade einen seiner durchschnittlich fünf Filme pro Jahr dreht, übt er eine Gastrolle für die nächsten Salzburger Festspiele ein, wird von Staatsoberhäuptern eingeladen, bohrt auf Kuba nach Öl, kümmert sich um seine Weingüter, seine Restaurants, seine Kinder.

Für dieses Wochenende hat er sich in Paris kurz in den Helikopter gesetzt und sich zu seinem Château fliegen lassen. Das macht er hin und wieder. Er düst dann mit seinem Quad durch die Weinberge, kontrolliert die Rebstöcke, kostet die Trauben, gibt seinem Betriebsleiter ein paar Aufträge, besteigt den Helikopter und haut wieder ab. Einmal soll er das sogar noch im Frack gemacht haben, direkt nach den Festspielen in Cannes.

Wir haben die Taschen noch nicht einmal abgestellt, da

setzt Gérard den Gatten hinter sich auf das Quad, und die beiden Buben düsen, eine filmreife Staubwolke hinter sich lassend, ab in die Weinberge.

Nicht immer sind des Gatten Dienstreisen so charmant. Wenn er in krisengebeutelte Industriegebiete fährt, um frisch entlassene Arbeiter zu interviewen, bleibe ich ebenso gern zu Hause, wie wenn er zwar an die Côte d'Azur fährt, sich dort aber mit den simplen Gemütern des rechtsradikalen Front National trifft. In Frankreich herumzureisen, klingt ohnehin verlockender, als es manchmal ist. In der Champagner-Hauptstadt Reims habe ich mir einige lieb gewordene Körperteile abgefroren, was durch ein komplettes Champagner-Diner nur teilweise wiedergutzumachen war. In Reims steht zwar eine hübsche Kathedrale, aber leider nicht sehr viel mehr. Mit der ist man außerdem in einer halben Stunde durch, und dann bleibt sehr viel Zeit totzuschlagen, bis man endlich mit dem Trinken beginnen kann.

Ich durfte den Gatten auch nach Cognac begleiten, wo wir gemeinsam ein Video für die Webseite seiner Zeitung drehten. Anlass dafür war eine Pressereise, die wenig überraschend in erster Linie daraus bestand, Cognac zu trinken. Wir besuchten einen Cognac-Hersteller und verkosteten dort mehrere Jahrgänge seiner Cognacs. Zum Mittagessen tranken wir Cognac, um danach den nächsten Hersteller zu besuchen und dessen Cognacs zu verkosten. Zum Abendessen gab es – Cognac. Und das zwei Tage lang. Ich hatte damit nur ein Problem.

Ich hasse Cognac.

Als Gérard und Gatte von ihrem ersten Ausflug in die Weinberge zurückkommen, ist auch Jonas, der Fotograf angekommen. Wir gehen alle gemeinsam auf Fotosafari: Gérard auf seinem Quad, der Rest von uns auf der Ladefläche eines

Pickup, den Gérards Betriebsleiter Philippe steuert. Wir halten an jeder zweiten Kuh, besuchen ein paar Weinberge, Gérard steckt die große Nase in einen Haufen Erde, schneidet für Jonas Grimassen und ist dann so schnell wieder auf seinem Quad, dass wir kaum nachkommen. Plötzlich sieht er auf die Uhr und sagt: »Der Supermarkt sperrt gleich zu, wir müssen noch einkaufen!« Und Staubwolke.

Beim Supermarkt angekommen, steht das Quad bereits da, geparkt direkt vor dem Eingang, wo man eigentlich mit seinem Einkaufswagen vorbei will. Aber Gérard darf das. Er darf dort alles. In Tigné ist er ein Maskottchen, ein Nachbar, ein Freund, ein Kumpel – und ein verdammt guter Supermarktkunde.

Als wir ihn in der Obstabteilung aufspüren, presst er gerade seine Nase an eine Melone, um zu testen, ob sie reif ist. Danach nimmt er zwei Baguettes, die Philippe in den Einkaufswagen gelegt hatte, drückt sie mir mit den Worten »Stell die wieder zurück« in die Hand und sucht zwei andere, bessere aus. Dann stürmt er auf die Fleischvitrine zu, nein, an der Fleischvitrine vorbei, gleich nach hinten in den Bereich »Nur für Angestellte!«, wo ihn Serge, der diensthabende Metzger, wie einen alten Freund begrüßt. Gemeinsam marschieren sie in den Kühlraum und kommen nach wenigen Minuten mit einem kompletten Rinderfilet wieder zurück. Als Serge beginnt, es zu parieren, nimmt ihm Gérard das Messer aus der Hand, schneidet ein winziges Stück vom schmalen Ende ab und reicht es Jonas zum Kosten. »Probier das! Ist das nicht wunderbar?«

Knapp fünf Kilo Filet landen in einem unserer beiden Einkaufswagen, dazu noch Auberginen, Zucchini, Tomaten, größere Mengen an Knoblauch, Käse, Obst und was man sonst noch für die Verköstigung einer kleinen Reisegruppe benötigt.

Zurück auf seinem Anwesen, übernimmt Gérard das

Küchenkommando. Jeder bekommt ein Messer in die Hand gedrückt und hat mitzuhelfen. Er kocht, wie er schon den ganzen Tag ist: mit Power, wie eine Urgewalt. Leider zerschlägt er die Knoblauchknolle nicht mit der Faust, wie er das in *Green Card* gemacht hat, aber das bleibt an diesem Tag das Einzige, worüber ich mich beschweren würde.

Das Filet wird mit Knoblauch gespickt und mit getrockneten Kräutern bestreut. Angebraten wird nicht. Umringt von weiteren Knoblauchzehen kommt das Fleisch in den Ofen. Für das Ratatouille wirft Gérard einfach alles Gemüse klein geschnitten in einen großen Topf und lässt es für eine unbestimmte Zeit kochen. »So vermischen sich alle Säfte«, erklärt er mir, die ich ihn mit großen Augen beobachte.

Vor dem Servieren gibt er auf jede Fleischscheibe noch ein Stückchen Butter, denn von irgendwoher muss er seinen mehrfachen Bypass schließlich haben. Was soll ich sagen? Ich hätte die fünf Kilo Filet am liebsten allein gegessen.

Die wahre Erleuchtung hatte ich allerdings bei seinem Ratatouille. Es war nach der langen Kochzeit ein Matsch unbestimmter Farbe geworden. Also so, wie Gemüse immer aussieht, wenn ich es gekocht habe. Aber es war wunderbar! Und wer braucht schon Vitamine?

Das Wochenende mit Gérard hat schwerwiegende kontraproduktive Auswirkungen auf meine Kocherziehung. Früher pflegte ich Gemüse so lange zu kochen, bis es sich in seine kleinsten Bestandteile zerlegt hatte. Ich rede nicht gern darüber, aber die erste Kernspaltung im zivilen Bereich hat in meiner Küche stattgefunden. Seither habe ich immerhin gelernt, es so zuzubereiten, dass am Ende noch Spuren von Vitaminen vorhanden sind. Ich habe auch kein Problem mehr zu erkennen, wann es perfekt gegart ist. Es ist genau der Zeitpunkt, an dem ich beschließe, es noch weitere zehn Minuten zu kochen.

Zu den Gründen für dieses Verhalten sind wir in der Therapie noch nicht vorgedrungen. Offensichtlich ist meine Angst, Gemüse zu kurz zu kochen, größer als jene, es zu Brei zu verarbeiten. Prägendes Erlebnis in der frühen Kindheit, vermutlich.

Doch sogar diesen ersten kleinen Fortschritt hat ein einziger Abend zunichte gemacht. Sowie ich nach unserer Rückkehr das nächste Mal mit Kochen dran bin, mache ich »Ratatouille à la Gérard«. Und es schmeckt auch diesmal grandios! Außerdem macht es merkbar weniger Arbeit als die Rezepte, die ich bislang befolgt hatte.

Rezept Nummer 1: Ofen-Ratatouille
Zugegeben, man überarbeitet sich auch hier nicht. Das Gemüse wird in mundgerechte Stücke geschnitten, mit Olivenöl und Thymian vermischt und für 40 Minuten bei 230 Grad im Ofen gebraten. Zwischendurch ein paarmal umrühren, fertig. Im Gegensatz zum Gérard-Ratatouille erkennt man nachher noch, was man vorher alles hinein getan hat.

Rezept Nummer 2: das Nigel-Slater-Ratatouille
Nigel Slater ist ein britischer Foodautor, über dessen Rezepte ich vor allem auf der Webseite des *Guardian* oft stolpere. Für sein Ratatouille brät er jedes Gemüse einzeln in Olivenöl an, erst dann kommt alles gemeinsam mit ein paar Tomatenscheiben vermischt bei 180 Grad ebenfalls für 40 Minuten in den Ofen. Mühsam, aber delikat. Und leider des Gatten Lieblings-Ratatouille. Doch er zeigt sich verständnisvoll und findet den Ratatouille-ähnlichen Matsch, den ich ihm kurz nach unserem Wochenende auf Château Tigné serviere, selbstverständlich ebenfalls lecker. Trotzdem bevorzugt er eindeutig die Nigel-Slater-Variante.

Weshalb es Ratatouille bei uns jetzt nicht mehr gar so oft gibt.

Das Wochenende bei Gérard hat mir das größte Problem, das ich mit der Kocherei habe, nachhaltig vor Augen geführt: Es gibt verdammt viele Wege nach Rom. Und egal, welchen man nimmt, immer gibt es jemanden, der sagt: »Das ist der richtige!« Und einen anderen, der sagt: »Nein, *das* ist der richtige!« Oder es gibt mehrere, und man muss sich entscheiden, weil beide schön sind.

Denn was ich noch immer nicht verstehe: Die Menschheit kocht bereits seit einigen Jahren. Und trotzdem findet man, wenn man nach dem besten Rezept für Sauce Bolognese sucht, nach wie vor mindestens fünf verschiedene »beste« Rezepte. Für Chili gibt es vermutlich nicht weniger als fünfzig – alle selbstverständlich *total* authentisch.

Ebenso ist man sich immer noch nicht einig, ob Schaumabschöpfen beim Suppekochen wirklich notwendig ist. Und es gibt Renegaten, die das eherne Gesetz, beim Risotto müsse andauernd umgerührt werden, damit die Stärke aus den Reiskörnern austritt, ignorieren und behaupten, der Risotto würde ohne die schweißtreibende Rührerei genauso cremig. Über die Frage, wann man Fleisch am besten salzt, haben wir ja schon gesprochen. Ganz zu schweigen von den Hühnern.

Wir Kochanfänger wollen einfach »Das Beste Rezept« haben, das kann doch nicht so schwer sein! Ich weiß, »Geschmäcker sind verschieden«, blablabla. Aber wie lange soll diese Ausrede noch gelten?

Meine Lieblingsrubrik im *Guardian* heißt »How to cook the perfect ...«. Felicity Cloake sucht sich jede Woche ein klassisches Gericht aus, vergleicht mehrere Kochbücher, die zu diesem Thema etwas zu sagen haben, miteinander, wägt diese Methode gegen jenen Trick ab und stellt schlussendlich ihr eigenes »perfektes« Rezept zusammen. Man muss nicht immer einer Meinung mit ihr sein, doch sie nimmt einem ziemlich viel Arbeit ab.

Just bei Bolognese bin ich immer noch auf der Suche nach dem einzig wahren Rezept. Miss Cloake hat sich auch dieses Klassikers schon angenommen, meine Version wurde dann aber trotzdem eine Kreuzung zwischen *Guardian* und *chefkoch.de*. Trotzdem spüre ich: Perfekt ist das noch nicht.

Deshalb bin ich hocherfreut, als ich eines Tages im Buchladen ums Eck Ferran Adriàs Kochbuch *Das Familienessen* finde. Sein geschlossenes Restaurant *el Bulli* ist zwar berühmt für elaborierte, teils abgehobene Molekularküche. Doch sein Personal isst ganz klassisch: Safranrisotto (er rührt »häufig«), Schweinerippen mit Barbecue-Sauce, Tagliatelle Carbonara. Nicht, dass wir unbedingt noch ein weiteres Kochbuch brauchen, es gibt ja nach wie vor genügend in unserem Bücherregal, die ich noch kein einziges Mal in der Hand gehabt habe. Aber mein erster Gedanke ist: »Hey, wenn nicht er die besten Rezepte kennt, dann wer?«

In seiner Bolognese ist allerdings weder Knoblauch noch Milch zu finden, was mich erst recht wieder verwirrt. Ich habe zwar keine Ahnung, was die Milch in der Bolognese macht, aber als Anfängerin findet man das jedenfalls total tricky und raffiniert und steht schon allein deshalb drauf.

Ich bin schon knapp davor, auch dieses Buch schwer enttäuscht zu all den anderen Jungfrauen ins Regal zu stellen, da sehe ich sein Rezept für Vichyssoise, eine kalte Kartoffel-Lauch-Suppe. Die hatten wir vor Monaten bei unserer Freundin Marie-Odile gegessen, und der Gatte ward seither nicht müde, sie immer wieder für meine Kochübungen vorzuschlagen. Möglicherweise, um etwaige andere Experimente zu verhindern.

Die Vichyssoise klingt zwar französisch, ist es aber, na ja, nur zum Teil. Erfunden wurde sie von dem französischen Koch Louis Diat, damals Küchenchef im New Yorker Ritz-

Carlton-Hotel, der für die heißen Großstadt-Sommer eine kalte Version der Potage parmentier kreierte.

Sie ist also nur halb französisch, aber trotzdem in dem *TimeLife*-Kochbuch »Die Küche in Frankreichs Provinzen« zu finden, des Gatten Referenzwerk für alles Französische, das man essen kann. Wenn ich ihm eine Vichyssoise koche, dann welche? Ferran Adrià oder *TimeLife*?

Ich beschließe, beide Kandidaten gegeneinander antreten zu lassen. Schließlich bin ich nicht mit einem Gaumen gesegnet, der sich einen Geschmack wochen- wenn nicht jahrelang merken kann. Mir muss man Gerichte, die ich bewerten soll, gleichzeitig vorsetzen, sonst kann man sich's gleich sparen.

Es wurde also The Great Vichyssoise Cook-Off!

Beide Rezepte verwenden Kartoffeln, Lauch, Hühnerbrühe und Sahne. Adrià nimmt zusätzlich eine rote Zwiebel und ein bisschen Butter mit hinein. *TimeLife* hat etwas mehr Kartoffeln und Hühnerbrühe, Adrià einen Hauch mehr Lauch. Das klingt alles noch nicht spielentscheidend.

TimeLife kocht Kartoffeln und Lauch in der Hühnerbrühe, dreht sie durch die Flotte Lotte und passiert sie dann noch einmal durch ein Haarsieb. Dann kommt die Sahne dazu.

Adrià schwitzt die Zwiebel in Butter an, fügt den Lauch hinzu, dann die Kartoffeln, gießt mit Brühe auf und kocht alles 30 Minuten. Dann püriert er die Suppe mit dem Zauberstab (wovor *TimeLife* ausdrücklich warnt und gleich panisch nach dem Riechsalz-Fläschchen greift) und streicht sie auch noch einmal durch ein Sieb.

Ich passiere und streiche und weiß bereits jetzt, dass der Gatte diese Suppe nur an hohen Festtagen bekommen wird. Wenn er seine Socken nicht mehr verkehrtherum in die Schmutzwäsche gibt, zum Beispiel.

Beide Suppen sollen, sonst wär's ja keine Vichyssoise, eiskalt genossen werden. *TimeLife* garniert mit Schnittlauch,

Adrià legt ein 3-Minuten-Ei in die Mitte, garniert mit Croûtons und gießt noch ein wenig Olivenöl darüber. Diesen Firlefanz erspare ich mir, schließlich wollen wir beide Suppen unverfälscht miteinander vergleichen. (In Wahrheit kann ich die Arme nach all der Passiererei nicht mehr heben.)

Dem Gatten präsentiere ich beide Gerichte zur Blind-Verkostung. Nicht, dass ich ihm unterstellen möchte, er würde zugunsten seiner geliebten *TimeLife*-Bücher gar lügen, aber sicher ist sicher. Beim Ergebnis sind wir uns einig: Zu unser beider großen Überraschung gewinnt ... Adrià! Seine Version schmeckt irgendwie runder, vollmundiger, leckerer. Und das trotz Mixstab! Oder vermutlich gerade deswegen. Üblicherweise macht der aus Kartoffeln ja Klebstoff. Hier könnte der Klebstoff gerade für die nötige Bindung gesorgt haben.

Eigentlich egal. Ich habe jetzt »mein« Lieblingsrezept für Vichyssoise, hart erkämpft und eindeutig auserwählt. Ich habe auch ein Lieblingsrezept für Ratatouille, aber das werde ich wohl besser im Ordner »*Kochen, wenn der Gatte nicht da ist*« speichern. Und wenn ich so weitermache, habe ich irgendwann mein eigenes kleines Buch »*Die wirklich besten Rezepte*« beisammen. Wieso habe ich nicht schon vor Jahren kochen gelernt?

Kapitel 17

Wie ich eigentlich immer alles richtig mache

Okay, wissen Sie was? Mir reicht's. Kochen ist kacke. Warum braucht man das überhaupt? Wozu gibt es Tiefkühlkost, Konservendosen, Lieferdienste, Restaurants? Damit man sich dann selbst stundenlang in die Küche stellt und doch nur einen Reinfall nach dem anderen produziert? Und zwar sogar dann, wenn man sich aufs Komma genau ans Rezept hält? Das ist eine Weltverschwörung, sage ich Ihnen. Jawoll, eine Weltverschwörung!«

Mein Therapeut seufzt so tief auf, dass ich es sogar draußen auf seinem Fensterbrett hören kann.

»Na, so schlimm wird's schon nicht sein. So schlimm *kann* es gar nicht sein. Es gibt doch sicher auch positive Erlebnisse, oder? Geben Sie mir jetzt einfach Ihre Hand und ...«

»Das Positive!«, schnaube ich zurück. »Ich werde schon als Köchin für Betriebsauflösungen gebucht, damit die Angestellten froh sind, gefeuert zu werden! Wo bleibt da das Positive?«

»Eine neue Einkommensquelle?«, schlägt er hilflos vor, vermutlich, weil ihm gerade eingefallen ist, dass seine Putzfrau das Fensterbrett frisch poliert hat.

»... mit vermutlich eher geringen Chancen auf Stammkundschaft!«, erwidere ich so bitter, wie mein letzter Zucchiniauflauf war.

»Nun kommen Sie doch erst einmal wieder herein«, sagt er mit seiner liebenswürdigsten Therapeutenstimme, »Ihre Stunde ist nämlich abgelaufen. Und wenn Sie jetzt noch springen, zahlt meine Haftpflicht nicht. Und dann gehen Sie in Ruhe nach Hause in Ihre Küche und blicken sich ein wenig um. Und ich bin mir sicher, dass Ihnen dort sehr viel mehr gelungen ist, als Sie wahrhaben wollen. Nächsten Dienstag um vier, wie immer?«

Ich trotte nach Hause und ignoriere absichtlich jede rote Fußgängerampel, bis mir einfällt, dass ich ja in Paris bin. Ich warte also bei den nächsten Kreuzungen extra auf Grün, aber keiner der sonst so zuverlässigen Motorradfahrer will mich diesmal über den Haufen fahren. Nicht einmal ein Radfahrer erbarmt sich meiner, dabei habe ich extra jene Route gewählt, die normalerweise voll ist mit Vélib'-Touristen, die zum ersten Mal seit dem Kindergarten wieder auf einem Fahrrad sitzen. »Ja, streiken denn schon wieder alle?«, rufe ich anklagend gen Himmel, aber es hilft alles nichts. Als ich zu Hause ankomme, bin ich immer noch am Leben.

In der Küche fällt mein erster Blick auf den Kühlschrank, in dem der letzte Kartoffelsalatversuch, der eher zu einer Suppe geraten war, seit zwei Wochen darauf wartet, Schimmel anzusetzen, damit ich ihn endlich ohne schlechtes Gewissen wegschmeißen kann. Okay, ich hatte die Kartoffeln vielleicht einen winzigen Hauch zu weich gekocht. Aber wer kann schon ahnen, dass die solche Prinzesschen sind und sich beim ersten Umrühren gleich völlig auflösen. Hey, wir haben's alle nicht leicht im Leben!

Beim Sesamkaramell habe ich mich allerdings genauestens ans Rezept gehalten! Aber ich sagte ja bereits: Weltverschwörung. Kochbuchautoren sind nämlich nichts anderes als riesige Egos in einer Schürze. Sie *wollen* gar nicht, dass man ihnen alles nachmachen kann. Sie wollen, dass man vor der verkohlten Rindsroulade steht und sich denkt: »Herrje, dieser XY. *Der* muss es ja draufhaben, wenn ihm das so einfach gelingt!«

Sie machen es wie MacGyver. Sie lassen immer ein kleines Detail aus, damit man die Bombe eben doch nicht zu Hause nachbauen kann.

Sesamkaramell, wie erwähnt. Es begab sich nämlich, dass ich in einem sehr eleganten Restaurant in Paris ein Dessert bekam, garniert mit einer hauchdünnen Scheibe Karamell, die mit Sesamkörnern gepunktet war. *Génial!* Wochen später finde ich in einem meiner allerersten Kochbücher (und wir reden hier von einem, das ich noch in österreichischen Schilling bezahlt habe) zufällig eine Anleitung für ebendieses Karamell. Ewald Plachuttas *Kochschule* nennt sich selbst die »Bibel der guten Küche«, aber man weiß ja mittlerweile, was man Bibeln alles glauben darf.

Man koche Zucker mit Wasser zu einem Karamell, rühre die Sesamkörner unter, stürze die Masse dann auf eine »geölte Arbeitsfläche« und walke sie mit einem »geölten Rollholz« dünn aus. Diese Sesamplatte solle man dann »noch warm« in beliebige Formen schneiden.

Herr Plachutta hat in seiner Großküche entweder eine Umgebungstemperatur von 60 Grad oder eine beheizte Arbeitsfläche. Bei uns Normalsterblichen erkaltet das Karamell jedenfalls schneller, als man »dünn ausrollen« sagen kann.

Was nicht heißen soll, dass es nicht lecker war. Vor allem die Zahnfüllungen hatten ihren Spaß.

Oder dieser Tortenboden für einen Pumpkin Pie. Peinlichst genau an das Rezept gehalten, nur um dann eine verkohlte Masse aus dem Ofen zu holen, die von ihrer Abschreckungskraft locker ein bis zwei Atomwaffenarsenale ersetzen hätte können.

Oder der Brandteig für Marillenknödel: Nach Vorschrift

hergestellt, wollte er sich jedenfalls weder im Topf noch auf dem Teller wie ein Brandteig, geschweige denn wie ein Teig verhalten. Nglebte wieder ziemlich am Ngaumen.

Krautsalat, der selbst nach mehrtägigem Marinieren nicht zu beißen war. Eine viel zu süße Tarte tatin, die in Butter regelrecht davongeschwommen ist. Gebacken nach einem der – zugegeben zahlreichen – »Original«-Tarte-tatin-Rezepte. Gateaux bastilles, die zu Kohle verbrannten, weil das Backofenthermometer den Geist aufgegeben hatte.

Was auch nicht geholfen hat: eine ziemlich leckere Kürbissuppe aus dem Gefrierschrank zu holen, von der ich keine Ahnung mehr hatte, nach welchem Rezept sie gekocht war. Ich vermutete ein leichtes Karottenaroma im Hintergrund, aber bei meinem ausgeprägten Geschmackssinn könnten das durchaus auch Sardellen gewesen sein.

Wie heißt es so vernichtend in Arbeitszeugnissen? »... hat sich bemüht.« Ich bemühe mich wirklich immer. Trotzdem geht es schief. Manchmal bin ich vielleicht auch ein ganz klein wenig selbst schuld. Meine Jugendfreundin Ulli hat vor vielen Jahrzehnten versucht, mir Kochen beizubringen. Der Versuch – so viel dürfte mittlerweile klar sein – scheiterte. Das Einzige, woran ich mich erinnern kann, ist ihr Credo, dass man bei der Zusammenstellung eines Tellers auch immer darauf achten solle, unterschiedliche Farben zu präsentieren, sowie an ihren Merksatz: »So genau scheißt kein Hendl.« Damit meinte sie beispielsweise, dass es keinen spielentscheidenden Unterschied mache, ob die verwendeten Eier nun Größe M oder L tragen. Dass man sich also nicht sklavisch an Rezeptangaben halten müsse, sondern auch ein bisschen gesunden Menschenverstand anwenden könne. Ich sollte allerdings erwähnen, dass Ulli grandios kochen konnte und deshalb wusste, wann ein Hendl besser genau scheißen sollte und wann nicht.

Ich wende ihren Spruch vielleicht etwas zu freizügig an. Wenn beispielsweise in einem Backrezept Speisenatron vorgeschrieben ist, denke ich an Ulli und beschließe, dass es keinen großen Unterschied machen kann, stattdessen Backpulver zu verwenden.

Außer, dass dann aus harmlosen Zucchinimuffins bleischwere Wurfgeschosse werden, die man nur dann an einem sonnigen Tag auf dem Balkon servieren kann, wenn man zuvor seine Freundinnen inständig bittet, nicht unabsichtlich eines davon auf die Straße fallen zu lassen. Damals wohnten wir gegenüber vom Innenministerium, und die österreichisch-französische Freundschaft war ohnehin gerade etwas angespannt, weil unsere Botschafterin zu offiziellen Anlässen gern in Turnschuhen erscheint.

Der Satz, den ich vom Gatten (außer »Noch haben wir's nicht gegessen«) am häufigsten höre, lautet so ähnlich: »Das musst du eben ein bisschen nach Gefühl machen.« Gleich gefolgt von: »Halte dich einfach genau an das Rezept.« Ich warte bis heute auf eine Regel, nach der ich erkenne, welcher Satz wann anzuwenden ist.

Ich verwechsle nach wie vor Rosmarin und Thymian. Besser gesagt, ich verwechsle die Namen. Ich finde nämlich, zu dem Kraut mit den kleinen Blättchen passt der liebliche Name Rosmarin viel besser als zu dem Busch mit den strengen Nadeln, die geradezu darum betteln, Thymian zu heißen. Dies beschert mir beim Kochen jedes Mal eine Verzögerung von mindestens zehn Minuten, in denen ich mich aufs Schärfste konzentrieren muss, um beides nicht durcheinanderzubringen. Erst gestern hat der Gatte in der Rosmarin-Dose wieder ein paar Zweige von unserem Balkon-Thymian gefunden.

Im Gemüseladen verbringe ich immer noch eine Viertelstunde damit, herauszufinden, welches nun Petersilie ist und welches Koriander. Und erwische doch bei jedem dritten Versuch das Falsche. Im Supermarkt greife ich im Gewürzregal zu Kurkuma statt zu Koriander, weil beides mit K beginnt. Als ich einen Salat von Yotam Ottolenghi nachkochen möchte, der asiatische Sobanudeln verlangt, merke ich erst, als das Wasser bereits kocht, dass ich Somennudeln in der Hand halte. Das eine sind Weizenteigwaren, die anderen aus Buchweizen. Ziemlicher Unterschied.

Mit Anfang zwanzig absolvierte ich meinen ersten und einzigen IQ-Test. Das Ergebnis lag damals irgendwo über 120 Punkten. Das kann ich mir doch noch nicht alles weggesoffen haben!

Vor Kurzem kochte ich eine Selleriesuppe aus einem Kochblog, das bereits Sterne-Niveau hat. Vieles dort wäre sogar dem Gatten zu hoch oder zu aufwendig. Ich nenne es hier nur deshalb nicht, weil die Autorin keine Schuld daran trägt, wenn jemand zu unfähig ist, eine simple Selleriesuppe zustande zu bringen.

Das Rezept war deshalb in Wirklichkeit auch kein Rezept, sondern eher eine grobe Handlungsanweisung inklusive Zutatenliste. Man schreibt ja auch nicht: »Für ein Butterbrot nehme man eine Scheibe Brot, fünf Gramm Butter, am besten zimmerwarm, sowie ein sauberes Messer. Nun...« Nein, man kann schließlich voraussetzen, dass jemand, der verletzungsfrei eine Küche betreten kann, auch mit den Angaben »Schalotte, Butter und Reis leicht anrösten, Sellerie dazugeben, aufgießen, weich kochen, pürieren, würzen« einigermaßen zurechtkommt.

Oder sagen wir: Jemand, der kochtechnisch bereits den aufrechten Gang beherrscht.

In der Zutatenliste war auch Milch angegeben. Und Gemüsefond. An dieser Stelle würden bei Hitchcock die unheilverkündenden Streicher einsetzen.

Ich schwitze also die Schalotten schön brav an, ohne dass sie braun werden. Jedenfalls nicht allzu sehr. Ich gebe den Reis dazu, röste ihn kurz mit, ich gebe den Sellerie dazu, den Gemüsefond und die Milch, rühre kurz um, lege den Deckel auf und widme mich kurz Dingen, die man ausnahmsweise nicht essen kann.

Als ich zurückkomme, finde ich im Topf eine mehr als ungustiöse Masse vor. Es ist das Milcheiweiß, das beim Kontakt mit dem Gemüsefond ausgeflockt ist.

Nun ist es ja so: Ich *weiß*, dass unser Gemüsefond Säure enthält. Ich war schließlich selbst dabei, als ich ihn mit Weißwein abgelöscht habe. Und ich *weiß*, dass Milch und Säure besser voneinander ferngehalten werden sollten. Aber nachher ist man eben immer gescheiter.

Ich entwickle kurz ein paar neue Schimpfwörter, und gegenüber werden die Fenster geschlossen. Ich hole den Gatten zu Hilfe: »Kann man das noch retten?« Sein Gesicht ist ein einziges »Niemals!«, kombiniert mit einem nur unzureichend unterdrückten Würgreiz. Doch aus Angst um seinen Seelenfrieden überwindet er sich zu einem wenig überzeugenden: »Hm, versuch's einmal. Du musst nur überall das Milcheiweiß abwaschen.«

Nur.

Wir erinnern uns: Es war klein geschnittener Sellerie. Und es waren Reiskörner.

Entgegen unserer Familientradition beschließe ich, die Reiskörner zu opfern. Sollten es einige von ihnen doch schaffen, hatten sie es verdient, zu Suppe püriert zu werden. Darwin-Prinzip. Ich wasche also 800 Gramm Selleriewürfel unter fließendem Wasser ab. Zwei kleine Handvoll Reis entgehen dem Mülleimer. Das Ganze kommt zurück in den Topf mit der gefilterten Kochflüssigkeit und sieht wieder einigermaßen manierlich aus.

Ich püriere alles mit dem Zauberstab und binde mir den

rechten Arm auf den Rücken, um nicht in Versuchung zu geraten, doch noch ein wenig Crème fraîche hineinzurühren. Von Milcheiweiß habe ich für heute die Nase voll.

Ich gebe die Suppe für den Verzehr frei. Der Gatte nimmt sich einen Teller und sagt: »Lecker, dein Selleriepüree.«

Manchmal bemühe ich mich vielleicht auch ein bisschen zu sehr. In diesem Haushalt bin ich fürs Fondkochen zuständig. Besser gesagt, ich habe mich dafür zuständig erklärt, weil das ungefähr meinem Kochtalent entspricht: Gemüse klein hacken, Huhn dazu, zum Köcheln bringen, weiter *Bejeweled* spielen gehen.

Das Geniale an Fondvorräten ist allerdings, was der Gatte daraus macht. Er pochiert darin, er macht Saucen, er hat damit noch jeden meiner Kochversuche genießbar gemacht. Bei uns zu Hause kannten wir Fonds nur aus dem Wirtschaftsteil. Als ich bereits allein wohnte und manchmal ganz fancy kochen wollte, habe ich hin und wieder einen Suppenwürfel über irgendetwas drübergebröselt. Weil sie das in der Fernsehwerbung auch immer so gemacht haben.

Fondkochen befriedigt außerdem mein tiefes Bedürfnis nach Vorratshaltung. Das liegt bei uns in der Familie. Der Vorratsschrank meiner Mutter war immer ausreichend gefüllt, um auf jede überraschende Begierde reagieren zu können, und sei sie noch so ausgefallen. Dorschleber, zum Beispiel. Mit dem aktuellen Inhalt ihres Gefrierschranks kann man ein halbes österreichisches Bundesland über die nächsten drei Atomkriege bringen. Meine Mutter friert sogar Wasser ein.

Das Faszinierendste daran: Der Gefrierschrank wird nie leerer. Man holt die Zutaten für mehrgängige Abendmenüs heraus, und er ist immer noch überfüllt. Als wir Töchter frisch ausgezogen waren, haben wir bei jedem Wochenendbesuch wirklich alles in unserer Macht Stehende getan, um den Inhalt zu reduzieren. Vergebens. Die Tür ging auch nach unseren Raubzügen nur mit Gewalt zu.

Ich selbst kann nur dann ruhig schlafen, wenn wir einen Klopapiervorrat haben, der für mindestens drei Wochen reicht. Vermutlich hatte einer unserer Vorfahren mal was mit einem Eichhörnchen.

Nun, da ich weiß, was der Gatte aus Fonds machen kann, will ich ihm jederzeit eine ausreichende Menge davon zur Verfügung stellen. In den ersten Monaten habe ich mir nicht viel dabei angetan. Gemüse, Fleisch oder Knochen, ein paar Stunden köcheln lassen, fertig. Dann ist mir das mit dem Ehrgeiz passiert. Das kommt nämlich davon, wenn man zu viele Kochblogs abonniert hat. In ihrem Blog *Arthurs Tochter kocht* schildert Astrid Paul, wie das mit dem Fondkochen bei ihr so abläuft und was für Saucen sie daraus auf Vorrat kocht. Was soll ich sagen? Sie hatte mich bei »demi-glace«.

Seit ich dieses Wort zum ersten Mal gehört habe, will ich das auch. Meiner Vermutung nach handelt es sich hierbei um die perfekte Grundlage für richtig schöne, aromatische, dickflüssige Saucen. Man stellt sie her, indem man guten Fond mit ein paar weiteren Zutaten wie Wein und Gewürzen so lange einreduziert, bis er die Konsistenz eines pubertierenden Teenagers hat, wenn er den Tisch decken soll.

Ich wollte meine Fonds ab sofort so machen wie Arthurs Tochter. Das Problem ist nur, dass sie für zurechnungsfähige Menschen schreibt. Menschen, die wissen, dass sie Angaben wie man solle »die Knochen bei voller Pulle in den Ofen« schieben und anrösten oder »Dann lass es ruhig ein wenig qualmen« mit einem Rest an Intelligenz interpretieren müssen. Die wissen, dass es zwar qualmen darf, aber auf keinen Fall anbrennen.

Moi, Koch-Bambi, hingegen steht vor dem rauchenden Ofen und denkt nur: »Das wird schon stimmen so. Das gibt wahrscheinlich erst die richtige Würze.« Beim Versuch, die bereits tiefschwarzen Hühnerknochen doch noch irgendwie vom Topfboden zu bekommen, bricht der Kochlöffel ab. Worauf Koch-Bambi sich denkt: »Na gut, dann lösche ich jetzt eben ab.« Koch-Bambi gießt einen ordentlichen Schuss Wermuth in den Topf. Als sich die Nebelschwaden endlich wieder verzogen haben, blickt Koch-Bambi schwer hustend auf die Knochen, die eigenartigerweise immer noch ziemlich schwarz sind.

Gegenüber gehen wieder einmal die Fenster zu, diesmal halten sich die Erzieherinnen auch noch feuchte Tücher vor Mund und Nase.

Der Gatte kommt in die Küche. Er musste sein Telefoninterview abbrechen, weil der Rauchmelder so laut piepst. »Ist alles in Ordnung?«, fragt er, mit einem Blick erfassend, dass nichts in Ordnung ist.

»Die Frau ... hat gesagt ... es muss ... rauchen«, röchle ich. »Die sagt ... das gehört ... so.«

Der Gatte schaltet den Rauchmelder aus, kontrolliert die Küche auf offene Flammen und flüchtet in sein Zimmer, damit sein Anzug nicht zu sehr verstinkt. Hinter seiner Tür höre ich ihn tief aufseufzen.

Koch-Bambi jedoch macht unbeirrt weiter im Programm. Es wirft das klein geschnittene Gemüse in den Topf zu den Knochen, verzichtet weise auf alle weiteren Anröst-Versuche, füllt mit Wasser auf, bringt alles wieder zum Kochen, lässt es viele Stunden vor sich hin köcheln, gießt ab, kostet und schüttet drei Liter angebrannten Hühnerfond unter ständigem Fluchen in den Ausguss.

Na gut, kapiert: Es soll nichts anbrennen.

Einige Wochen später möchte ich, Tochter meiner Mutter, den Gefrierschrank mit einem Vorrat an Gemüsefond füllen, weil man den auch immer gebrauchen kann. Ich kaufe also besonders viele Karotten und Rüben, ausreichend Knollen- und Staudensellerie, Zwiebeln – kurz: alles, was nicht bei drei auf Obst umgeschult hat.

Ich schwitze das Gemüse *unter ständigem Rühren* an, lösche es ein Mal mit Noilly Prat und zwei Mal mit Weißwein ab, lasse die Flüssigkeit jedes Mal beinahe verkochen, fülle schlussendlich mit Wasser auf, Bouquet garni dazu, Lorbeerblatt kann auch nicht schaden, und wo wir gerade dabei sind, auch noch drei Pfefferkörner und zwei Wacholderbeeren. Die Professionalität quillt mir geradezu aus den Augen. Ich bin zufrieden mit mir und der Welt.

Nach den üblichen Stunden des Köchelns serviere ich dem Gatten für etwaige kleinere Geschmackskorrekturen ein Tässchen meines Gemüsefonds. Er verzieht das Gesicht.

»Der schmeckt aber sehr nach Rüben.«

»Oh?«

»Wirklich, *sehr* nach Rüben.«

»Na ja, waren ja auch welche drin ...«

»Und wie viele?«

»Öhm, ich hab eben diesmal von allem mehr genommen. Ich wollte ja so viel Gemüsefond machen, dass wir längere Zeit damit auskommen.«

»Aber Rüben sind so geschmacksintensiv, von denen darf man nicht zu viele nehmen! Das schmeckt wirklich *sehr stark* nach Rüben. An Karotten und Sellerie kannst du verwenden, so viele du willst. Aber nicht ...«

»... Rüben, ich hab's kapiert. Kannst du mir das in Zukunft nicht vorher sagen?!«

Wir haben jetzt also auch Rübenfond im Gefrierschrank. Gute fünf Liter davon. Weggeworfen wird nichts.

Es ist nicht so, dass ich nicht erst im Kleinen üben würde, bevor ich in die Massenproduktion gehe. Vor allem bei

Rezeptmengen für zwölf Personen bin ich mittlerweile schon so weit, beim ersten Versuch doch nur die Hälfte zu machen, sicherheitshalber. Wenn das funktioniert, kann ja dann wieder das Eichhörnchen in mir zum Zug kommen.

Sobald ich also endlich unter den Tausenden weltbesten Bolognese-Rezepten meine persönliche Lieblingsvariante gefunden hatte, wollte ich davon einen richtig schönen Vorrat produzieren. Kurz zuvor hatte ich einen Fleischwolf angeschafft, einen billigen zum Kurbeln, wohlgemerkt. Ich weiß nicht mehr genau, wieso ich das getan hatte, es war wohl ein Halbsatz des Gatten über »selbst faschieren«, der mich dazu gebracht hatte.

Ich kaufte also ein Kilogramm Rindfleisch, mehrere Paletten geschälte Tomaten, größere Mengen an Karotten und Staudensellerie, ein paar Säcke Zwiebeln und was man eben sonst noch so für eine richtig gute Bolognese verwendet.

Die nächste Stunde verbrachte ich schon einmal am Fleischwolf. Ja, vielleicht hätte ich das Fleisch tatsächlich zuvor etwas kleiner schneiden sollen, vor allem jene Teile, die ordentlich mit Sehnen durchzogen waren. Aber nachher weiß man's ja immer besser. Den Rest des Tages schnitt ich das Gemüse vorschriftsmäßig klein. Das kann ich mittlerweile richtig gut. Vor allem beim Knoblauch gebe ich mir besondere Mühe, ihn möglichst mikroskopisch zu hacken, damit man nicht mitten in der Sauce plötzlich auf ein zu großes Stück beißt.

Während des Schneidens bemerkte ich, dass er einen eigenartigen Duft verströmte. Irgendwie muffig, nach Keller, so als ob er »einen Korken« hätte, wie man bei Wein sagt. Mein Hirn verfiel wieder in eine seiner berüchtigten Selbst-Diskussionen:

– *Ich habe den doch gerade erst gekauft, der kann noch nicht schlecht sein.*
– *Aber er riecht so unangenehm.*
– *Der sieht doch frisch aus, was soll mit dem schon sein?*
– *Aber er riecht wirklich unangenehm!*
– *Das gehört sicher so. Das wird sich schon verkochen.*
– *Und wenn ich den einfach wegwerfe? Sicherheitshalber? Und eine andere Knolle nehme? Was wird die gekostet haben, zwei Euro vielleicht?*
– *Weggeworfen wird nichts!*

Ich mache es kurz: Es hat sich nichts verkocht. Trotz großzügigsten Einsatzes von Pfeffer, Salz und diversen Übertünchungsgewürzen. Den Rest des Tages verbrachte ich damit, winzig kleine Knoblauchstücke aus einem Zehn-Liter-Topf Bolognese zu fischen. Die Sauce lagert jetzt gleich neben dem Rübenfond.

Am Abend berichtete ich dem Gatten von meinem Unglück. Um ihm die wahre Tragweite begreiflich zu machen, begann ich mit dem mühsamen Faschieren von Hand.

»Und wieso hast du dir das Fleisch nicht gleich in der *boucherie* durchdrehen lassen?«

»Weil… du irgendwann gesagt hast, es ist besser, das selbst zu machen.«

»Ich? Wann sollte ich das gesagt haben?«

»Keine Ahnung, ich schreibe ja nicht jedes deiner Worte mit! Du hast es irgendwann gesagt. Glaube ich jedenfalls. Deswegen habe ich doch den Fleischwolf gekauft.«

»Das habe ich ohnehin nicht verstanden, wozu wir den brauchen sollen. Ich kaufe doch das Fleisch für meine Königsberger Klopse auch immer schon fertig faschiert. Das Einzige, das ich selbst hacke, ist das Fleisch für unser *tartare de bœuf*. Aber das mache ich mit zwei Messern.«

»Du willst mir jetzt nicht allen Ernstes sagen, dass ich

eine Stunde meines Lebens *und* meinen Lieblingsarm umsonst geopfert habe?«

»Nein, nein, das wird sicher eine besonders tolle Bolognese geworden sein! Und zwar genau deshalb! Aber du wolltest doch noch etwas erzählen, irgendwas mit Knoblauch?«

Ich ging an diesem Abend sehr früh ins Bett.

Kapitel 18

Was ich bisher gelernt habe

1. Lies das verdammte Rezept!
   Vor allem bis zum Ende, vor allem, bevor du zu kochen beginnst. Das verhindert unter anderem, zwischendurch auf einen größeren Topf wechseln zu müssen, weil zu den 3 Esslöffeln Öl dann doch irgendwann noch vier Kilo Tomaten dazukommen.

2. Bereite alle Zutaten vor!
   Ja, alle. Gewaschen, geschnitten, entkernt, getrocknet. Bau zur Not die Videokamera auf und übe den Satz: »Ich hab da schon mal was vorbereitet.«

3. Schneide Chilis nie ohne Handschuhe!

4. Wenn du Chilis ohne Handschuhe schneidest, halte die Finger für den Rest der Woche weit entfernt von Augen, Nase oder anderen empfindlichen Körperpartien!

5. Stimmt. Milch kocht über.

6. Lerne, die Flugbahn fallender Messer schneller zu berechnen, als du dafür brauchst, den Fuß vom voraussichtlichen Einschlagort wegzuziehen.

7. Alles schmeckt besser mit Crème fraîche.

8. Lies das verdammte Rezept!

9. Rosmarin ist das mit den langen Nadeln, Thymian das mit den kleinen Blättchen.

10. Es gibt Fleischsorten, die man lange kochen muss. Und welche, die man nur kurz braten darf.

11. Es empfiehlt sich, den Nagellack immer in einer Kontrastfarbe zu dem zu wählen, das man gerade schneidet. Auf diese Weise findet man die abgeschnittenen Fingernägel leichter.

12. Stelle nie Kartoffeln auf und gehe dann Zeitung lesen! Du hast bis jetzt noch jedes Mal die Kartoffeln vergessen.

13. Es sollte nach Möglichkeit nichts anbrennen.

14. Das Gemüse ist dann auf den Punkt gegart, wenn du zum ersten Mal denkst, es könnte jetzt fertig sein. Nicht zehn Minuten später.

15. Es gibt ein Leben nach dem Kreuzkümmel.

16. Es empfiehlt sich, Ofenthermometer nicht mit bloßer Hand anzufassen. Vor allem solche, die 150° anzeigen.

17. *Bepanthen* hilft bei Brandwunden am besten, wenn es aufgetragen wird, sobald das Ofenthermometer von der Haut abgelöst werden konnte.

18. Lies das verdammte Rezept!

Kapitel 19

Wie ich mir mein Gulasch ertanze

Es ist jetzt wohl der Punkt erreicht, an dem ich mir ernsthaft Sorgen um meine Ehe machen sollte. Der Gatte zeigt sich nach wie vor tapfer, aber ich bemerke erste Schwächezeichen an ihm. Ich fürchte, wenn er noch ein einziges Mal das Wort Gulasch hört, flüchtet er zu McDonald's.

Es begann wie immer harmlos. Frau Ziii, deren Blog ich wie jedes meiner 874 anderen Kochblogs regelmäßig konsultiere, hat über Gulasch geschrieben. Um genau zu sein, über das Wiener Wirtshausgulasch aus dem Backofen. Frau Ziii hat einen neuen Fotoapparat, weshalb die Bilder in ihrem Blog jetzt noch fieser aussehen. Fies im Sinne von: Ich muss das jetzt sofort nachkochen.

Das Gulasch ist eines der wenigen ungarischen Nationalgerichte, das auch Nicht-Ungarn einigermaßen fehlerfrei aussprechen können. Ein Wiener Wirtshaus, das es nicht standardmäßig auf der Speisekarte führt, sollte am besten entweder das Wort »Wiener« oder »Wirtshaus« aus seinem Namen streichen. Ein Gulasch ist *der* Klassiker, um nach einer langen, feuchten Nacht den Magen wieder einzurenken. Eine der Hymnen von Wolfgang Ambros, eine Art österreichischer Herbert Grönemeyer, beginnt mit den Worten: »A Gulasch und a Seidl Bier, des is ein Lebenselixir bei mir.«

Wer sich an dieser Stelle über österreichische Syntax lustig macht, dem kann ich nur entgegnen, dass in Bayern

»der Gulasch« gesagt wird, wie mir mein lieber Freund Herr Baum, ein Österreicher, der in München leben muss, berichtet. DER Gulasch! Herr Baum meint aber auch, dass die Bayern zu so ziemlich allem, was in einem Topf serviert wird, Gulasch sagen, insofern ist das mit dem Artikel auch schon egal.

Vereinfacht ausgedrückt, ist ein Gulasch ein Schmorgericht, das aus Rindfleisch, Zwiebeln und Paprikapulver besteht, gefühlt zu ungefähr gleichen Anteilen. Das ist nahezu das Einzige, worüber sich alle, die jemals ein Gulasch gekocht haben, einig sind. So wie darüber, dass es mit jedem Mal Aufwärmen besser wird. Das lernen Wiener schon im Teenageralter, genauer gesagt beim ersten Liebeskummer. Sobald der/die Liebeskranke Gefahr läuft, sich dem/der Ex wieder anzunähern, ist in Wien die Warnung »Aufgewärmt schmeckt nur ein Gulasch gut« gesetzlich vorgeschrieben.

Es gibt nur wenige Gerichte, für die dermaßen eherne Regeln existieren, was hinein darf und was nicht. Und jeder, der schon einmal ein Gulasch aus der Ferne sehen durfte, stellt seine eigenen auf. Regelübertretungen dürfen in manchen Bezirken Wiens bis heute standrechtlich geahndet werden. Wer sich beispielsweise dem Gulasch auch nur bis auf zwei Meter mit Spuren von Mehl nähert – pfiati Gott! (Behüt' dich Gott! Auf Deutsch: Und tschüss.) Die Sauce wird nämlich durch die Zwiebeln sämig, die sich nach vielen Stunden Kochzeit aufgelöst haben. Wenn man alles richtig macht, braucht es weder Mehlschwitze, noch muss man die Zwiebeln pürieren.

Ich weiß das alles seit genau drei Wochen. Da hat das mit dem Gulasch angefangen. Als ich nämlich Frau Ziiis Anleitung für das Wiener Wirtshausgulasch gelesen habe, ist mir schlagartig klar geworden, dass ich nie sagen können werde, ich könne kochen, wenn ich nicht ein einziges Mal ein simples Gulasch zustande gebracht habe. Zwölf-

Stunden-Lammkeulen: gut und schön. Ein-Stunden-Eier: soll sein. Huhn in Sous-Vide-Technik: nichts dagegen. Aber das wäre wirklich so, als ob ich Brahms' Klavierkonzert Nr. 3 auswendig könnte, aber nicht wüsste, wie der Flohwalzer geht.

Gulasch also.

Als ich dem Gatten von meiner Erkenntnis berichte, entspinnt sich ein wohlbekannter Dialog.

> Ich: »Ich hab ein super Rezept für Gulasch im Netz gefunden.«
> Er (einen Seufzer unterdrückend): »Ah ... aber hast du auch in meinen Kochbüchern nachgesehen? In dem Buch von Salcia Landmann ist das beste Gulaschrezept von allen drin.«
> Ich (unwillig, Augen verdrehend): »Ja-ha, schau ich mir nachher an. Aber die weiß, wovon sie schreibt. Die hat als Studentin in einem Wirtshaus gearbeitet!«
> Er (ebenfalls bereits leicht unwillig): »Und wer ist *die?*«
> Ich (schwankend zwischen genervt und kleinlaut): »Na, Frau Ziii. Die, deren Hainan-Huhn du so gern magst. Und so aufwendig, wie das ist, *muss* es gut sein.«
> Er (etwas versöhnt): »Na gut. Wenn sie's *weiß*. Aber schau dir wirklich noch das Rezept von Salcia Landmann an!«
> Ich (Friedenstaube): »Klar, mach ich.«

Kuss. Ende 1. Akt.

Es dauert einige Zeit, bis ich das Wiener Wirtshausgulasch in Angriff nehmen kann. Man ist damit nämlich mehrere Tage beschäftigt. Ich versuche, die Anleitung grob vereinfacht wiederzugeben:

Tag 1: Fleisch anbraten, Zwiebeln anrösten, drei Stunden

lang im Rohr schmoren. Danach ein bis zwei Tage kühl stellen.
Tag 2: Immer noch kühl stellen.
Tag 3: Aufwärmen und würzen. Sieben Stunden lang im Rohr schmoren. Danach zwei Tage kühl stellen.
Tag 4: Immer noch kühl stellen.
Tag 5: Aufwärmen, essen.

So ähnlich würde das in Wiener Wirtshäusern auch gehandhabt, und zwar notgedrungen. Das Gulasch werde immer dann weitergekocht, wenn der Herd nicht gerade für das Mittags- oder Abendgeschäft gebraucht wird, erklärt Frau Ziii.
Auch sie hat ihre ehernen Regeln. Mehl ohnehin keines, Knoblauch auch nicht, aufgegossen wird bei ihr mit Bier und Wasser, aber keinesfalls mit Rind- oder sonstiger Suppe. Sie schreibt auch eine bestimmte ungarische Paprika vor, aber hier erlaube ich mir, zu kapitulieren. Immerhin investiere ich einen halben Tag in die Übersetzung ihrer Fleischvorschriften. Denn vor das Gulasch hat der liebe Gott den Metzgerbesuch gestellt.
Fürs Gulasch verwende man ausnahmslos vorderen Wadschunken. Dieses Wort habe ich mit 16 Jahren zum ersten Mal gehört, als mich die Mutter meines damaligen Freundes einkaufen schickte. Ich war des fortgeschrittenen Küchenwienerisch noch in keinster Weise mächtig, sodass ich mir ihren Auftrag in Lautsprache notieren musste: »Ein. Fleisch. Auf. Ein. Gu-lasch. A-ber. Kei-nen. Wad-schun-ken. Bit-te!« Ich glaube sogar, dass sie mir erklärte, Wadschunken sei zu zäh und flachsig und deshalb für ein Gulasch nicht geeignet. Ach, gute Frau ...
Wadschunken ist mir also ein Begriff, meinem Pariser Fleischhauer jedoch vermutlich eher nicht. Ich mache mich an die Übersetzung Wienerisch – Hochösterrei-

chisch – Hochdeutsch – Französisch. Wadschunken heißt etwas deutscher Wadschinken (der Wiener ist ein stinkfauler Sprecher), noch deutscher vordere Hesse. Es handelt sich hierbei quasi um den Unterarm der Kuh.

Nach einigem Suchen finde ich im Netz eine Grafik, die mir in Zukunft das Leben unermesslich erleichtern wird. Darauf sind alle Teile einer – französischen – Kuh genau bezeichnet, inklusive der Zubereitungsart, für die sie geeignet sind. Was der Wiener als Wadschunken bezeichnet, heißt beim Franzosen laut Abbildung *jarret* oder *gîte de bœuf de devant*. Meine Kuh will sich leider nicht genauer festlegen, welches davon wo ist, aber mit »de devant« wird zweifelsfrei betont, dass es sich um das Vorderbein handelt. Darauf legt Frau Ziii großen Wert, die hintere Wade käme ihr vermutlich erst gar nicht in die Küche.

Ich memoriere den Ausdruck »*gîte de bœuf de devant*« und gehe zur Boucherie.

Ich: »Guten Tag, ich hätte gern ein Kilo *gîte de bœuf DE DEVANT*.«
Metzger: »De veau?« (Vom Kalb?)
Ich (mir mit Nachdruck auf den Unterarm klopfend): »De devant!«
Metzger: »Ja, aber vom bœuf oder vom veau?«
Ich (in der Fehlannahme, dass er »von vorn oder hinten?« fragt): »De devant!«
Um den Unterschied völlig klarzumachen, beginne ich, mir demonstrativ kopfschüttelnd auf meinen angehobenen Unterschenkel zu hämmern.
Ich: »Nicht von hier!«
Ich klopfe heftig nickend wieder auf den Unterarm.
Ich: »Sondern von hier!«
Mittlerweile haben sich auch zwei seiner Kollegen in die Diskussion eingeschaltet.

Metzger zwo: »Ja, schon verstanden. Aber von welchem Tier?«

Ich: »Ach so! Vom bœuf!«

Wozu Sport?

Nun, da wir mit vereinten Kräften und hoffentlich ohne Handykameras in Sichtweite das Körperteil der Kuh erfolgreich definiert haben und weil es jetzt außerdem ohnehin schon egal ist, frage ich Metzger zwo, wie denn das Teil nun richtig hieße. »Jarret de bœuf avant«, antwortet er, in völliger Ignoranz meiner Internet-Kuh. »Gîte« sei nämlich missverständlich, da gebe es im Fleischerhandwerk auch den Begriff »gîte-gîte«, und das sei erstens im Oberschenkel, und zweitens könne man daraus auch magere Steaks schneiden, also das genaue Gegenteil von dem, was für ein Gulasch benötigt wird.

Nachdem wir alle fertiggelacht haben und ich ihn noch drei Mal um die Wiederholung des richtigen Begriffes gebeten habe, gehe ich mit meinem hart erarbeiteten Fleisch und einer leichten Hüftzerrung nach Hause. Dabei murmle ich laufend vor mich hin: »Jarret de bœuf avant. Jarret de bœuf avant.« Ich überlege kurz, mir die Bezeichnung an einer leicht zugänglichen Stelle eintätowieren zu lassen. An meinem *jarret avant*, zum Beispiel.

Frau Ziiis Anleitung ist im Prinzip nicht allzu aufwendig, fesselt mich jedoch zeitweise ans Haus, weil sich unser Backrohr nach etwas über vier Stunden selbstständig abzuschalten pflegt. 24 Stunden lang sanft geschmorte Schweinebäuche kann ich mir deshalb, solange wir in Paris leben, abschminken.

Bei der Menge des Paprikapulvers bete ich inständig, dass das Hendl hier wieder einmal nicht genau scheißt, ich habe nämlich zu wenig. Da hat mich Frau Ziii eindeutig auf der falschen Wade erwischt. Ich ergänze den Restbetrag mit Piment d'Espelette, was ja, wenn man viele Augen zudrückt, auch irgendwie ein Paprikapulver ist. Wenngleich ein scharfes. Aber erzählte mein Vater uns Kindern nicht immer die Geschichte von dem Freund, dem sein Gulasch nicht scharf genug sein konnte?

Mein Gulasch verhält sich nicht ganz vorschriftsmäßig, weil der Saft einfach nicht weniger wird, jedenfalls nicht weniger flüssig. Aber nach ein paar zusätzlichen Stunden im Backrohr ist auch dieses Problem behoben.

Die Verkostung verläuft erfolgreich. Die Würfelform, die das Fleisch vor vielen Tagen einmal hatte, ist nicht mehr zu erkennen, aber bei mir setzt trotzdem ein leichtes Heimatgefühl ein. Jetzt noch eine echte Semmel, und ich würde in ein spontanes Wienerlied ausbrechen. Doch das Semmelbacken habe ich mir für einen anderen Tag vorgenommen.

Allerdings habe ich seit unzähligen Jahren kein echtes Wiener Gulasch mehr gegessen, sodass mir Vergleichswerte fehlen. Ich weiß nur, dass es wunderbar ist, auch wenn ich die fünf Tage Zubereitungszeit eine Spur unspontan finde.

Ich rette also eine Portion vor ihrem sicheren Schicksal und friere sie für einen späteren Vergleichstest ein. Des Gatten bevorzugtes Gulaschrezept muss schließlich auch noch ran.

Da ich mir gerade noch die richtige Übersetzung vom Wadschunken gemerkt habe, starte ich keine zwei Wochen später den zweiten Gulaschversuch. Dies erfolgt selbstverständlich nach Rücksprache mit dem Gatten, der hier noch freudig betont: »Ich *liebe* Gulasch! Klar kann ich heute schon wieder eines essen!«

Sein Rezept stammt aus dem Buch *Gepfeffert und gesal-*

zen – *Gericht über Gerichte* von Salcia Landmann, die, wie der Klappentext verrät, »1911 im Osten der Donaumonarchie geboren« wurde. Ihre Eltern übersiedelten zwar bereits 1914 in die Schweiz, die mit Ungarn oder wenigstens der guten alten böhmischen Küche wohl nur sehr peripher zu tun hat. Doch Landmann betont, ihr Rezept sei ihr »von Julia Barbély, einer Ungarin, die wirklich kochen kann«, mitgeteilt worden.

Bei ihr werden die »fein geschnittenen Zwiebelringe« in reichlich Schweineschmalz goldgelb gebraten, dann kommen ein bis eineinhalb Esslöffel Paprikapulver pro Pfund Fleisch dazu, das keinesfalls anbrennen darf, weil es sonst bitter wird. Erst »beim ersten Anzeichen eines Bruzzelns« werden die Fleischwürfel dazugegeben und sofort gesalzen, worauf sie ausreichend Wasser ziehen, um vorerst ein Anbrennen zu verhindern. Alles wird nun auf kleiner Flamme so lange geschmort, bis die Zwiebeln zergangen sind und das Fleisch weich ist.

Aufgrund meiner Eichhörnchen-Gene ertanze ich mir für diesen Versuch gleich zwei Kilo Wadschunken beim Fleischer. Die Hoffnung, dass endlich einmal mehr übrig bleibt als ein kleiner Mittagssnack für den nächsten Tag, stirbt ja zuletzt. Und solange in unserem Gefrierschrank noch Platz für einen Würfel Hefe ist, fühle ich mich nicht als Tochter meiner Mutter.

Die eherne Gulaschregel lautet, dass man allermindestens ebenso viele Zwiebeln wie Fleisch verwenden muss. Ich stehe also vor über zwei Kilo Zwiebeln, die »fein geschnitten« werden müssen. Der Gatte bietet regelmäßig an, mir beim Zwiebelschneiden zu helfen, weil er dank einer unverständlichen Laune der Natur dabei nicht heulen muss. (Ich sollte vielleicht einmal checken, ob er nachts auch heimlich Batteriesäure trinkt und mit seinem Raumschiff telefoniert.) Aber ich bin keine Sissi. Ich habe eine angeborene Abneigung dagegen, mir von Männern bei etwas helfen zu lassen, das ich sehr gut selbst erledigen kann. Frauen, die sich mit einem hilflosen Augenaufschlag unangenehmer Aufgaben entledigen, verursachen mir Hautausschlag. Dem Gatten, einem wahren Gentleman, bereitet dies seit Jahren Probleme. Er würde mir vermutlich sogar den Zahnarztbesuch abnehmen, wenn er könnte.

Ich bin aber auch nicht gewillt, zwei Kilo Zwiebeln mit der Hand zu schneiden. Die Küchenmaschine lockt mit Sirenengesängen, doch noch zögere ich. In meinem Hirn hängt seit Jahren ein Informationsfetzen, dass Zwiebeln angeblich bitter werden, wenn sie nicht geschnitten, sondern maschinell zerkleinert werden. Irgendetwas mit zerfetzten Zellwänden oder so. Und auch Frau Ziii warnt vorm Hacken.

Das allwissende Internet erklärt zu dieser Frage ... nichts Eindeutiges. Eine Theorie, die noch am logischsten klingt, vermutet, dass die Zwiebelwürfel von der Maschine nicht gleichmäßig genug geschnitten werden, sodass beim späteren Kochen die kleineren früher dunkel (und eventuell bitter) werden als der Rest. Andere vermuten, dass die Bitterstoffe vor allem im Wurzelende stecken, das man wegschneiden solle. Aber tut das nicht ohnehin jeder?

Dank meiner bisherigen Erfahrungen mit Kochen in Großmengen (korkige Bolognese, Rübenfond) schließe ich einen Kompromiss und schneide die Zwiebeln auf meiner Mandoline. Die hatte ich irgendwann in der irrigen Annahme gekauft, dass sie ja nicht so viel Platz wegnimmt. Sie hat sich allerdings als eines der sperrigsten und am wenigsten benützten Küchenutensilien herausgestellt. Doch jetzt ist ihre große Stunde gekommen.

Zwei Kilogramm Zwiebeln sind mehr oder weniger schnell weggehobelt. Die Tränen halten sich in Grenzen, dafür bringt mich der Zwiebelgeruch in der Küche zum Röcheln. Kochen macht gerade wieder *total* viel Spaß! Die

Zwiebelringe füllen unseren größten Gusseisenbräter zu zwei Dritteln. Wüsste ich es nicht besser, würde ich annehmen, ich mache Krautsalat.

Sie sollen nun goldgelb gebräunt werden. Doch aufgrund der riesigen Menge verdunstet der austretende Saft nicht schnell genug, wodurch sie darin zu kochen beginnen, anstatt zu braten. *Merde!* Ich stelle eine zusätzliche Pfanne auf den Herd, übersiedle die Hälfte der Zwiebelmasse dorthin und beginne mich wieder einmal über mich selbst zu ärgern. Das hätte ich mittlerweile wissen können.

Der Saft ist zwar inzwischen verdunstet, doch die Zwiebeln zeigen trotzdem keine große Lust, an Farbe zuzulegen. Ich schicke dem Gatten eine SOS-SMS, doch leider befindet er sich nach einer Dienstreise erst im Landeanflug auf Paris. Meinem rechten Arm nach zu schließen, rühre ich insgesamt eine Stunde, bis ich die verdammten Dinger für »goldgelb« erkläre, das Paprikapulver sowie die Fleischwürfel dazugebe und salze. Immerhin verläuft ab hier alles nach Plan. Das Fleisch zieht ausreichend Flüssigkeit, der Paprika brennt nicht an. Ich lege den Deckel auf und mich aufs Sofa.

Frau Landmann veranschlagt »je nach Fleischsorte sogar über zwei Stunden« Kochzeit. Nach zwei Stunden ist das Fleisch noch nicht zerfallend genug für ein Gulasch. Außerdem sehen meine Zwiebelringe nach wie vor eher wie Sauerkraut aus. Falls es ein nächstes Mal mit Frau Landmann geben sollte, werden die Zwiebel wieder würfelig geschnitten. Beschließt die Expertin.

Der Gatte hat es mittlerweile vom Flughafen nach Hause geschafft. Endlich! Mein Sicherheitsnetz ist da! Bevor er noch die Wohnungstür hinter sich schließen kann, zwinge ich ihm eine erste Kostprobe zwischen die Zähne. »Bisschen wenig Paprika, oder?«, meint er. »Hast du dich ans Rezept gehalten?«

»Ähm, es kann sein, dass ich mich ein bisschen verzählt habe«, gestehe ich kleinlaut. »Es sollen laut Rezept bis zu sechs Esslöffel hinein, aber ich war beim Reinschaufeln kurz abgelenkt. Vielleicht sind doch nur fünf drin. Kann man jetzt noch nachwürzen?«

»Sicher«, sagt mein Retter und hält sich mit dem tadelnden Blick diesmal etwas zurück. »Man muss den Paprika nur vorher in Öl oder Butter erhitzen.«

Er nimmt eine Kasserolle, gießt nicht wenig Sonnenblumenöl hinein und kippt aus lockerer Hand den Inhalt der halben Paprikadose dazu. Mir, Besitzerin einer Küchenwaage, die das Gewicht aufs Zehntelgramm genau anzeigt, bleibt das Herz stehen.

Von »Hast du dich ans Rezept gehalten?« auf »Das muss man eben ein bisschen nach Gefühl machen« in unter 30 Sekunden! Neuer Rekord!

Er gießt das Paprikaöl zum Fleisch in den Bräter, dann legen wir fürs erste wieder den Deckel auf. Nach insgesamt vier Stunden erkläre ich das Gulasch für fertig. Die Zwiebeln sind in Ansätzen immer noch zu erkennen, dafür hat dieses Gulasch keinen Tropfen Fremdflüssigkeit benötigt. Wenn man von den drei Litern Öl absieht, die der Gatte noch dazugetan hat. Was soll ich sagen? Es ist ebenfalls hervorragend. Und mir fiele auch kein Unterschied zu Frau Ziiis Marathongulasch ein.

Deshalb, und hier stößt der beste Mann von allen doch langsam an seine Genussgrenzen, gibt es eine Woche später erneut Gulasch im großen Vergleichstest. »Das hat doch bei der Vichyssoise auch so gut funktioniert«, versuche ich ihn aufzumuntern. Wenn ich wüsste, wo der Essmuskel sitzt, würde ich ihm den jetzt massieren wie einem Fußballer den Wadschunken.

Obwohl ich wieder eine Blindverkostung veranstalte,

hält er diesmal zu seinem Team. Salcia Landmann gewinnt, und ich bin sogar seiner Meinung, gegen meinen Willen. Ihr Gulasch ist »rindfleischiger«, vielleicht auch geradliniger im Geschmack. Daran könnten aber auch die drei Liter Öl oder das halbe Kilo Paprikapulver schuld sein. Frau Ziiis ist dank meines Piment-d'Espelette-Einsatzes schärfer, logischerweise, allerdings lenkt die Schärfe auch ein bisschen vom eigentlichen Geschmack ab.

Können wir die beiden Gulasche, an denen so viel getrickst und geschraubt worden war, überhaupt miteinander vergleichen? Ich bin so schlau wie zuvor. Meine Siegerin der Herzen ist Frau Ziii, weil ich ihrem Gulasch gegenüber ein schlechtes Gewissen habe. (Piment d'Espelette statt ungarischem Paprika – wie kann man nur?!) Die Siegerin meines Terminkalenders ist allerdings Frau Landmann. Die reine Arbeitszeit ist bei beiden Rezepten vermutlich gleich, aber für ihr Gulasch muss ich mir keinen Stundenplan anlegen.

Zwei Erkenntnisse ziehe ich allerdings aus dem Vergleichstest: Ich muss dringend wieder einmal nach Wien. Und: Ich kann jetzt Gulasch!

Kapitel 20

Wieso ich mir das alles überhaupt antue

Ich bin wirklich kein Prinzesschen. Ich werde nicht ohnmächtig, wenn ich Blut sehe, und ich hatte bei Mel Gibsons *Passion Christi* fast durchgehend die Augen offen. Doch ich gestehe, dass mein erstes selbst zerlegtes Huhn eine Überwindung war. Ich gestehe ebenso, dass ich dabei entsprechend geschummelt und mir die Hilfe des Gatten geholt habe. Aber ich jongliere mittlerweile durchaus professionell mit rohen Pulpos. Das sind jene Tintenfische, die früher Kraken hießen, bis ihrem Marketingchef klar wurde, dass man es mit so einem Namen nie auf den Tisch eines schicken Restaurants schafft.

So ein Pulpo bleibt aber trotz des Bobo-Namens immer noch ein ziemlich grausig aussehendes Tier, genauso wie der Herr Glööckler durch sein zweites ö ja auch nicht schöner geworden ist. Der hat aber immerhin nur einen Saugnapf, während so ein Pulpo einem diesbezüglich schon richtige Albträume verursachen kann. Es ist ein Glück, dass man ihn auf den Pariser Märkten schon ausgenommen bekommt. Den Pulpo, nicht den Glööckler. So muss man zu Hause wenigstens keine Angst haben, dass ein scheintoter Krake plötzlich seine Fangarme um einen schlingt. Glitschig ist er außerdem, sodass ich bis jetzt jedes Mal drei Kreuze geschlagen habe, wenn die Kreatur endlich im

Kochtopf war. So lecker er ist, so unappetitlich sieht er leider aus.

Aber ich werde langsam abgehärtet. Ich brauche nicht einmal mehr Stützwein, wenn ich aus rohen Sardinen das Innenleben heraushole und Garnelen den Darm entferne. (Mit Wein geht's um einiges leichter.) Allerdings frage ich mich jedes Mal, wozu ich jahrzehntelang erfolgreich verhütet habe, wenn ich dann minderjährigen Krustentieren den Hintern auswischen darf.

Man muss eine unbequeme Wahrheit einmal offen aussprechen dürfen: Gelegentlich kann Kochen ziemlich ekelhaft sein. Vor allem, wenn man für sich die Entscheidung getroffen hat, dass der Mensch als Allesfresser entworfen wurde und dass viele tierische Proteine um einiges besser schmecken, wenn sie erst möglichst kurz tot sind.

Bei unserem wunderbaren Fischhändler ist ein Großteil des Angebots schon von fachkundigen Händen um die Ecke gebracht worden. Oft liegen sie auch schon in Filetform ausgebreitet auf ihrem Eisbett, und nur hin und wieder machen sich die Verkäufer den Spaß, besonders abschreckende Exemplare in ihrer unversehrten Hässlichkeit zu präsentieren. Manchmal darf man mit seinem Essen eben auch ein bisschen spielen.

In den Glasbecken schwimmen Seespinnen, Hummer, Krabben, Langusten und andere Krustentiere, die aussehen, als hätte man sie direkt vom tiefsten Meeresboden heraufgeholt. Vor hohen Festtagen wie Weihnachten und Silvester wird ein Teil des Angebots aufs Trottoir ausgelagert, weil es im Geschäft nicht genug Platz für all die Austern gibt, die man dann traditionellerweise isst. Am 23. Dezember werden sie gleich direkt vom Lkw herunter verkauft.

Austern sind hier keine Luxusware, ein Dutzend bekommt man bereits um zehn Euro. Während der Weihnachtszeit werden sie sogar vor den Supermärkten körbeweise verkauft. Dort gibt es auch das passende Austernmesser für rund fünf Euro.

Kurz vor Weihnachten wäre ich einmal beinahe auf der Straße über eine Auster gestolpert, was ich für die perfekte Kurzbeschreibung dieser Stadt halte. Worauf mir eine Freundin schrieb, dass sie auf der Hamburger Reeperbahn gerade beinahe auf einem Kondom ausgerutscht wäre. Quod erat demonstrandum.

Der Fischmann hat immer bereits gekochte Garnelen, oft auch rohe, die aber wenigstens schon tot sind, und ganz selten lebende. Ich weiß, dass der Gatte immer die rohen möchte, weil er mit denen mehr machen kann. Und so frisch wie möglich. Weshalb ich selbstverständlich zugegriffen habe, als es einmal lebende Garnelen gab.

Weil die Fischverkäufer von mir ohnehin schon alles gewohnt und deshalb jedes Mal dankbar sind, wenn ich ausnahmsweise nicht über eine herumliegende Auster fliege, habe ich dort auch keine Hemmungen mehr, blöde Fragen zu stellen. Als der Verkäufer meine Garnelen abwiegt, setze ich trotzdem zur Tarnung mein bestes Prinzesschen-Gesicht auf und frage: »Und wie tötet man die?«

»Wann wollen Sie sie essen?«

»Heute Abend.«

»Dann legen Sie sie einfach in den Kühlschrank, bis dahin sind sie eingeschlafen.«

»Ich will aber nicht, dass sie schlafen. Ich will, dass sie tot sind!«

Er verdreht die Augen. »Das meine ich ja! Sie sind dann tot!«

»Ach, okay! Danke.«

Als ich die Garnelen gegen 19 Uhr aus dem Kühlschrank hole, krabbelt es in der Plastiktüte immer noch. Ich lege sie für den endgültigen Tiefschlaf ins Gefrierfach.

Als ich sie kurz nach 20 Uhr heraushole, gibt es noch immer Überlebende. Darwin hat an ihnen ganze Arbeit geleistet.

Wie gesagt, ich bin keine Sissi. Ich habe als Kind, ohne mit der Wimper zu zucken, meiner Großmutter dabei zugesehen, wie sie die Krebse, die wir im See gefangen hatten, in den Kochtopf warf. Mein Vater behauptet, dass jedes Familienmitglied, das einen Krebs im kochenden Wasser versenkte, einen Belohnungsschnaps bekam. Ich bezweifle das bis heute, denn meine Großmutter hatte keine Hilfe nötig. Sie kämpfte auch mit dem Schreckgespenst aller Fischköche, einem Aal, so lange, bis er sich wirklich nicht mehr bewegte.

Trotzdem überlasse ich unsere Küche an diesem Abend dem Mann im Haus. Ich hasse traditionelle Rollenklischees – außer, sie nützen mir. Tiere töten ist hiermit Männersache, habe ich beschlossen. Die kulinarisch ideale Tötungsart für die hartnäckigen Garnelen wäre übrigens, sie in einer sehr heißen Pfanne so lange zu braten, bis sie nicht mehr gegen den Deckel springen. Der Gatte entscheidet sich jedoch (wohl auch mir zuliebe) dafür, sie zu kochen, obwohl man damit ein wenig von der wunderbaren Frische wieder zunichtemacht. Hervorragend sind sie auf jeden Fall.

Wer Tiere essen will, muss sich mit der Tatsache abfinden, dass sie zuvor getötet werden. Das ist nur konsequent. Wer das nicht will, wird Vegetarier – oder greift im Supermarkt zu abgepacktem Fleisch, das so neutral vaussieht wie ein Paket von Beate Uhse, damit man nur ja nicht erkennt, was drin ist.

Seit wir in Paris leben, hat sich unser Einkaufsverhalten vollkommen geändert. Ich kann mich nicht erinnern, wann ich zuletzt abgepacktes Fertigfleisch gekauft habe.

Ich verstehe auch nicht (mehr), warum man abgepacktes Hackfleisch kaufen sollte, anstatt es sich ein paar Meter weiter vom Fleischer direkt und frisch durchdrehen zu lassen. Weiß nicht jedes Kind, dass Hack durch seine große Oberfläche diversen unerwünschten Mikroorganismen viel mehr Angriffsmöglichkeiten bietet? Ganz zu schweigen davon, dass man überhaupt nicht weiß, was in Hackfleisch alles drin ist.

Vor Jahren erschien in der *New York Times* ein beeindruckender Artikel über eine Frau, die nach dem Genuss von tiefgefrorenen Hamburgern schwer an einer E.-coli-Infektion erkrankte. Der Autor verfolgte die Herkunft der Boulette bis zu ihrem Ursprung zurück. Es stellte sich heraus, dass sie aus Fleischresten, besser gesagt Fleischabfällen bestand, die zum Teil sogar aus Uruguay in die USA gekarrt worden waren. Davon wird verderbliche Ware ja auch nicht unbedingt besser. Eine der Zulieferfirmen behandelte diese Abfälle, um etwaige E.-coli-Bakterien zu töten, mit Ammoniak. Mahlzeit!

Liegt es an dem tollen Angebot in Paris oder daran, dass ich mir mehr Gedanken über Lebensmittel mache, seit ich selbst koche? Auf jeden Fall achten wir, seit wir hier sind, viel genauer darauf, die richtig guten Produkte zu kaufen, möglichst auf dem Markt direkt vom Produzenten. Das geht ins Geld, aber dafür nützen wir auch jedes Fitzelchen aus. Seit ich einmal das Thema Lebensmittelverschwendung recherchieren durfte, blutet mir bei jeder zu großzügig geschälten Kartoffel das Herz. In Deutschland landen knapp 82 Kilogramm Lebensmittel pro Kopf und Jahr im Müll. Zweiundachtzig! Bei uns kommen Gemüseabschnitte via Tiefkühler in die nächste Suppe, ebenso die abgezupften Blätter von Stangensellerie, die sonst eigentlich immer im Müll landen. Jede Karkasse, ob Huhn oder Taube oder

Wachtel, wird zu Fond verarbeitet, Krustentierreste ebenso. Wenn wir wieder einmal für einen Abend mit Gästen zu viel Baguette gekauft haben, wird es entweder eingefroren oder zu Bröseln gerieben, die übrigens viel besser sind als das Zeug aus dem Supermarkt. Bliebe bei uns jemals Wein übrig, käme er in die nächste Sauce.

Dieses Einkaufsverhalten kostet natürlich auch Zeit. Wenn wir samstagmittags vom Markt zurückkommen, stehen wir erst einmal eine halbe Stunde in der Küche, um die Beute so zu verstauen, dass sie möglichst lange hält. Richtig, eine Einkaufsliste würde verhindern, dass man zu viel kauft. Aber gehen Sie einmal auf einen französischen Markt – und dann reden wir weiter.

Von unserem Kochfreund Matthias und den Pariser Restaurants habe ich gelernt, wie sorgsam man richtig gute Lebensmittel zubereiten sollte. Der Gatte konnte das ja schon vorher. Den wunderbar frischen Fisch, den wir bei unserem Poissonnier finden, würde ich mittlerweile am liebsten mit dem Föhn nur noch leicht anwärmen, damit er möglichst viel von seinem Eigengeschmack behält.

Vor wenigen Jahren wäre ich vielleicht noch auf den »überbackenen Kabeljau« hereingefallen, den eine Freundin vor Kurzem auf chefkoch.de entdeckt und zur Abschreckung herumgeschickt hat. In diesem Rezept wird der arme Fisch nicht nur erst einmal in Zitronensaft »gesäuert«, sondern danach auch noch mit einer Sauce aus Frischkäse überbacken, und das 35 Minuten lang bei 200 Grad. Ich habe mich über das Rezept gefreut, allerdings nur deshalb, weil ich daran erkennen konnte, wie viel ich bereits über Kochen gelernt habe.

Ich weiß nicht nur, dass der Zitronensaft den Fisch schon etwas »vorgart«, sondern dass er nach der langen Zeit im sehr heißen Ofen auch so durch sein wird, dass man statt des Kabeljaus gleich Pappkarton hätte nehmen können.

Keine drei Tage zuvor hatte ich im »*Minipalais*«, dem sehr schönen Restaurant im noch schöneren Grand Palais, einen Kabeljau gegessen, der nicht umsonst gestorben war. Er war so kurz und schonend gegart worden, dass er innen noch glasig und extrem saftig war. Und trotz seiner Tamarindenglasur schmeckte er nach Kabeljau, und nicht nach Stroh in Frischkäsepampe.

Aber da herrschen offensichtlich immer noch große Meinungsunterschiede. Als der Gatte vor einiger Zeit in einem tunesischen Ferienort die Auswirkungen der Revolution auf den Tourismus recherchierte, kam er in einem Restaurant neben einem deutschen Pärchen zu sitzen. Das Restaurant lag direkt am Meer, die Gäste konnten den Fischern zusehen, wie sie den soeben gefangenen Fisch ins Lokal trugen. Sie mussten geradezu die Köpfe einziehen, um nicht noch von einer zuckenden Schwanzflosse erwischt zu werden. Was also bestellte das Pärchen? Steaks, denn »bei Fisch kann man ja nie wissen«.

Die Steaks wollten sie selbstverständlich gut durchgebraten.

Ich möchte ja nicht ungerecht werden. Auch die Franzosen kochen nicht immer alles frisch und selbst. *Au contraire,* sie sind die Nation, die aus der Tiefkühlkost eine Art Kultur gemacht hat. Das Einzige, was es in Paris noch häufiger gibt als Apotheken, sind Filialen der Tiefkühlkette *Picard.* Bei Picard kauft der Franzose alles von Obst bis zu kompletten Fertiggerichten. Es gibt dort ausgelöstes Krabbenfleisch, grünen Spargel, Sauce für Meeresfrüchte oder auch fertig präparierte Artischockenböden, mit denen man sich mehrere Stunden an Küchenarbeit ersparen kann. Die passende Füllung gibt es natürlich auch bei *Picard.* Bei Cocktailparties im privaten Kreis werden nicht selten elegante Hors d'œuvres herumgereicht, die aussehen, als kämen sie direkt vom Feinkosthändler *Lenôtre*. Man könnte also ohne Probleme ein komplettes Menü aus Tiefkühlkost auf den Tisch stellen, ohne ein einziges Mal selbst umgerührt zu haben.

Als wir noch in Hamburg lebten, kauften wir die Fonds, aus denen der Gatte seine genialen Saucen macht, auch fix und fertig im Glas. Allerdings mussten wir da schon sehr genau suchen, um eine Marke zu finden, die ohne Geschmacksverstärker und Konservierungsstoffe auskommt. Jetzt kochen wir die Fonds nur noch selbst, nicht nur, weil es eigentlich kaum Arbeit macht, sondern auch schlicht aus Kostengründen. Ein fertiger Fond im Glas kostet in einem deutschen Supermarkt über sieben Euro pro Liter. Aus einer Hühnerkarkasse, die entweder im Müll gelandet wäre oder die ich mittlerweile vom Fleischer geschenkt bekomme, sowie ein bisschen Gemüse für maximal zwei Euro koche ich locker zwei Liter grandiosen Fond. Da ist sogar mein selbstverständlich astronomischer Stundenlohn schon mit eingerechnet.

Diese Kalkulation kann man mit fast jedem Fertigprodukt anstellen – wenn man Wert auf Qualität legt. Die Tiefkühllasagne mit undefinierten Fleischabfällen ist sicher billiger.

Aber ich gebe auch zu, dass ich es mit dem Selbermachen manchmal ein bisschen übertreibe. Ich könnte diese göttlichen caramels au beurre salé, Butterkaramell mit Meersalz, hier in Paris an beinahe jeder Ecke kaufen. Trotzdem probiere ich, seit ich sie zum ersten Mal gegessen habe, jedes Rezept, das mir in die Finger kommt. Noch schlimmer ist es mit weißem Nougat oder Torrone. Auf dieses teuflische Zeug wurde ich von unseren neuseeländischen Freunden John und Vicky angefixt, die einmal eine Packung als Gastgeschenk mitbrachten. Seither habe ich mit dem Nachbasteln schon mehrmals schwere Kochlateralschäden in unserer Küche verursacht.

Bei der Zubereitung von weißem Nougat braucht man nämlich mindestens drei Hände. Besser vier. (Und einiges an Muskelkraft, wenn der Pariser Supermarkt Ihres Vertrauens keine gehackten Mandeln führt.) Zuerst wird Eischnee geschlagen, dann wird Honig bis zu einer bestimmten, exakt vorgeschriebenen Temperatur gekocht und langsam in den Eischnee gerührt. Dann werden Zucker und Zuckersirup ebenfalls bis zu einer bestimmten, alles entscheidenden Temperatur gekocht und ebenfalls langsam in den Eischnee gerührt.

In diesem Stadium wandert die Masse dann gern die Rührbesen hinauf und lässt sich von dort ganz praktisch über die gesamte Küche verteilen. Oder die Rührschüssel beginnt sich aufgrund der immer zäheren Konsistenz des Schnees selbstständig zu machen, was die Zielgenauigkeit des flüssigen Zuckers doch einigermaßen beeinträchtigt. Was wiederum gefährlich ist, weil flüssiger Zucker heiß wie Lava ist.

Ich habe weißen Nougat gemacht, der irgendwie eher dem Nussmüsli des Gatten ähnlich gesehen hat. Ich habe wunderbar schocksüßen weißen Nougat gemacht, der die Konsistenz von Schlagsahne hatte, deshalb nicht wie geplant zur Party von Fabien mitgenommen werden konnte und in weiterer Folge komplett selbst gegessen werden musste. Ich habe weißen Nougat gemacht, der wiederum so schnittfest war, dass ich bis heute die Abdrücke des Messerrückens in meinen Handballen erkennen kann.

Stattdessen könnte ich einfach in den nächsten Supermarkt gehen und eine Packung kaufen. Dass ich es nicht tue, hat vermutlich mit einer sehr logischen Form des Belohnungsprinzips zu tun. Man will/soll/darf ja nicht so viele Süßigkeiten essen, deshalb muss man sie sich hart erarbeiten, denn erst dann darf man. Und man sucht ja auch nur nach einem funktionierenden Rezept, um zu Weihnachten endlich etwas Selbstgebasteltes verschenken zu können. Ausreden, Ausreden.

Es ist ein sehr spezielles Gefühl der Befriedigung, wenn man etwas geschafft hat, das man bislang nur aus Restaurants oder dem Supermarkt kannte. Ich bekam vor Kurzem von meinem Schwager einen Pâtisseriekurs geschenkt. (Er sagt, er hätte dabei keinerlei Hintergedanken gehabt, ihm läge nur die körperliche Unversehrtheit seines Bruders sehr am Herzen.) Der Kurs fand in der Pariser Kochschule »*Cook'n With Class*« statt, deren Schüler vor allem englischsprachige Touristen sind, die ihren Parisaufenthalt nicht nur mit Essen, sondern auch mit Essenszubereitung verbringen wollen. Daraus ist beinahe schon ein eigener Tourismuszweig geworden.

Unsere entzückende Lehrerin Briony machte mit uns Tarte tatin, financiers (Teekuchen in Form von winzigen Goldbarren), Crème brulée und andere französische Klassiker. Die meisten davon hatte ich schon mehr oder weniger erfolgreich zu Hause probiert, doch ich erkannte wieder einmal, dass Kochenkönnen sehr viel mit Erfahrung zu tun hat. Briony ist ausgebildete Pâtissière, sie hat bereits in Hotels und für große Cateringfirmen gearbeitet und führt neben der Kochschule ihre eigene Firma. All die kleinen Tricks und Hinweise, die sie uns aufgrund ihrer jahrelangen Praxis geben konnte, waren immens hilfreich. Ihr wichtigster Tipp lautete: »Beim Backen muss man sich immer genau ans Rezept halten!« (Ich wurde auch überhaupt nicht rot, als sie das sagte.)

Am Ende des Kurses standen kleine Kunstwerke vor uns. Briony hatte sie freilich mit einem gezielten Streifen aus Staubzucker hier und einer elegant drapierten Himbeere da noch ein bisschen fotogener gemacht. Und doch war das alles – zum Teil – unser Werk. Oder wenigstens hatten wir miterlebt, dass man diese Schönheiten auch ohne größere Hexerei zaubern konnte. Ich war von uns absolut beeindruckt.

Und ich muss unbedingt demnächst wieder zu *Dehillerin*. Ohne Backform für *financiers* kann ich unmöglich nach Deutschland zurück.

Bei selbstgemachter Pasta bin ich allerdings noch skeptisch, ob die von den italienischen Experten gefertigte nicht doch besser ist als alles, was ich bislang so durch meine neue Nudelmaschine gejagt habe. Die Italiener machen das schließlich schon ein bisschen länger als ich. Sie fluchen dabei auch sicher weniger als ich. Einerseits, weil sie sich vermutlich nicht mit einer handbetriebenen Pastawalze abkämpfen müssen, andererseits, weil Italiener bekanntlich vier Hände haben, wie jedes einigermaßen hübsche Mädchen, das jemals in einem italienischen Badeort Urlaub gemacht hat, bestätigen kann. Vier Hände sind zum Pastamachen ideal. Aber vielleicht muss ich mich beim nächsten Versuch auch einfach nur ans Rezept halten, damit der Teig sich kooperativer verhält.

Je mehr ich mich mit dieser ganzen Kocherei befasse, umso mehr Dinge entdecke ich, die man selbst machen könnte. Unlängst habe ich meinen ersten eigenen Entenbrustschinken hergestellt. Er wird erst 24 Stunden in Salz verpackt und danach drei Wochen mit einer Gewürzschicht umwickelt. Das Endergebnis war leider ziemlich salzig, aber ich spüre, wie sich eine neue Fixierung anbahnt. Die beginnen ja meistens ganz harmlos, was jeder Leiter einer geschlossenen Anstalt bestätigen kann. Napoleon wollte als Schulkind sicher auch erst einmal ein Pult für sich allein.

Ich habe den Gatten gefragt, ob in seinem Weinkeller dereinst auch noch Platz für meine selbstfabrizierten Schinken sein könnte. Er wurde bereits ein wenig blass um die Nase, dabei weiß er noch gar nicht, dass ich soeben herausgefunden habe, wie man zu Hause sogar Fleisch nach seinen persönlichen Vorlieben nachreifen lassen kann. Es wird jetzt nicht mehr lange dauern, bis er den Tag verflucht, an dem er die fatalen Worte sagte: »Du könntest doch kochen lernen!«

Kapitel 21

Wie ich mir an Schokopudding die Zähne ausbeiße

*E*s ist ein wunderschöner Frühlingstag. Ich sitze im Freien, in einem wunderbaren großen Garten. Auf meinen Beinen liegt, gegen die letzten kühlen Brisen, eine karierte Decke. Der Gatte steht wie immer hinter mir, er schiebt meinen Rollstuhl. Ich bin erst seit wenigen Wochen hier. Nur noch verschwommen kann ich mich daran erinnern, wie mich ein paar starke Männer in weißen Uniformen mit vereinten Kräften in ein Auto mit vergitterten Fenstern und einem großen roten Kreuz darauf verfrachtet und hierhergebracht haben. Seitdem bekomme ich zum Frühstück viele bunte Pillen, und der Gatte darf mich jede Woche besuchen. Wir rollen dann im Park spazieren und unterhalten uns. Wie gewöhnlich lasse ich ihn erzählen. Wenn ich etwas sage, ist es immer nur ein Wort: »Schokopudding.«

Alles begann, als ich bei meinen Eltern auszog. Besser gesagt, einige Monate danach. Ein Kettenhund, dessen Kette man nach all den Jahren mit begrenztem Lebensradius durchschneidet, braucht ja auch erst ein paar Tage, bis er seine neu gewonnene Freiheit wahrnimmt. Meine Freiheit war, endlich all das essen zu dürfen, was es bei uns zu Hause so gut wie nie gab. Jedenfalls nicht in diesen Mengen. Jedenfalls nicht für mich allein.

Ich verfiel unter anderem einer mittelschweren Abhängigkeit von den halbmeterlangen Lachsseiten, die man tiefgekühlt bei *Ikea* kaufen konnte und die ich im Schutz meiner eigenen vier Wände mit keiner Schwester mehr teilen musste. Ich kaufte bei meinem Stamm-Sushisten nur noch die große Party-Platte und verlangte beim Bezahlen zur Tarnung »fünf Paar Stäbchen, bitte. Nein, besser sechs!«. Aus denen baue ich mir irgendwann einen Wintergarten.

Und ich entwickelte ein etwas problematisches Verhältnis zu Schokopudding.

Ich erwähnte es bereits: Schokopudding ist Menschenrecht. Er beruhigt, er heilt, und er macht schön. Ich bin zutiefst überzeugt, dass die Welt eine bessere wäre, hätten alle Menschen Zugang zum perfekten Schokopudding. Niemand würde mehr um Parkplätze oder um die Fernbedienung streiten, Kriege gehörten der Vergangenheit an, Kleidergröße 38 ebenfalls.

In dieser ersten, wichtigsten Prägungsphase erwischte mich *Flana* von *Dr. Oetker* und gravierte in mein Hirn den Eichstrich für den perfekten Pudding. Milchschokoladig, mollig, so süß, dass es gerade eben nicht wehtut (dazu muss man interessanterweise die empfohlene Zuckermenge reduzieren), und vor allem muss man so viel davon machen, dass das Zittern in den Händen verschwindet und man wieder zwei Wochen lang ohne auskommt. Eine Packung *Flana* enthält zwei Pulverbeutelchen, wobei *Dr. Oetker* der irrwitzigen Meinung ist, dass ein Beutelchen für vier Portionen reicht. Das wäre ein halber Liter Pudding für vier Personen! Man muss fürwahr kein Sandwichkind sein, um diese Angabe für völlig realitätsfremd zu halten.

Für weniger als einen Liter Pudding betrat ich also erst gar nicht die Küche.

Ich entwickelte ausgeklügelte Techniken, um die Milch klumpenfrei mit dem Pulver zu vermischen (Cocktailshaker!), schaffte mir einen beschichteten Topf an, um nur ja keinen Produktionsausfall wegen angebrannter Milch zu riskieren. Und ich hatte schnell die ideale Aufteilung pro Liter Pudding gefunden. Es gab immer zwei, drei kleinere Portionen, die schnell abkühlen und gegen den ersten Turkey helfen sollten, sowie ein paar größere, die für die wahre, tiefe Befriedigung sorgten. Was ich dabei unter »einer Portion« verstand, liefert *Dr. Oetker* vermutlich an Großküchen.

Der große Schock kam, als ich mit Mitte dreißig nach Deutschland ging. Es gibt dort keinen *Flana*! Der *Dr.- Oetker-Gala* ist eine Spur herber und dunkelschokoladiger als mein *Flana*. Er traf einfach nicht diesen gewissen Punkt. Es war eine Tragödie.

Aus dieser Lebenskrise gab es nur zwei Auswege: Entweder ich importierte bei jedem Heimatbesuch ausreichend *Flana*. Oder ich ging auf kalten Entzug und startete eine Ersatztherapie mit *Schoko Leibniz*. Das mit dem Import stellte sich als zu riskant heraus. Ich fuhr sehr unregelmäßig nach Wien, die Gefahr war zu groß, dass mir zwischenzeitlich der Stoff ausging und ich durch die Entzugserscheinungen nicht mehr fähig war zu arbeiten. Geschweige denn, zusammenhängende Sätze zu bilden.

Es wurde also die Ersatztherapie, hin und wieder unterstützt durch den fertigen Sahnepudding im praktischen Halbliter-Humpen aus dem Kühlregal. Da hat sich *Dr. Oetker* wenigstens zu einer alltagstauglichen Portionsgröße durchgerungen.

So ging das einige Jahre. Bis wir nach Paris zogen. Hier gibt es zwar Quark im 1-Kilo-Eimer, nicht jedoch die wirklich wichtigen Grundnahrungsmittel. Immerhin haben sie kleine Töpfchen, *pots de crème au chocolat,* deren Portionsgrößen wir hier keines Kommentars würdigen werden. *Pots de crème* werden aus Sahne, Schokolade und Eigelb gerührt und im Wasserbad gegart. Vielversprechende Prämisse, traf aber immer noch nicht ganz in die Mitte.

Da hörte ich eines Tages von dem Gerücht, man könne Schokopudding auch komplett selbst kochen. Damit wir uns nicht falsch verstehen: Für mich fiel »Milch aufkochen, Beutelinhalt hinein, umrühren« schon unter Kochen. Das verkaufte ich locker als »selbstgemachter Schokopudding«. Doch als ich über das erste Rezept stolperte, das ohne die Worte »Beutel aufreißen« auskam, erwachte in mir ein neuer Ehrgeiz.

Der erste Versuch ging, wie wir wissen, grandios daneben. Der zweite war konsistenzmäßig durchaus puddingisch, geschmacklich aber weit vom Ziel entfernt. Mein Ehrgeiz geriet ins Wanken. Es gab zu viele Variablen. Wie lautet das perfekte Verhältnis zwischen Milch und Sahne? Muss Sahne überhaupt sein? Schokolade mit wie viel Kakaoanteil? Wie entscheidend ist die Marke? Welcher Zucker – und wenn ja, wie viele? Und also doch lieber die Variante mit den Eiern als Stabilisator, oder jene mit Maizena?

Aaaaahhhhh!

Just in der schwierigsten Phase meiner Puddingfindung schlugen unsere Freunde Chyi und Jonas, der Depardieu-Fotograf, einen Besuch im Pariser Restaurant *Frenchie* vor, genauer gesagt, in der bar à vins, die der Inhaber Greg Marchand eröffnen musste, weil sich die Leute um Tische in seinem Restaurant schon prügelten. Jetzt können sie sich auch um Plätze in der Weinbar prügeln.

Das *Frenchie* – Greg Marchands Spitzname, als er in den USA arbeitete – gehört zu den vielen jungen Restaurants, deren Küche völlig unprätentiös daherkommt, dies aber mit Kreativität wettmacht. Bei ihm gibt es beispielsweise

Blutwurst mit Burrata und Apfelchutney, Salat aus Mandarinen, Speckstreifen und Radicchio oder Coleslaw aus Kalmaren und Karotten mit Oliven, Pfirsich und Basilikum. Wir bestellten mehr oder weniger die komplette Karte der Weinbar einmal durch und kosteten uns kreuz und quer. Dank unser aller guter Erziehung verlief der Abend ohne gröbere Verletzungen, auch wenn Jonas sehr mit seinem Leben spielte, als er sich das letzte Stück Makrele nahm.

Weswegen mir dieses Essen allerdings ewig in Erinnerung bleiben wird, war der Nachtisch: *pot au chocolat*. Als Chyi und ich den ersten Löffel in den Mund steckten, machten wir beide Geräusche, die man eher nicht mehr als jugendfrei bezeichnen kann. Dieser *pot au chocolat* hatte alles: eine wunderbar sanfte Schokoladigkeit, ein Mundgefühl, aus dem man Sofas machen sollte, und eine Süße, die auf den Mikrometer genau richtig war. Ich muss vor lauter Entrücktheit ein Gesicht wie nach einer beidseitigen Gehirnspende gemacht haben. Als ich wieder einigermaßen bei Verstand war, bildete sich ein unerhörter Gedanke in dem, was von meinem Hirn noch übrig war: »Der ist besser als mein *Flana*!«

Nachdem Greg Marchand wie alle Köche einen großen Anteil Miststück in sich trägt, hat er selbstverständlich auch bereits ein Kochbuch geschrieben, in dem das Rezept für diesen *pot au chocolat* enthalten ist und das er in seinen Restaurants verkauft. Ich finde, das gehört sich nicht. Man kann die Leute nicht erst mit einer grandiosen Küche anfixen und ihnen in diesem wehrlosen Zustand, wenn alles Blut im Magen ist statt im Kopf, gleich ein Buch andrehen. Was kommt als Nächstes? Gratis-Crack auf dem Schulhof, verpackt in *M&M*s?

Und damit niemand sagen kann, ich hätte ihn nicht gewarnt: Marchand hat auch noch Bilder seines kleinen Sohnes mit ins Buch genommen, den ich hiermit völlig objektiv als viertentzückendsten Jungen der Welt deklarieren kann. Dieser Mann macht seine Kunden also nicht nur wehrlos, er hält ihnen auch noch eine Knarre an den Schädel.

Ich kaufte das Buch.

Zu Hause schritt ich ans Werk, solange ich den Originalgeschmack noch auf der Zunge hatte. Das Rezept schreibt 64-prozentige *Valrhona Taïnori* vor, sowie Milch, Sahne, Zucker und Eigelb. In meinem Supermarkt gibt es keine *Valrhona*. (Und so etwas schimpft sich Weltstadt.) Stattdessen verwendete ich 70-prozentige *Lindt*. Sechs Prozent Unterschied werden das Kraut schon nicht fett machen.

Das Ergebnis hatte leider mit dem *Frenchie*-Dessert nicht viel gemeinsam. Wir lernen: Sechs Prozent Differenz sind nicht nur bei amerikanischen Präsidentschaftswahlen durchaus entscheidend.

Ich machte mich erneut auf die Suche. Im Supermarkt fand ich 64-prozentige Schokolade, allerdings nicht von *Valrhona*. In einem sauteuren Kaffeegeschäft fand ich *Valrhona*, allerdings mit 68 Prozent. Und *Taïnori* stand auch nicht drauf. »Da ist doch kein Unterschied!«, sagte die Verkäuferin kopfschüttelnd, kassierte meine acht Euro und sah mich an, als ob ich auch noch die Zuckerkristalle abzählen wollte.

Ich entschied mich für einen zeitsparenden Paralleltest: eine Hälfte mit falscher Marke, aber richtiger Prozentzahl, die andere Hälfte mit richtiger Marke, aber falscher Prozentzahl. Zwischendurch versuchte ich kurz zu berechnen, wie viel 52-prozentige Schokolade ich mit wie viel 68-prozentiger mischen müsste, um 64-prozentige zu erhalten. Meine Mathematikkenntnisse scheiterten bereits an der Fragestellung.

Die Ergebnisse des Doppeltests schmeckten beide viel dunkelschokoladiger, als ich es in Erinnerung hatte. Und, werte Schokoladenfachverkäuferinnen, man erkennt sehr wohl einen Unterschied! Ich begann langsam, an mir und meinem Gedächtnis zu zweifeln und überlegte, wie viel Wein ich an diesem Abend vor dem Dessert intus gehabt hatte. Daran konnte ich mich überraschenderweise erst recht nicht erinnern.

Ich startete einen dritten, verzweifelten Versuch, diesmal mit 52-prozentiger Kochschokolade sowie 100-prozentigem Fatalismus. Schokopudding begann mir zum Hals herauszuhängen. Mir! Doch das Einzige, was eine Neudecker aufgibt, ist ein Brief. Ich musste mich dieser Lebensaufgabe stellen. Die Menschheit erwartete es von mir. Dieses Ding war bereits viel größer als meine kleine, lächerliche Puddingsucht, es ging um die Entscheidung: Krieg? Oder Frieden. Wollte ich diese Welt ein bisschen besser machen, Pudding für Pudding? Wollte ich ihr etwas Bleibendes hinterlassen?

Ich skizzierte meine Dankesrede für den Nobelpreis schnell fertig und ging zurück in die Küche. Unser Kühlschrank enthielt bereits seit Wochen hauptsächlich Eier, Sahne und Milch. Im Vorratsschrank lagen nicht weniger als fünf verschiedene Schokoladen. Gottlob steht der Gatte auf dunkle Schokolade. So viel Milch könnten französische Kühe überhaupt nicht produzieren, wie es brauchen würde, die Überreste der 70-prozentigen für mich genießbar zu machen.

Auf dem Arbeitstisch legte ich die 52-prozentige sowie die übrigen Zutaten zurecht. Mise en place, bla bla bla. Abwiegen war schon längst nicht mehr nötig, ich konnte die Mengen mittlerweile bereits aus dem Handgelenk schütteln. Doch die Routine ist ein Hund. Wenn man mich vorher gefragt hätte: »Und? Wenn du Schokolade verwendest, die viel weniger bitter ist, als im Rezept angegeben, worauf musst du dann noch achten?«, hätte ich die richtige

Antwort gewusst? Natürlich! Ich hätte geantwortet: »Bitte beleidigen Sie nicht meine Intelligenz! Ich reduziere selbstverständlich die Zuckermenge.«

Blöderweise hat niemand gefragt. Wir müssen also auch über diesen Versuch keine weiteren Worte verlieren.

Nachts begann ich, mich schlaflos hin und her zu wälzen. Über dem Bett schien wie eine große grüne Blase die Frage zu schweben: »Wieso nicht doch einfach wieder *Flana*?« Der Gatte erzählte mir morgens, dass ich im Schlaf mehrmals »Menschheit ... retten!« gerufen hatte. Chyi mailte, dass sie gerade wieder bei *Frenchie* gegessen hätte und dass der pot au chocolat nach wie vor ein Traum wäre. Mein Arzt verschrieb mir die ersten Beruhigungspillen.

Und wenn Greg Marchand das Rezept an diesem Abend abgewandelt hatte? Könnte ich ihn dann auf Schmerzensgeld für meinen Haarausfall verklagen? Ich versuchte, mich ein wenig abzulenken, und übte ein paar Tage lang Eier zu pochieren. Geradezu stündlich entwickelte oder entdeckte ich eine neue, noch idiotensicherere Methode, bis der Gatte begann, um Gnade zu flehen. Immerhin sagte er jedes Mal, wenn er sich zu einem Geschäftsessen verabschiedete: »Eierpochieren ist eine hohe Kunst. Ich kann das jedenfalls nicht.« Er ging in dieser Zeit zu sehr vielen Geschäftsessen.

Die einfachste Methode fand ich im Kochblog *Lamiacucina*: Eier ungeschält zehn Sekunden lang ins köchelnde Wasser legen, herausholen und in dasselbe Wasser (mit einem Schuss Essig versetzt) vorsichtig aufschlagen. Perfekt pochierte Eier, und man muss nur halb so viele Gerätschaften abwaschen wie bei allen anderen Methoden.

Wer Eier pochieren kann, wird doch wohl auch Schokopudding schaffen, dachte ich mir und ignorierte alle Warnungen meines Therapeuten, ich sei noch nicht so weit.

Ich kehrte zu den Anfängen zurück, also zum allerersten Rezept mit Milch, Stärke, Zucker und Schokolade. Nur wollte ich dieses Mal ausprobieren, worauf viele meiner *Facebook*-Freunde schwören: Sie nehmen statt der Schokolade einfach gutes Kakaopulver. In den Kommentaren unter einem Rezept aus dem Internet rechnete eine Leserin vor, statt der 62-Prozent-Schokolade könne man auch einfach 100 Gramm Kakao verwenden.

Weil ich mir nichts vorwerfen lassen wollte, siebte ich den Kakao sogar durch, um Klümpchen zu vermeiden. Ich kam mir vor wie eine sehr professionelle Pâtissière. Oder eine fürchterliche Streberin. Beides allerdings nur bis zu dem Moment, als ich die 100 Gramm Pulver in die Milch schüttete. Plötzlich bildete sich eine zementartige Masse, die kaum noch zu rühren war. Viel zu viel Kakaopulver! Ich las noch einmal den Internetkommentar. Eine Zeile unter »kann man 100 Gramm Kakao verwenden« stand noch: »ich habe aber sehr viel weniger genommen.«

Es fällt mir schwer, meine Gefühle in diesem Augenblick zu beschreiben. Sagen wir so: Diesmal wurde der Kindergarten nebenan komplett evakuiert.

Aber wie sagt meine Mutter immer so richtig, wenn der Käse im Kühlschrank schon sprechen kann? »Weggeworfen wird nichts.« Ich goss 200 Milliliter Milch zum Zement und gab noch zwei Esslöffel Zucker dazu. Man könnte auch sagen: zwei Tropfen auf den heißen Stein. Zu diesem Zeitpunkt notierte ich naives Ding noch brav jeden meiner Handgriffe in der Hoffnung, dass am Ende doch noch etwas Essbares herauskommen könnte.

Der Stift landete schnell in der gleichen Ecke wie die Waage. Notärzte halten sich bei dringenden Notfällen ja auch nicht mehr mit lächerlichen Hygienemaßnahmen auf. Ich verabreiche meiner Puddingleiche alles, was ich in die Hände bekam. Milch, Zucker, Maizena, Vanilleextrakt. Gegen mich war der schwedische Koch aus der *Muppets*-Show ein Musterbeispiel an Selbstkontrolle. Ab einem gewissen Zeitpunkt wollte ich den Zement nur noch irgendwie genießbar bekommen. Ich hätte sonst nicht gewusst, wie ich das Zeug jemals auf eine andere Weise entsorgen sollte als durch – ich will es gar nicht aussprechen – Essen.

Das Drama erreichte sein natürliches Ende, als keine Milch mehr da war. Aus ursprünglich 400 Millilitern war zu guter Letzt ein Liter geworden. Als der Gatte nach seinem Mittagstermin anrief, um sich nach meinem Befinden zu erkundigen, machte er sich schnell noch einen Abendtermin aus.

Immerhin. Unter verdammt hohem Materialaufwand konnte man es essen. *Konnte,* nicht: *wollte.* Bekanntlich ist ein Liter Schokopudding normalerweise kein Problem für mich. Der hier war eines. Nach vier Tagen war er endlich weg.

Wochen später wurde mir plötzlich klar, dass ich wieder einmal vergessen hatte, alle Zutaten zu halbieren. Ich hatte also versucht, die volle Menge Kakao in die halbe Menge Milch zu zwingen. Da hatte mir mein Arzt aber schon längst die wirklich schweren Hämmer verschrieben.

Nach einer ausführlichen Entgiftungsphase beschließe ich, mich als puddingtechnisch endgültig behindert zu erklären und meine Tagesfreizeit in Zukunft einem Projekt zu widmen, das mehr Hoffnung auf Erfolg zulässt. Quantenphysik, Chinesisch lernen, Nähen – irgendetwas Simples. Da unterläuft mir ein folgenschwerer Fehler. Wenige Wochen vor meinem nächsten Heimatbesuch verspreche ich dem entzückendsten Neffen von allen in einem Moment geistiger Umnachtung, ihm Schokopudding zu kochen als Gegenleistung dafür, dass er mir sein Zimmer überlässt. Ich weiß nicht mehr, wie mir überhaupt das Wort über die Lippen gekommen ist, vermutlich irgendein Leck in meinem Unterbewusstsein. Ein Freudsches Versprechen. Das Blöde an Vierjährigen ist ja, dass sie alles, von Zähneputzen bis Den-Bruder-nicht-Umbringen, sofort vergessen, sich jedoch jahrzehntelang merken, wenn man ihnen ein einziges Mal Süßkram versprochen hat. Meine Schwester dreht die Daumenschraube noch fester, indem sie mir berichtet, dass er seit Tagen bei jedem Türklingeln sofort sabbernd fragt: »Kommt da jetzt die Sigrid?« Ich frage mich langsam, zu wem sie eigentlich hält.

Mit der doppelten Pillenration im Blut hole ich die fünf angebrochenen Packungen Schokolade aus dem Schrank. Ich brauche ein System. Und ein Sicherheitsnetz. Ich kann mir keine Fehler mehr leisten. Aus Fehlern lernen heißt, die Vergangenheit zu bewältigen. Ich sammle die Rezepte, die ich noch einmal probieren möchte, und trage sie in eine Excel-Tabelle ein. Es gibt Spalten dafür, wie viel Milch mit welcher Schokolade, wie viel Zucker, Stärke und, wenn, wie vielen Eigelb zu kombinieren ist. Meine Schwester würde mich an diesem Punkt bereits als »leicht zwanghaft« bezeichnen.

Ich berichte auf *Facebook* hoffnungsfroh über die ersten Versuche, die einem Schokopudding bereits ähneln. Die unbarmherzigen Menschen dort haben daraufhin nichts Besseres zu tun, als mir weitere Rezepte zu empfehlen. Die Excel-Tabelle wächst. Ich halbiere jedes Rezept und werde Mitglied in einem Fitnessclub. Ich teste jeden Abend zwei Varianten gleichzeitig, die Zeit drängt. Bei manchen der *Facebook*-Empfehlungen frage ich mich im Nachhinein, ob diese Menschen überhaupt eine Ahnung haben, wie richtiger Schokopudding sein muss. Die meisten Resultate sind so fest, dass man den Pudding tatsächlich an die Wand nageln könnte.

Abende lang reduziere ich hier den Stärkeanteil, erhöhe dort die Milchmenge, wechsle da die Schokolade aus. Und ärgere mich über unüberlegte Anweisungen. Wer es jemals geschafft hat, Stärkepulver mit Eigelb zu vermischen, ohne dabei Klümpchen zu produzieren, die den nächsten Atomkrieg überstehen würden, darf sich gleich einmal bei der Dopingkontrolle melden.

Ich breche die Testreihe »Kakao« ab. Irgendwie staubiger Abgang, wie ich finde. Dafür setze ich mich über ein unausgesprochenes No-No hinweg und starte eine Versuchsanordnung mit Milchschokolade. Denn ich bin eine Milchschoko-Sissi, so, jetzt ist es raus. Ich liebe Milchschokolade, und ich stehe dazu! Selbst wenn Freud unsereins vermutlich als unreif bezeichnet hätte.

Der erste Versuch mit der Weicheier-Schokolade ist eine Offenbarung. Noch einen Hauch zu süß und etwas spitz im Abgang, aber daran ist eindeutig die No-name-Schokolade schuld. Ich fasse wieder Lebensmut. Der nächste Test erfolgt mit *Milka Alpenmilch*. Jetzt wird's langsam! Ich beschließe, diese Version meinen Neffen zu servieren. Für den Wienbesuch wiege ich Zucker und Maizena für einen halben Liter Milch und 100 Gramm Schokolade ab, vakuumiere beides und komme mir erschreckend professionell vor.

Barbara und Elias holen mich vom Flughafen ab. Immerhin lautet erst sein drittes Wort »Pudding?«. Aber ich bin mir sicher, er strahlt mich nicht nur deshalb so an, sondern weil er sich freut, mich endlich wieder zu sehen. Ja, ich bin noch recht naiv für mein Alter.

Am nächsten Nachmittag koche ich den Pudding, der ein perfektes Erpressungsmittel ist, um die üblichen Mordversuche des einen Bruders gegen den anderen wenigstens bis zum Abendessen zu unterbinden. Die Buben sind begeistert, ich bin erleichtert. Bis Barbara sagt: »Du weißt, für sie ist die Hauptsache, dass es möglichst süß und nur durch *Dr. Beckmanns Fleckenteufel* aus den Kleidern zu bekommen ist.«

In der Nacht träume ich, dass Barbara mir ein kleines Schälchen mit einer braunen Flüssigkeit serviert. Im Traum sage ich: »Verdammt, diesmal ist der Pudding ja überhaupt nicht fest geworden!« Worauf mich meine Schwester mit den Worten beruhigt: »Aber das ist doch nur Schoko-Wodka!«

Zurück in Paris, führe ich die Versuchsreihen mit Milchschokolade weiter, bis mich eines Tages eine Erkenntnis trifft wie ein Schlag: Wozu Pudding aus einer Schokolade machen, die man eigentlich ohne jeden Aufwand auch einfach so essen könnte?

Die roten Flecken am Hals kommen zurück. Ich lasse mir jeden Abend vom Gatten erklären, was der Sinn des Lebens ist. Er versteckt die Küchenmesser und versperrt die Aspirin in seinem Schreibtisch. Vom Küchengarn rückt er nur noch so viel heraus, wie man braucht, um ein Huhn zu binden.

An guten Tagen wage ich mich zurück an das Puddingprojekt. Dank einer weiteren Erleuchtung mache ich jetzt doch wieder beim Kakao weiter. Der ist immer im Haus, wird nicht zwischendurch auf einen Haps weginhaliert und bietet darüber hinaus ein viel besseres Preis-Leistungs-verhältnis als Schokolade. Mit fünf Esslöffeln kann man – meiner immer umfangreicheren Excel-Tabelle zufolge – bereits einen halben Liter Pudding herstellen.

Doch ist es wirklich der *beste* Pudding? Ich habe mir meinen Geschmackssinn durch die unzähligen Verkostungen bereits völlig korrumpiert. Um ihn wieder zu kalibrieren, koche ich eine Portion guten alten *Flana* aus einer Packung, die ich im Schließfach unserer Bank eingesperrt habe. Etwas Fürchterliches geschieht: Er schmeckt mir nicht mehr!

Ich lasse mich von meinem Psychiater fitspritzen und starte den allerletzten, ultimativen Test. Es treten gegeneinander an:

– Pudding auf Schokoladenbasis
– Pudding auf Kakaobasis
– *pot de crème* mit Sahne und Eigelb.

Gerade, als ich bereit bin, mir mein endgültiges Urteil zu bilden und endlich wieder meinen Seelenfrieden zu finden, pingt es aus meinem Computer. Eine amerikanische Kochblogautorin hat in einem uralten französischen Kinderbuch ein Puddingrezept entdeckt, das weder Milch noch Sahne enthält und somit alles, was die Menschheit über Schokopudding weiß, völlig über den Haufen wirft.

***

Ich mag es, wenn der Gatte meinen Rollstuhl durch den Park schiebt. Es ist grün. Und ruhig. Und friedlich. Da! Ein Eichhörnchen!

Kapitel 22

Wie ich langsam Licht am Horizont sehe

Gestern ist etwas passiert. Es war zuerst nur so ein diffuses Gefühl. »Irgendetwas ist hier anders«, dachte ich mir. »Irgendetwas hat sich verändert.« Ich konnte es minutenlang nicht wirklich in Worte fassen, es war etwas ganz Neues, Ungewohntes. Ich griff mir an die Stirn, ich kontrollierte meine Lottoscheine, ich stellte mich auf die Waage – alles beim Alten.

Dann plötzlich wurde mir klar, was geschehen war: Kochen hatte mir zum ersten Mal Spaß gemacht! Nach Monaten der Anspannung, jedes Mal, wenn ich einen Kochlöffel in die Hand nahm, nach wochenlangen psychosomatischen Ausschlägen bei der Berührung von Kochbüchern, nach unzähligen zögerlichen ersten Bissen, die darüber entschieden, ob der Tellerinhalt im Magen oder in der Tonne landen würde, nach all dieser Zeit, in der das Betreten der Küche jedes Mal ein ähnliches Gefühl auslöste wie das Betreten meiner Zahnarztpraxis, stellte sich endlich ein Gefühl der Leichtigkeit ein. Und plötzlich klappt's!

Vor ein paar Wochen hatte ich eine Feigentarte gemacht, streng nach Rezept, die viel zu süß, intensiv, fast klebrig geworden war. Man sollte nämlich die Feigen vor dem Backen gut andünsten, vermutlich, damit sie Saft verlieren und einem nicht die ganze Tarte durchweichen. Damals hatte ich die Idee, Rosmarin-Schlagsahne dazu zu reichen. Also jetzt nicht simpel Schlagsahne und da vielleicht ein bisschen gehackten Rosmarin hinein, *mais non!* Mein Plan war, Sahne mit Rosmarin aufzukochen, ein wenig ziehen zu lassen, sie durch ein Sieb zu gießen, wieder abzukühlen und danach steif zu schlagen. Ich will mich ja nicht selbst loben, aber das hatte ich zuvor noch nirgends gelesen. Der einzige Unsicherheitsfaktor: Wird aufgekochte Sahne überhaupt noch steif? Was soll ich sagen? Es funktionierte! Ich hatte meine Schlagsahne mit Rosmarin-Aroma!

Die muss ich mir jetzt nur noch patentieren lassen. Und jeder, der mir einreden will, dass schon jemand anderer diese Idee vor mir hatte, wird auf der Stelle entfreundet.

Wenn ich es recht bedenke, habe ich in den vergangenen Wochen tatsächlich immer öfter etwas Essbares produziert. Beim Linsengericht aus Stevan Pauls wunderbarem Buch *Schlaraffenland* kam der Gatte aus dem Schwärmen nicht mehr heraus und wollte es in der Woche darauf gleich noch einmal. Und siehe da: Es gelang sogar beim zweiten Mal!

Kurz danach habe ich nach *Arthurs Tochter kocht* und gegen all meine Skepsis einen Lachs mit Basilikum, Schnittlauch, Vanillezucker (!) und Gin (!!) mariniert, der es beinahe nicht mehr in den Ofen geschafft, geschweige denn für die drei Tage gereicht hätte, für die er eigentlich geplant war. Man kennt ja meine Schwierigkeiten mit Astrid Pauls manchmal ein bisschen freestyliger Art, Kochanleitungen zu formulieren, die ich dann gern etwas zu wörtlich nehme. Auch diesmal hat sie nur von einem »aufs Schändlichste geräuberten Schnittlauchtopf« und einem ebensolchen Basilikumstrauch geschrieben, von Salz und »noch mehr Salz«, sowie Gin und »noch ein bisschen mehr Gin«.

Wenn ich daran zurückdenke, wie ich solche Angaben früher, also zu der Zeit, als ich noch nicht kochen konnte, interpretiert hätte, wird mir heute ganz flau. Den Vanillezucker hätte ich gleich einmal weggelassen, weil Lachs und Vanille ja wohl niemandes Ernst sein kann. Dafür wäre der Fisch vom Gin nicht leicht angesäuselt gewesen, sondern darin ersoffen, und vom Salz möchte ich jetzt gar nicht sprechen.

Gerade erinnere ich mich an meinen Versuch, Soleier zu machen. Sie waren versalzen.

Einerseits bin ich vorsichtiger geworden. Wenn ich heute ein Gericht mit Kreuzkümmel würze, erkennt man, dass darunter noch ein Chili con carne versteckt ist. Andererseits gehe ich manche Dinge mutiger an. Ich reagiere nicht mehr hysterisch, wenn das Karamell zu stinken beginnt, sondern ziehe den Topf vom Feuer, weil es fertig ist. Ich versuche nicht mehr, Jakobsmuscheln nach den ersten 20 Sekunden gleich wieder vom Pfannenboden zu stemmen, sondern bezähme mich, bis sie eine leckere Kruste entwickelt haben. (Hierbei hat mir die Technik »sich auf die eigenen Hände setzen« sehr geholfen. Ich arbeite auch noch an Handschellen mit einem Zeitschloss.)

Wenn ich Fleisch anbrate, dann wirklich, bis es rundherum eine ausreichend dunkle Bräunung hat. Und seit ich begriffen habe, dass man ohne Fett nicht anbraten sollte, muss ich auch viel seltener verkohlte Teile wegschneiden. Teflonpfannen gut und schön, aber manchmal haften sie doch.

Auf diese Weise habe ich vor Kurzem ein wunderbares Roastbeef serviert, das erst einen halben Tag lang gemeinsam mit Knoblauch, Rosmarin und Sojasauce in einen Tiefkühlbeutel kam, dann bei 80 Grad in den Ofen, und zu guter Letzt rundum angebraten wurde. Dann durfte es noch ausreichend ruhen, bis die Kartoffeln endlich gar waren. Denn just an diesem Abend war es mir zum ersten Mal in meiner Kochkarriere gelungen, Kartoffeln nicht zu Matsch zu kochen.

Was just an diesem Abend kein Problem gewesen wäre, weil ich ohnehin Püree machen wollte.

Früher, als es den Gatten noch nicht gab und ich mich selbst ernähren musste, hatte ich hin und wieder kurze Anfälle, während derer ich plötzlich beschloss: »Heute kochst du einmal etwas Richtiges, etwas Aufwendiges, etwas aus diesem dicken Kochbuch, etwas, wofür man mehr als einen Topf benutzen muss!« Dann schlug ich das dicke Kochbuch auf, blätterte es durch, blieb bei einem Bratenrezept hängen, zückte Stift und Einkaufszettel und begann zu notieren:

- *Koriander? Wo bekommt man DAS denn? Na, kann man sicher weglassen.*
- *Sellerie. Mag ich nicht. Lass ich auch weg.*
- *Puh, vorher einen Fond zum Aufgießen machen? Ist mir zu mühsam.*
- *Bier muss da auch rein? Ich hasse Bier.*
- *Wacholderbeeren... Soll ich jetzt extra Wacholderbeeren kaufen, die ich danach nie wieder brauche? Dann sieht es in meinem Vorratsschrank bald aus wie bei meiner Mutter, wo die Worcestersauce noch in Kurrent beschriftet ist.*

Und so weiter und so fort. Bis schlussendlich »ein halbes Kilo Rindsschulter« auf der Einkaufsliste stand. Und sonst nix. Heute hingegen schrecke ich nicht einmal vor Zutatenlisten zurück, die länger sind als meine SMS-Rechnung. Vor wenigen Tagen habe ich ein Lammcurry gekocht, für das die Liste wie folgt aussah:

1 EL Fenchelsamen, geröstet
2 EL Kreuzkümmelsamen, geröstet
1 EL Bockshornklee, geröstet
10 Gewürznelken
2 Sternanis, ganz
3 Kardamomkapseln
3 Kaffirlimettenblätter, frisch
1 EL getrocknete, zerbröselte Chilis
1/2 TL Muskatnuss, frisch gemahlen
2 TL Kurkuma
1/3 Tasse Olivenöl
2 Tassen Schalotten oder Zwiebeln, in dünne Ringe geschnitten
4 Knoblauchzehen, in dünne Scheiben geschnitten
1/2 Zimtstange
1/2 Tasse Ingwer, kleingehackt
3 Tassen Tomaten, geschält und kleingeschnitten
2 EL Meersalz
8 Korianderstängel, fein gehackt
1 Stück Orangenschale, 13 cm lang
1 Stück Zitronenschale, 13 cm lang
1/4 Tasse Orangensaft, frisch gepresst
2 EL Zitronensaft, frisch gepresst
1 EL Limettensaft, frisch gepresst
1,5 Tassen Ananassaft
1 Kilogramm Lammschulter

Überraschenderweise war dies kein Rezept von Jamie Oliver, der ja auch gern zweiseitige Zutatenlisten schreibt: »3 Erdnüsse, 1 Spritzer Fischsauce, 2 kg Kräuter, 0,36 g Pfeffer.« Doch was tut man nicht alles, wenn einem dafür ein Curry versprochen wird, das vor Aromen angeblich nur so explodiert.

Allein die Vorbereitung aller Zutaten, mein *mise en place*, wie ich Profi mittlerweile nur noch sage, hat bei mir gestoppte 70 Minuten gedauert. Dann kam das langsame Anschwitzen der Zwiebeln dazu, dann das kurze Mitrösten der Gewürze, dann das Aufgießen mit den Tomaten, dann das Einkochen, dann das Aufgießen mit den Säften, dann das Anbraten des Lammfleisches (locker 30 Minuten) – und *dann* konnte das Curry endlich in den Ofen!

Es wurde wieder einmal ein spätes Abendessen, obwohl ich die angegebene Vorbereitungszeit ohnehin schon verdoppelt hatte: von 20 auf 40 Minuten. Das Curry kam gerade richtig zu den *Tagesthemen* auf den Tisch. Dem Gatten mundete es zwar ausgezeichnet, aber mir war es etwas zu scharf, etwas zu zitruslastig – und ich konnte ums Verrecken nicht den halben Teelöffel Muskatnuss herausschmecken, den ich im Schweiße meines Angesichts gerieben hatte. Geschweige denn die drei Kardamomkapseln. Gar nicht erst zu reden vom Lammfleisch. Das war zwar wunderbar weich (wenig überraschend bei einer Kochzeit von drei Stunden), kam aber in all den Aromen überhaupt nicht mehr zur Geltung. Sollte ich dieses Rezept jemals wieder machen, spare ich die Kohle für das Lamm und nehme stattdessen Reiswaffeln.

Vor wenigen Jahren wäre ich noch zu faul gewesen, überhaupt das Haus zu verlassen, falls mir für ein Rezept eine Zutat gefehlt hat. »Das wird schon keinen so großen Unterschied machen«, pflegte ich mir zu denken. Mittlerweile hat mich der Ehrgeiz gepackt, selbst die ungewöhnlichsten Dinge aufzustöbern. Vergangene Woche habe ich einen halben Tag im Internet recherchiert, um eine Quelle für Weinstein zu finden, der im *TimeLife*-Kochbuch für Soufflés vorgeschrieben wird. Ich habe es nicht gefunden, die Soufflés sind zusammengefallen, der fehlende Weinstein war schuld. Sag ich jetzt mal so.

Als ich das Hainan-Huhn aus dem Kochblog von Frau Ziii zum ersten Mal nachgekocht habe, bin ich das gesamte Arrondissement auf der Suche nach Pandanblättern abmarschiert. Ich war in jeder Epicerie und an jedem Marktstand, um Pimentón de la Vera zu finden, ein geräuchertes Paprikapulver aus Spanien, ohne das man laut Internet-Kochwelt die Küche erst gar nicht mehr betreten sollte.

Und als ich vor einiger Zeit im »*Tschebull*«, einem unserer Hamburger Lieblingsrestaurants, auf meinem Teller mit der Existenz von Eiskraut konfrontiert worden war, einer Pflanze mit dicken, knackigen Blättern, die immer aussehen, als seien sie mit Tauwasser benetzt, habe ich es daraufhin sofort auf dem Balkon angepflanzt. Gemeinsam mit Orangenthymian, Salbei, Kerbel, Rucola und zwei verschiedenen Erdbeersorten.

Ich kaufe Zutaten, sobald ich ein Rezept auch nur gelesen habe. Im Küchenregal steht nun schon seit Monaten eine Dose Kondensmilch, weil ich irgendwann einmal das Schokoeis von David Lebovitz machen wollte.

Machen will.

Machen werde.

Gleich daneben stehen Bonitoflocken, weil ich gelesen habe, dass man daraus... dass man damit... ich glaube, es hatte etwas mit Suppe zu tun.

Im Regal darunter lagern seit unbestimmter Zeit zwei Gläser Zwetschkenröster (Zwetschgenkompott), die ich aus Wien importiert habe, weil Conni und Matthias mal von mir zubereiteten Kaiserschmarrn essen wollten. Ich werde mich wohl vor unserem Umzug zurück nach Deutschland von ihnen trennen. Sie sind im Dezember abgelaufen.

Dezember 2010. (Meine Mutter wäre so stolz auf mich.)

Ich weiß auch immer öfter, wann ich etwas falsch gemacht habe und wann nicht. Es gilt selbstverständlich nach wie vor, dass ich nie etwas falsch mache. Aber retrospektiv gesehen kann ich heute doch das eine oder andere kleine Fehlerchen zugeben. So viel Größe muss man einfach haben.

Auch meine Gewürzfixierungen dauern immer kürzer an. Nachdem ich mich an den Geschmack von Schweißfüßen gewöhnt hatte, an den mich Kreuzkümmel erinnert, hat bei mir rund drei Monate lang alles nach Kreuzkümmel geschmeckt. Danach kam die Pimentón-de-la-Vera-Phase, die allerdings vom Gatten radikal und etwas unfreundlich abgekürzt wurde. Seine genauen Worte waren, wenn ich mich recht erinnere: »Blärch!«

Derzeit bin ich auf Piment d'Espelette, eine Chili-Variante aus dem Baskenland, mit der in Frankreich so gut wie alles gewürzt wird. Und mein neuester Geheimtrick ist geriebene Limettenschale. Ab sofort kommt die bei mir überall drauf. Und ich meine: überall.

Ich stelle überraschende Talente an mir fest. Ich habe überhaupt keine Probleme, Zucker zu Karamell zu kochen. Mehr noch, ich bin geradezu erstaunt, dass dies für viele Kochkollegen ein ewiger Angstgegner ist, dem mit Handlungsanweisungen nicht unter zwei Seiten begegnet wird. Man dürfe nicht umrühren, man müsse Zuckerkristalle mit einem nassen Pinsel von den Topfwänden, streichen, man sollte nicht bei feuchtem Wetter Karamell kochen – und so weiter. Ich rühre meinen Zucker um, ich streiche sicher nichts von den Topfwänden, und mir ist das Wetter egal. Meinem Karamell ebenfalls. Mir ist auch noch kein Karamell verbrannt, was in deutschen Küchen offensichtlich stündlich geschieht. Hin und wieder wird er zu dunkel, weil ich entweder nicht aufgepasst oder ihn zu zögerlich von der Herdplatte genommen habe. Das ist alles.

Ich habe sogar schon Karamelleis mit fleur de sel gemacht. Mittlerweile bin ich einigermaßen routiniert darin,

Karamellbonbons herzustellen, die wir in Österreich nicht umsonst Plombenzieher nennen. Zwei Füllungen sind ihnen in meiner Familie bereits zum Opfer gefallen. Ich habe jetzt übrigens eine höhere Haftpflichtversicherung.

Genauso wenig habe ich Probleme mit Mayonnaise. Sogar der Gatte bekommt seine nicht immer auf Anhieb hin. Meine Mayo habe ich bei *Le Cordon Bleu* gelernt, jener Kochschule, in der Julia Child während ihrer Pariser Jahre kochen gelernt hat. Ich kann hiermit beruhigen, dass es die unsympathische Direktorin dort nicht mehr gibt und dass die meisten Kurse auch in Englisch gehalten werden.

Die Mayo-Lektion ist Bestandteil des Saucenkochkurses bei *Le Cordon Bleu*. Den hatte ich noch mitten in meiner Hühner-Verzweiflung gebucht mit dem Ziel, mein ewig zu trockenes Geflügel etwas genießbarer machen zu können.

In diesem Kurs wurde ich zum Mayo-Fan. Unser Lehrer, Chef Frédéric Lesourd, forderte uns auf, einfach ein bisschen mit dem Grundrezept herumzuexperimentieren. Was bei mir normalerweise im Ausguss endet, wurde diesmal eine frische Limetten-Mayonnaise. Mit ein wenig Tomaten- und Worcestersauce sowie Limettensaft und Koriander wurde eine Cocktailsauce daraus, man konnte aber auch einfach klein geschnittenen Knoblauch hineinrühren, Kapern, Schnittlauch – alles!

Wir lernten aber auch die ganzen Klassiker von der Sauce béarnaise, der bordelaise über die Sauce hollandaise bis zur extrem einreduzierten Fleischjus. Unser bunter Haufen kam aus den USA, Australien, Deutschland und selbstverständlich Frankreich. Ich war diejenige, die sich, als sie das sauscharf geschliffene *Cordon-bleu*-Messer zum ersten Mal anfasste, prompt in den Finger schnitt. Dafür jammerte die Amerikanerin neben mir, weil ihr die Finger wehtaten. Sie hatte sich vor ihrer Abreise extra für den Kochkurs ihre künstlichen Fingernägel abnehmen lassen. Da bleibe ich doch lieber bei der Selbstverstümmelung.

Auch von *Le Cordon Bleu* wurden wir mit reicher Beute, darunter einer Orangensauce für die gebratene Entenbrust, nach Hause geschickt. Und mit einem sehr offiziell aussehenden Zertifikat, das ich mir an die Küchenwand hängen werde, wenn wir wieder zurück in Hamburg sind.

Ich werde in der Küche, trotz regelmäßiger Fehlschläge, immer sicherer. Unlängst habe ich Reisrollen mit einer Freestyle-Marinade gemacht. Wenn der Gatte früher vorgeschlagen hat, ich solle doch eine Salatmarinade rühren, stand ich meist mit peinlichem Grinsen, verknoteten Fingern und einem debilen »Äh« auf den Lippen da. Jetzt jongliere ich mit Mirin, Reisessig, geriebenem Knoblauch, geriebenem Ingwer, Sojasauce, Zitronenzesten, Limettensaft, Orangensaft, Spiritusreiniger – was eben in einer normalen Küche so herumsteht.

Es wurden recht wüst marinierte Reisrollen mit Karottenjulienne (die ich vorher selbstverständlich blanchiert hatte – was bin ich, eine Anfängerin?), Zucchinisticks und gegrillten Auberginen. Was soll ich sagen? Man konnte das essen!

Ich beginne, Gnocchi zu lieben, das einzige Gericht, das selbst Bescheid gibt, wenn es fertig ist. Gnocchi steigen dann an die Oberfläche des Kochwassers und sagen »Plopp!«. Sie werden zwar selten Schönheiten, sondern ähneln oft eher Spätzle, aber bei uns isst das Auge ohnehin meistens nicht mit, weil es fernsieht.

Weil ich mich nach wie vor von Kochblogs beeinflussen lasse, wage ich mich sogar an Muscheln. Unser Fischhändler bietet sie in allen möglichen Varianten an, worauf ich mich mit meiner Anfangsbuchstaben-Legasthenie gleich wieder zwischen »pétoncles« (kleinen Pilgermuscheln) und »palourdes« (Venusmuscheln) vertue und Letztere nehme. Gerade noch rechtzeitig lese ich, dass diese Muscheln oft sehr viel Sand enthalten und lege sie also ein paar Stunden in kaltes Wasser. Als sie dort kein Körnchen hinterlassen, denke ich mir, dass sie wohl schon entsandet sein werden.

Muscheln sind, ich korrigiere mich, das zweite Lebensmittel, das von selbst bekannt gibt, wenn es fertig ist. Man legt sie so lange in den heißen Ofen, bis sie aufgegangen sind. Fertig!

Sicherheitshalber haben wir die ausgelösten Venusmuscheln trotzdem noch gründlich unter fließendem Wasser abgewaschen. Das war übrigens der Moment, in dem ich dem Gatten die nicht unwesentliche Frage stellte: »Sag, mag ich überhaupt Muscheln?«

Geholfen hat leider alles nichts. Der Gatte hat beim Essen mehr mit den Zähnen geknirscht als ich bei Sendungen mit Markus Lanz. Dafür kann er sich die nächste Zahnreinigung sparen.

Trotzdem bilde ich mir ein, dass er seit ein paar Wochen immer weniger Dienstreisen in die französische Provinz unternimmt. Ich hatte schon begonnen, misstrauisch zu werden. Nicht, dass er sich irgendwo eine kleine Französin gefunden hätte, das wäre ja noch harmlos gewesen! Mein Verdacht war eher, dass er nur deshalb so viel herumreist, um meiner Kocherei zu entgehen. Doch er betont immer wieder, dass man auch in Frankreich problemlos schlecht essen kann und dass er sich dann gleich wieder wie zu Hause fühlt.

Doch gestern war es endlich so weit. Ich habe es geschafft, den Gatten erstmals dazu zu bringen, all seine motivierende Höflichkeit fahren zu lassen. Er musste sich sogar den Mund ausspülen. Ich hatte gerade meine Baiser-Phase. In unserem Gefrierschrank lagerten ja noch größere Mengen an Eiklar, die von der Schokopuddingproduktion übrig geblieben waren. Die wollte ich endlich verarbeiten. Und ich hatte eine geniale Idee: salzige Baisers. Die könnte man wunderbar bei unserer nächsten Soirée zum Aperitif reichen.

Ich weiß mittlerweile, dass Eiklar mit Zucker aufgeschlagen werden muss, um die für Baisers nötige Standfestigkeit zu bekommen. Ich versuchte, wenig Zucker zu nehmen und diesen dann mit drei Gewürzen zu »übertünchen«: mit geräuchertem Paprika, Curry (weil Curries doch auch oft eine süße Note haben) sowie Piment d'Espelette. Das erste Problem war, dass die Teile durch das Einrühren der Gewürze prompt ihre Stehkraft verloren und flach wie Weihnachtskekse wurden. Das zweite, dass doch zu viel Zucker im Eischnee war. Das dritte, dass sie dadurch viel zu süß und schlicht ungenießbar waren. Das vierte Problem war, dass ich dem Gatten, als er nach einer Curry-Meringue bereits zu würgen begann, einredete: »Versuch aber einmal das mit Piment d'Espelette! Ich finde, das geht noch!«

Er gönnte sich einen doppelten Whiskey als Ausgleich und sprach für den Rest des Abends kein Wort mehr mit mir. Am nächsten Tag flatterte mir der Newsletter unseres Sushilieferanten in die Mailbox. Jetzt im Angebot: Nutella-Maki.

Aber *ich* bin hier die Perverse!

Kapitel 23

Wie ich mit Freud Brot backen lerne

Noch bevor wir nach Paris zogen, waren der Gatte und ich uns einig, dass wir nicht zu jenen Expats gehören wollten, die sich, wo auch immer sie sind, ihr Zuhause nachbauen: deutsche Wurst, deutsches Bier, deutsche Freunde. Zugegeben, wir spielten kurz mit dem Gedanken, auf dem Balkon eine Hamburger und eine Wiener Flagge zu hissen – oder zumindest eine vom HSV und vom FC St. Pauli. Das wäre aber selbstverständlich *total* ironisch gewesen.

Manches wäre viel einfacher geworden. Wir hätten unsere Freizeit hier ausschließlich in einer deutschsprachigen Blase verbringen können, ohne jegliche Sprachprobleme (außer den üblichen zwischen Österreichern und Deutschen), dafür mit dem immer gültigen Gesprächsthema »Französische Handwerker sind die schlimmsten«. Damit kommt man locker über drei bis fünf Jahre.

Wir wären allerdings nach Deutschland zurückgekommen und hätten keine Ahnung gehabt, wie Frankreich und die Franzosen so sind.

»Und? Habt ihr französische Freunde gefunden?«

»Hm … der Gemüsehändler war immer recht freundlich zu uns, meinst du das?«

Wir haben unseren Plan einigermaßen zielstrebig verfolgt. Bis auf einzelne Ausnahmen. Ich bin gerade schwach geworden und habe, nach zweieinhalb Jahren, wieder eine halbe Lkw-Ladung deutsches Müsli bestellt. Lange Zeit haben wir es mit dem, was man hier im Supermarkt so unter »Müsli« versteht, ausgehalten. Aber der letzte längere Hamburg-Besuch ließ mich wieder rückfällig werden. In den Pariser Supermärkten findet man entweder US-Industrieware, immerhin ohne Zuckerzusatz, oder aber »Bio«-Müsli, auf das man allerdings augenblicklich Diabetes bekommt. Ich gestehe, nicht auch noch das Angebot in den Bioläden durchgekostet zu haben, ich will mir ja hin und wieder auch noch etwas zum Anziehen kaufen können.

Das andere – und weit größere – Problem ist Brot. Der Gatte könnte den ganzen Tag lang Baguette essen. In der Früh als Tartine, was nichts anderes ist als ein der Länge nach aufgeschlitztes Baguette mit irgendwas drauf. Zu Mittag als Sandwich (auf Französisch: Sondwietsch), am Abend zum Käse. »Wird dir das nicht langsam fad?«, frage ich ihn eines Tages, als ich ihm sein täglich Baguette mitbringe. »Im Gegenteil«, antwortet er, »ich könnte mich daran blöd fressen.«

Wir sind uns in fast allen Weltfragen einig. Nur das Baguette wird ewig zwischen uns stehen.

Und Freejazz.

Und Cognac.

Und der HSV.

Mir hängt Baguette spätestens seit unserem dritten Tag hier schon sonstwo raus. Ich dürste geradezu nach einem saftigen dunklen Brot, dessen Kruste einem nicht den Gaumen aufschlitzt. Bei jedem Heimatbesuch gehe ich zum nächsten guten Bäcker und kaufe mir ein Kürbiskernbrot.

Die ersten drei Scheiben esse ich noch pur. Der einzige Belag, der in Frage kommt, ist eine weitere Scheibe. Das hilft gegen die schlimmsten Entzugserscheinungen. Bei der Rückreise wird der halbe Koffer mit Brot aufgefüllt. Die andere Hälfte belegen schon die Kaffee-Großpackungen. Das hatte ich vielleicht zu erwähnen vergessen: Wir importieren auch Kaffee aus Deutschland. Und wer uns jetzt doch für deutsche Wohnwagenfahrer hält, die auf jedem Campingplatz erst einmal ihr mitgebrachtes deutsches Bier auspacken, der hat in Paris noch keinen Kaffee getrunken.

Die Spezialität dieser Stadt, in der es zum guten Ton gehört, den Großteil des Tages im Café zu verbringen, ist nämlich ein scharfes, säuerliches Getränk, das mit Kaffee eigentlich nur die Farbe gemein hat. Die Franzosen sind auf das Zeug eingetrunken, weil sie in früheren Zeiten die qualitativ minderwertigen Robusta-Bohnen günstig aus ihren Kolonien geliefert bekamen. Erst seit hier die amerikanischen Kaffeeketten um sich greifen, hat ein sachter Erkenntnisprozess begonnen, dass Kaffee nicht zwangsläufig die Speiseröhre wegätzen muss.

Gute Kaffeebohnen findet man hier vor allem in Spezialitätengeschäften, zu einem speziellen Preis. Deshalb laden wir bei jedem Deutschlandbesuch die Großpackungen ins Gepäck. Bezogen auf den Kaffeeverbrauch mancher Mitglieder dieses Haushalts haben wir so meistens schon das halbe Flugticket wieder hereingeholt. Kaufe ich auch noch Shampoos, Duschgels und Ähnliches, fliegen wir bereits so gut wie umsonst. Warum ein und dasselbe Haarpflegeprodukt in Frankreich das Dreifache des deutschen Preises kostet, konnte mir noch niemand erklären.

Ich könnte jetzt sagen, dass ich ganz Paris nach anständigem Brot abgesucht hätte. Das wäre sehr pariserisch gewesen, weil man hier gern die halbe Stadt durchquert, um *richtig gutes* Brot zu kaufen. Immerhin habe ich zu Beginn unseres Aufenthaltes jede Bäckerei, an der ich vorbeigekommen bin, danach abgeklappert. Das Einzige, was ich auf meine Frage nach dunklem Brot bekommen habe, waren verständnislose Blicke. Wenn ich dann zur Sicherheit auf »pain noir« (schwarzes Brot) erhöht habe, damit wirklich klar ist, was ich will, wurde mir meistens ein »pain aux noix« (Nussbrot) angeboten.

Unter dunklem Brot verstehen die Franzosen offenbar eines, das zu lange im Backofen war.

Dabei haben die guten Bäckereien eine wirklich große Auswahl an unterschiedlichen Brotsorten. Doch die meisten davon haben von Roggenmehl noch nie etwas gehört oder sind so fluffig gebacken, dass man einen ganzen Laib auf zwei Zentimeter Höhe zusammenpressen kann. Oft kaufte ich voller Vorfreude ein *pain de campagne,* das von außen tatsächlich wie ein gutes, altes Landbrot aussah, nur um zu Hause nach dem Aufschneiden wieder enttäuscht vor einem reinen Weizenbrot zu stehen. Eine Zeit lang dachten wir, das Nussbrot von den entzückenden Bäckermädels um die Ecke wäre es endlich. Bis sie offensichtlich den Nusslieferanten wechselten und man seither in jedem Laib auf mindestens ein Stück Nussschale beißt. Ich habe es nicht übers Herz gebracht, sie darauf hinzuweisen. Sie sind einfach zu reizend.

In meiner Verzweiflung fragte ich irgendwann sogar den Hamburger Bäcker nach seinem Rezept. Man bot mir freundlicherweise an, mir eine Palette halb fertiger Brote zu schicken, die ich dann in dem begehbaren Gefrierschrank, den man im Ausland offensichtlich in jeder Pariser Wohnung vermutet, lagern könnte.

Eines Tages jedoch dachte ich, meine Gebete seien endlich erhört worden. Der Gatte und ich gönnten uns zu einem besonderen Anlass die Lebensmittelabteilung des Luxuskaufhauses *Lafayette*, wo man viel Geld für italienischen Prosciutto, handgestreichelte Aprikosen und frische Austern mit einem Glas Champagner ausgeben kann. Als ich in einer Vitrine ein richtiges, echtes Kürbiskernbrot entdecke, zupfe ich den Gatten aufgeregt am Ärmel und springe auf und ab: »Da! Kürbiskernbrot! Kürbiskernbrot!« Er tätschelt mir besänftigend den Arm, blickt peinlich berührt um sich und sagt, um mich schnell ruhigzustellen: »Ja, darfst dir eines kaufen. Dann gibt's aber heute keine Schokolade mehr!«

Ich gehe zur Vitrine, sehe das Brot liebevoll an und wische dabei mit dem Ärmel die angesabberte Glasscheibe wieder trocken. Da schießen mir Tränen in die Augen. Der Gatte bemerkt, dass ich nicht mehr springe und folgt meinem fassungslosen Blick: Das Brot kostet acht Euro.

Wohlan, dann muss ich also auch noch mein Brot selbst backen. Das haben schließlich auch andere vor mir bereits geschafft. Ich will ein dunkles Brot mit einem möglichst hohen Anteil an Roggenmehl. Das, was man in Wien in jedem Wirtshaus zu Semmerl und Salzstangerl ins Brotkörberl bekommt. Ich finde bei *chefkoch.de* ein passendes Rezept, das allerdings Sauerteig benötigt. Roggenmehl, so lerne ich, reagiert nämlich nicht auf Hefe als Treibmittel. Zicke. Der Bio-Supermarkt führt Trockensauerteig, was für mich das Gleiche ist wie Trockenhefe. Das wird ja wohl funktionieren.

Mein erstes Roggenbrot verhält sich schon vor dem Backen mehr als auffällig. Es ufert aus, im wahrsten Sinne des Wortes. Der Teig füllt beim ersten Gehenlassen die Rührschüssel bis an den Rand, worauf ich ihn in zwei Kastenformen umfülle. Flüssig genug ist er leider. Dort breitet er sich weiter aus, sodass ich schon erste Visionen von dem alles unter sich begrabenden Brei aus dem Schlaraffenland habe.

Ich schiebe die beiden Gebilde in den Ofen und hoffe, dass die Hitze alles tötet, was in diesem Teig noch lebt.

Mein erstes Brot beißt sich wie Gummi. In der Hoffnung auf ein möglichst saftiges Brot habe ich es mit dem Flüssigkeitsanteil offensichtlich etwas zu gut gemeint. Es ist zwar saftig, fühlt sich aber irgendwie eher wie ein feuchter Schwamm an. Ich bin überrascht, dass es nicht an den Zähnen quietscht.

Meine nächsten Brotbackversuche sind ebenfalls durchwachsen. Der nächste Teig ist wieder etwas zu flüssig, sodass er beim Backen auseinanderläuft. Was ich aus dem Ofen ziehe, wäre das perfekte Gebäck für jede Diskuswerfer-Konferenz und könnte danach noch eine Zweitkarriere als Frisbee starten. Ein anderer Versuch scheitert wieder einmal daran, dass ich alle Zutaten halbiert habe – bis auf das Wasser. Das konnte nicht einmal ich essen.

Ich backe Kürbiskernbrötchen, mit denen man Nägel einschlagen kann. Und unzählige Brote, für die »hermetisch« die einzig passende Bezeichnung ist. Der Vorteil: Man ist nach einer Scheibe satt.

Irgendwann stolpere ich über eine Anleitung, wie man seinen eigenen Sauerteig herstellt. Was für mich bis zu diesem Zeitpunkt eine geheimnisumwobene Technik für Menschen mit zu viel Tagesfreizeit war, stellt sich als völlig harmlos heraus. Man braucht lediglich ein wenig Selbstorganisation sowie einen guten Kalender.

Sauerteig entsteht von selbst, wenn man Mehl und Wasser zu gleichen Teilen mischt und einfach bei Zimmertemperatur stehen lässt. Im Mehl und in der Luft sind genügend Kleinstlebewesen vorhanden, die den Brei versäuern und »verhefen«. Diese Mikroorganismen dienen in weiterer Folge als Triebmittel für den Brotteig.

Im Prinzip ist das Züchten eines Sauerteigs eine Frage

von fünf Tagen. Man rührt Mehl und Wasser zusammen, stellt es warm und »füttert« den Brei (je nach Anleitung) jeden Tag mit weiterem Mehl, das man wieder mit ebenso viel Wasser glattrührt. Nach fünf Tagen sollte der Sauerteig eindeutig Blasen schlagen und säuerlich riechen. Wenn er allerdings eine eigenartige Farbe (rot, blau, grün oder schwarz) bekommt oder ihm sogar Haare wachsen, ist das Projekt missglückt.

Eine weitere Regel schreibt vor, dem Sauerteigansatz einen Namen zu geben. Die Älteren unter uns kennen dies aus den Zeiten, als Joghurt- oder Kefirpilze von Wohngemeinschaft zu Wohngemeinschaft weitergegeben wurden. Die hießen dann immer Hermann. Bei Sauerteigen scheint sich Fridolin eingebürgert zu haben, weshalb meiner folgerichtig Freud heißt. Die Rechtschreibkorrektur meines iPod, in den ich mir sorgfältig die Fütterungszeiten eingetragen hatte, war offensichtlich gegen Fridolin.

Freud lebt nun schon seit vielen Monaten in unserem Kühlschrank. Alle ein bis zwei Wochen muss er ran. Ein oder zwei Esslöffel Freud werden dann mit bis zu 250 Gramm Mehl vermischt und kommen für 16 Stunden ins Backrohr. Bekanntlich hat unser Rohr keine große Geduld und schaltet sich nach vier Stunden immer eigenwillig ab. Doch Freud ist nach seinen Wochen im Kühlschrank genügsam geworden und freut sich, wenn wenigstens das Ofenlämpchen an ist. Damit ist es kuschelig genug für ihn.

Nach den 16 Stunden ist das Mehl versäuert, sprich: zu einem ausgewachsenen Sauerteig geworden, mit dem gebacken werden kann. Bis hierhin geht der einfache Teil der Brotproduktion.

Im Zuge meiner Bäckerinnenlaufbahn habe ich viel gelernt, unter anderem ein komplett neues Vokabular. Der fertige Brotteig wird nach einer ersten Ruhezeit »gewirkt«, worunter man eine ausgeklügelte Hand-Choreografie des

Zusammenfaltens und Drehens versteht, damit der Laib im Ofen die Form behält. Danach folgt die »Gare«, während der das Brot aufgehen soll. Wie lange die dauert, ist das große Geheimnis und eine Frage von Erfahrung. »Untergare« (zu kurz) ist nicht gut, »Obergare« (zu lang) ebenso wenig. Wenn man die zwei Zehntelsekunden erwischt hat, in denen das Brot den richtigen Garzustand erreicht hat, kann es »eingeschossen« werden. Das heißt, man schiebt es unter Einhaltung eines genauen Ablaufplans in den Ofen.

1. Ofen und Backbleck müssen vorgeheizt sein, vor allem dann, wenn man sich die Anschaffung eines Backsteins noch nicht wirklich schönreden konnte.
2. Man sprühe mit der Blumenspritze ein paar Mal in den Ofen, auf Deutsch: Man »schwadet«.
3. Man lege den fertig gewirkten und gegarten Laib auf ein Stück Backpapier auf einem ausreichend großen Schneidebrett und schneide ihn mit einem Stanleymesser ein, das ausschließlich Backzwecken gewidmet ist.
4. Man lasse das Brot mitsamt dem Papier vom Brett auf das Backblech gleiten, damit Letzteres möglichst heiß bleibt. Dabei bete man, dass das Brot nicht zu weit rutscht und man am nächsten Tag verkohlten Brotteig von der Ofenrückseite kratzen darf.
5. Man sprühe noch ein paar Mal.

Brotbacken ist etwas, das meine Mutter definitiv als »Patzerei« bezeichnen würde. Vor allem meine geliebten Roggenteige kleben an den Fingern wie Hundekacke am Schuh. Nach den ersten Versuchen bin ich dazu übergegangen, den Teig nur noch mit Latexhandschuhen anzufassen. Das spart mir seither an jedem Backtag eine halbe Stunde Teig-von-den-Händen-Kratzen. (Die Könner werden jetzt sagen, ich müsse mir nur die Hände ausreichend bemehlen. Aber irgendwie muss ich mich ja von den Könnern unterscheiden.)

Im Prinzip ist es recht simpel. Und ich würde ja auch gern meinen üblichen Spruch anbringen: »Wenn ich das kann, dann kann es jeder.« Allerdings ist die Startseite meines Browsers nicht umsonst seit Wochen *www.der-sauerteig.com*. Mein Wissen über das Brotbacken beträgt mittlerweile optimistisch betrachtet 0,5 Prozent, dort findet man die übrigen 99,5. Die doofsten Fragen im Forum sind übrigens meine.

Das Gute am Brotbacken ist: Man kann die meisten Fehlschläge auf die Launenhaftigkeit der Hefen im Sauerteig schieben. Die reagierten sogar auf das Wetter, habe ich vor Kurzem von einem Bäcker gelernt. Es war also nicht ich, die das Brot zu kurz gehen hat lassen, sondern es waren die Hefen, denen das Wetter heute zu feucht war. Nicht ich habe zu viel Wasser verwendet, sondern die Hefen hatten Migräne vom Föhn.

Zugegeben, es ist einfacher, sich sein Brot in einer Bäckerei zu holen. Da hatte der Gatte vor vielen Wochen sehr mit seinem Leben gespielt, als er unvorsichtigerweise sagte: »Wieso tust du dir das überhaupt an? Das kann man doch kaufen!« Kann man, aber ich weiß wenigstens, was in meinem Brot drin ist: Mehl, Wasser, Salz, Freud und Angstschweiß. Es wird vielleicht nicht so locker wie ein Profi-Brot, aber ich kann alle Zutaten aussprechen, und keine davon trägt eine Nummer. Und selbstgebackenes Brot hält ewig!

Ich habe beim Brotbacken alle Fehler gemacht, die ich beim »normalen« Kochen eigentlich schon überwunden glaubte. Ich habe – lässig, lässig – ein paar Mal einfach ein bisschen mehr Wasser in den Teig getan, weil ich ja besonders saftige Brote wollte. Der Teig klebt dann ganz besonders höllisch, außerdem läuft der Laib beim Backen auseinander, bevor er eine Kruste bilden kann. Ein paar Mal war ich unkonzentriert und kippte den gesamten Freud in den Brotteig, obwohl man immer ein bis zwei Esslöffel abnehmen muss, um damit den nächsten Sauerteig herzustellen. Mittlerweile steht im Küchenschrank ein großes Glas mit getrocknetem Freud, zur Sicherheit.

Der größte Reinfall ereignete sich an jenem Nachmittag, an dem Conni mich zu *Ikea* mitnahm. Der Gatte und ich waren abends zur deutsch-französischen Soirée einer Freundin eingeladen, der ich wohl ein Mal zu viel von meinen Brotbackkünsten vorgeschwärmt hatte. Sie freute sich jedenfalls schon auf richtig schönes, dunkles Sauerteigbrot – welches ich mitbringen sollte.

Da rief Conni wegen *Ikea* an. In Paris zu *Ikea* zu fahren, ist schon ein Tagesausflug, wenn man ein Auto hat. Mit öffentlichen Verkehrsmitteln sollte man besser eine Übernachtung einplanen. Wenn mir hier also jemand anbietet, mich im Auto mitzunehmen, gibt es nur eine mögliche Antwort: »Ich warte unten auf der Straße auf dich!«

Als mittlerweile »routinierte« Brotbäckerin überschlug ich kurz im Kopf, wie lange der Teig gehen musste, und rechnete die Zeit mit Anreise, durchschnittlicher *Ikea*-Aufenthaltsdauer und Rückreise gegen. Es war völlig aussichtslos, an diesem Tag noch ein anständiges Brot zustande zu bringen. Ich machte mich also an die Arbeit.

Es war auch der Tag, an dem ich zum ersten Mal meine neue Küchenmaschine verwendete. Die alte wurde mit den schweren Roggenteigen nicht fertig und deshalb zu simplem Schneiden und Mixen herabgestuft. Die neue hatte eine etwas kleinere Rührschüssel, weshalb ich kurz im Kopf überschlug, wie umfangreich der Teig werden würde.

An dieser Stelle sollte nicht unerwähnt bleiben, dass ich das 1,3-Fache der üblichen Menge machen wollte: ein großes Brot für die Soirée, ein kleines für uns. Haben wir schon über meine Begabung für Mathematik gesprochen oder nur über meinen Orientierungssinn?

Ich warf das Knetwerk an und rannte zum Kleiderschrank. Während ich mich umzog, hörte ich aus der Küche gequälte Töne. Mit dem Kleid noch halb über dem Kopf rannte ich zurück und sah, wie die Küchenmaschine sich mit dem festen Teig herumplagte und bei jeder Runde ein bisschen davon über den Schüsselrand schubste. Ich legte den Deckel auf und goss noch etwas Wasser nach. Während ich mir den ersten Schuh anzog, warf ich noch schnell zwei Teelöffel Kümmel dazu, auf den ich beinahe vergessen hätte.

Vier Stunden später war ich wieder zu Hause. Der Teig hätte eigentlich nur zwei Stunden ruhen sollen, aber darauf konnte ich jetzt auch keine Rücksicht mehr nehmen. Ich formte meinen großen und meinen kleinen Laib und ließ das Brot so lange wie möglich gehen. Was an diesem Tag bei Weitem nicht ausreichend lange war. Und obwohl es völlig ausgeschlossen war, das Rohr ausreichend vorzuheizen und das Brot noch zu backen, bevor wir los mussten, heizte ich das Rohr vor und schob das Brot hinein. Ich schaltete den Ofen aus, als wir das Haus verließen und betete, dass er noch lange genug heiß bleiben würde.

Als wir spätnachts nach Hause kamen, blickten mir aus dem Backrohr zwei Brote entgegen, die trotz alledem nicht einmal die hässlichsten waren, die ich jemals fabriziert hatte. Ich schnitt eines auf, um zu kosten. Der Geschmack war, vorsichtig formuliert, eigenartig. Er kam mir bekannt vor, obwohl ich gleichzeitig wusste, dass er in einem Brot nichts zu suchen hatte. Dann kam ich dahinter: Ich hatte mich in der Gewürzdose vergriffen. Vor mir lagen zweieinhalb Kilo *Kreuz*kümmelbrot. Die liegen seither im Tiefkühler neben dem Rübenfond und der korkigen Bolognese.

Beim nächsten Versuch passte ich zwar bei der Wahl der Gewürze besser auf, verwendete aber mehr Sauerteig als vorgeschrieben, weil ich mir dachte: mehr Sauerteig = mehr Triebkraft = luftigeres Brot. Nicht bedacht hatte ich hierbei die Gleichung: mehr Sauerteig = mehr Sauergeschmack. Wenn ich Tauben nicht so abgrundtief hassen würde, hätten die bei mir täglich ein All-you-can-eat-Büffet.

Doch irgendwann hatte ich so viel Erfahrung gesammelt, dass ich es wagte, mein Brot sogar zu einem unserer Dîners zu reichen. Adeline und Robert hatten sich wieder zu uns gewagt, vermutlich, weil sie in den vergangenen Monaten tatsächlich einen leichten Aufwärtstrend in meinen Kochfähigkeiten entdecken konnten. Als Adeline mein Brot kostete, hielt sie inne und fragte dann: »Wo hast du das denn gekauft?«

»Das habe ich selbst gebacken«, antwortete ich nicht ohne Stolz.

Daraufhin fiel sie ihrem Mann, der gerade wieder einen Vortrag über Kunst halten wollte, ins Wort, befahl ihm geradezu die Klappe zu halten, und sagte: »Robert, hast du *dieses Brot* gekostet? Das hat Sigrid *selbst gebacken!*«

Woraufhin ich vor Stolz platzte.

Das Schicksal mit seinem kranken Humor wollte es, dass unsere Bäckerei, die mit den entzückenden Mädels, just drei Wochen später ein einwandfreies *pain de campagne* ins Programm aufnahm. Freud blieb einen Monat lang unbeschäftigt im Kühlschrank, jedenfalls so lange, wie ich brauchte, um mir ihr Brot schlechtzureden. Das ausschlaggebende Argument war letztendlich, dass es dieses Brot nur sonntags gab, was bedeutete, dass wir vor Mittag aus den Federn mussten. Und da backe ich doch wirklich lieber selbst.

Kapitel 24

Wie ich noch einmal versuche, Tafelspitz zu kochen

»Weißt du noch«, sagt der Gatte mit diesem romantischen Unterton in der Stimme, »wie wir, kurz nachdem wir nach Paris gekommen waren, den Kollegen von der Wirtschaftszeitung getroffen haben?«

»Natürlich weiß ich das noch«, schnurre ich zurück. »Der, der nur noch einen Monat in Paris hatte und gerade erst draufgekommen war, was alles er noch nicht gesehen hat.«

»Und weißt du noch, wie wir damals gemeint haben, uns könne das nicht passieren, wir wären ja schließlich gerade erst angekommen und hätten noch so viel Zeit vor uns?«

»Du hast heute unsere Wohnung hier gekündigt, richtig?«

»Ja, leider.«

»Dann muss ich jetzt wohl noch schnell einen Tafelspitz hinkriegen.«

»Ja, leider.«

Seit Monaten freue ich mich darauf, ins ruhige, beschauliche Hamburg zurückzukommen. Dort, wo man selbst in der Rushhour noch einen Sitzplatz in der U-Bahn findet. Wo man, wenn man es eilig hat, in einem Tempo geht, das in Paris als Schlendern bezeichnet würde. Wo man mich manchmal auch nicht besser versteht. Und wo man an der

Wursttheke neben Frauen steht, die »Davon nehme ich doch gern so zwei, drei Scheiben« sagen und sich dabei vorkommen, als ob sie's heute wieder mal so richtig krachen lassen würden.

Jetzt, seit die Pariser Wohnung gekündigt ist, schießt mir plötzlich der Abschiedsschmerz ein. In den Paris-Blogs, die ich abonniert habe, posten alle nur noch romantische Bilder einer wunderschönen Stadt. Bei jedem Marktbesuch rechne ich nach, wie oft ich noch mit dem Pilzmännchen scherzen kann. Bei jeder Pantomime, mit der ich dem Schlachter meine Bestellung mitteile, wird mir ein bisschen schwerer ums Herz. Was sollen wir nur machen ohne die wunderbaren Käsegeschäfte? (Abnehmen, zum Beispiel.) Wo werden wir in Hamburg drei Kilo frische Jakobsmuscheln für 20 Euro bekommen? Wie kann ich dem Gatten den Sinn eines Lebens ohne echtes französisches Baguette begreiflich machen? Sollte ich noch schnell einen Baguettekurs belegen?

Es kommt mir vor, als wäre es erst vor drei Wochen gewesen, dass ich den netten Verkehrspolizisten zu überreden versuchte, unseren Umzugs-Lkw noch ein bisschen länger verkehrsbehindernd auf der Straße stehen zu lassen. Jetzt holen wir schon wieder Kostenvoranschläge für den nächsten Umzug ein. Plötzlich frage ich mich, ob ich die Zeit hier überhaupt sinnvoll verbracht habe.

So wie ich mich jetzt kaum noch daran erinnern kann, was mich zu Beginn an den Franzosen genervt hat (außer dem Im-Weg-Stehen, dem schnellen Reden, dem langsamen Bezahlen im Supermarkt, de...), werde ich wohl erst in Deutschland merken, was ich an ihnen zu schätzen gelernt habe. Ein paar Dinge weiß ich schon jetzt: Mir wird der lockere Umgangston fehlen, der hier zwischen Frauen und Männern herrscht. Es ist eine Art konstantes Flirten, ohne dass beide Angst haben, es könnte irgendwann *zu weit* gehen. Flirten als Konversationston, Flirten ohne Ziel, ohne Abschlusspflicht.

Das erste Mal konnte ich dies am Tag unseres Einzuges zwischen einem Verkehrspolizisten und seiner Kollegin beobachten, die sich eigentlich um unseren Umzugs-Lkw kümmern sollten. Sie begrüßten sich logischerweise erst einmal mit »la bise« (ich habe nicht mitgezählt), dann entspann sich ein Gespräch zwischen ihnen, bei dem ich mir schon beinahe dachte: »Vielleicht wollt ihr ja ins Hotel gehen?« Später habe ich so nach und nach gemerkt: Das ist hier normal.

Unser lieber Freund Alain-Xavier Wurst hat ein wunderbar wahres und amüsantes Buch über die Flirt-Unterschiede zwischen Deutschen und Franzosen geschrieben, *Zur Sache, Chérie*. Er schildert darin, wie er als in Deutschland lebender Franzose immer wieder völlig verwirrt vom Verhalten deutscher Frauen war, die er einfach nur einmal kennenlernen wollte. Und er hat recht. Wenn uns (Deutsche und Österreicherinnen) ein Mann anspricht, ist unsere erste Reaktion: Abwehr. Natürlich außer, es handelt sich um George Clooney.

Die Pariserin hingegen denkt sich: »Nu, mal schauen. Vielleicht werden es ja einfach nur fünf unterhaltsame Minuten, bis der Bus kommt.«

Die deutschen Männer kommen bei ihm allerdings auch nicht sehr viel besser weg. Eine Freundin erklärte Alain einmal den Unterschied zwischen beiden Nationen: »Der deutsche Mann lädt die deutsche Frau zum Fußballgucken ein – und guckt Fußball.« Was einem Franzosen nie passieren könnte.

Ich werde auch die französische Art, mit Kindern umzugehen, vermissen. Sie werden hier nämlich einfach als normale Mitglieder der Gesellschaft behandelt, die so früh wie möglich lernen, auf andere Rücksicht zu nehmen. Der

Gatte und ich werden nie vergessen, wie wir einmal im Golf von Morbihan mit einer kleinen Fähre auf eine der zahlreichen Inseln übersetzten. An Bord waren vielleicht zwanzig Fahrgäste sowie drei Kinderwagen. Als wir bei der Insel ankamen, geschah das für uns völlig Unfassliche: Die Kinderwagenbesitzer ließen zuerst alle anderen Fahrgäste aussteigen! In Deutschland wäre das undenkbar. Wer es hier wagen würde, den Kinderwagenfahrern nicht den Vortritt zu lassen, könnte mit seiner sicheren Steinigung rechnen.

Kinder lernen hier, dass es Gelegenheiten gibt, um Lärm zu machen und herumzutoben. Und solche, an denen man im Interesse der anderen still zu sitzen und zu sein hat. Zumindest in dieser Hinsicht ist es extrem angenehm, in Frankreich mit dem Zug zu reisen. (Über die französischen Vorstellungen von Hygiene wollen wir an dieser Stelle besser nicht sprechen.) Das bedeutet nicht zwangsläufig, dass Kinder hier arme, unterdrückte, unter der Knute gehaltene Kreaturen sind. Im Gegenteil. Wir haben hier nur fröhliche, entspannte, zugängliche und meist unglaublich witzige Kids kennengelernt.

Wieso es einen so großen Unterschied zwischen Deutschland und Österreich einerseits und Frankreich andererseits gibt, ist schnell erklärt. Hier gibt es einfach viel mehr Kinder. Sie sind eine Normalität, keine Ausnahme, und werden deshalb auch normal behandelt. In manchen Stadtteilen Hamburgs und Berlins hingegen schieben Mütter ihren Kinderwagen mit einem selbstzufriedenen Gesichtsausdruck vor sich her, als ob darin das Goldene Kalb liegt, das bitteschön anzubeten ist. (Ich übertreibe. Aber nicht sehr.) Und ein Satz wie »Bei uns zu Hause gibt es für Amélie nur eine Regel: nämlich, dass sie alles tun darf« kann auch nur in einem deutschen Kindergarten fallen.

Französische Mütter können sogar ganze Sätze sprechen,

während ihr Nachwuchs in der Nähe ist. Und sie bringen es übers Herz, dem Kleinen zu sagen: »*Mon trésor,* ich kümmere mich gleich um deine Frage, aber jetzt möchte ich erst einmal fertig telefonieren.« Und *mon trésor* muss daraufhin nicht sofort zum Kinderpsychiater!

In Restaurants erkennt man nicht-französische Kinder übrigens sofort, meistens ohne hinsehen zu müssen. Der Gatte schwärmt heute noch davon, wie einmal ein Engländer am Nebentisch zu seinen Kindern sagte: »Nehmt euch ein Beispiel an den beiden französischen Mädchen da drüben. Die benehmen sich wie kleine Prinzessinnen.«

Vielleicht bekommen die Franzosen eben deshalb auch mehr Kinder. Weil es normal ist. Und weil sie trotzdem noch sie selbst bleiben, anstatt zum Muttertier zu mutieren, dessen einzige Lebensaufgabe es ist, den Nachwuchs großzuziehen. Das Wort Rabenmutter existiert übrigens im Französischen nicht, obwohl hier die meisten Frauen bereits nach sechs Monaten wieder arbeiten gehen. Teils, weil sie müssen. Aber großteils, weil sie es wollen. Weshalb man sich mit ihnen auch noch über andere Themen unterhalten kann als über Kinderaufzucht.

Ich weiß leider nicht mehr, wer es war, aber es muss ein kluger Mensch gewesen sein, der sagte: »Die Deutschen können von den Franzosen das Kinderkriegen lernen, und die Franzosen von den Deutschen das Autobauen.«

Der Gatte und ich beschließen, ein Abschieds-Diner für unsere besten Pariser Freunde zu geben. Und es ist klar, was auf den Tisch kommt: jener Tafelspitz, den wir ihnen schon vor langer Zeit versprochen, letztlich jedoch nie serviert haben. Kochschulden sind Ehrenschulden.

Mein Plan lautet, alle möglichen Ausreden von vornherein auszuschließen. Das beginnt schon beim Tafelspitz selbst. Wenn der Berg nicht zum Mohammed kommt, muss

Mohammed eben nach Wien fliegen und dort einen richtigen, originalen Tafelspitz kaufen. Nicht, dass ich den sechs Schlachtern in unserem *Quartier* nicht traue, aber diesmal will ich auf Nummer sicher gehen.

Vor dem nächsten Heimatbesuch, der praktischerweise noch in der kalten Jahreszeit erfolgt, bestelle ich bei der Wiener Fleischhauerei *Ringl* einen kompletten Tafelspitz. Die Ringl-Sisters wurden mir von vielen Freunden wärmstens ans Herz gelegt, nicht umsonst. Ihr Geschäft ist klein, aber voll mit Würsten, Schinken und allem, was das Karnivorenherz begehrt. Claudia und Monika Ringl sind zwei sanfte, stille Damen, die geradezu liebevoll mit ihren Koteletts und Schnitzeln umgehen. Claudia Ringl holt meinen Tafelspitz aus der Kühlung und erklärt mir genau, woher er kommt, welchen Teil ich möchte und wie sie ihn für mich vorbereiten wird. »Der wird butterzart«, sagt sie und blickt ihn zärtlich an. Fast bekomme ich ein schlechtes Gewissen, ihr das wunderbare Stück zu entreißen.

Sie schweißt ihn mir ein, damit er sowie die Kleider in meinem Koffer den Flug nach Paris unbeschadet überstehen. Ich hatte ihn diesmal absichtlich halb leer gelassen, jetzt ist er mit knapp vier Kilo Fleisch gefüllt.

Vermutlich breche ich mit meinem privaten Fleischexport vier bis fünf EU-Lebensmittelgesetze, aber darauf kann ich bei dieser Mission keine Rücksicht nehmen. Ich checke meinen Koffer mit dem harmlosesten Gesichtsausdruck ein, der mir zur Verfügung steht, und verkneife mir die Frage, ob eigentlich jedes Gepäckstück von Drogenhunden kontrolliert wird.

Die Aktion glückt, mein Tafelspitz und ich erreichen die Pariser Küche. Ich schneide ein Drittel ab, der mein Teststück werden soll. Diesmal nehme ich mir alle Zeit der Welt. Fleisch, Wurzelgemüse und ein paar Gewürze werden kalt aufgesetzt. Sobald das Wasser zu kochen beginnt, stelle ich den Topf auf die kleinste Flamme und kontrolliere ihn viertelstündlich. Das Wasser soll ganz leicht wallen, aber auf keinen Fall kochen. Ich stelle sogar ein Video auf *Facebook* und bitte die Könner um ihre Einschätzung. Claudia Ringl hatte dreieinhalb Stunden Kochzeit veranschlagt, aber mittlerweile weiß ich ja, dass bei mir alles länger dauert.

Vier Stunden. Das Fleisch ist immer noch etwas zu hart.
Viereinhalb Stunden.
Fünf Stunden. Ich merke langsam einen Unterschied.
Fünfeinhalb Stunden. Der konsultierende Gatte prüft den Tafelspitz mit der Fleischgabel und erklärt: »Der ist jetzt fertig.«

Ich hole das Fleisch heraus, gieße die Suppe durch ein Sieb in einen zweiten Topf, schneide den Tafelspitz in Scheiben und lege diese wieder in die Suppe. Dort dürfen sie bis zum Abendessen noch ein bisschen vor sich hin planschen.

Wir setzen uns an den Tisch. Ausnahmsweise habe ich mir die Beilagen gespart, ich kann jetzt keine Ablenkung gebrauchen. Der Gatte kostet. Ich koste.

Es.

Ist.

Perfekt.

Was hätte ich Nerven sparen können, hätte Herr Plachutta in seinem Kochbuch nicht »Kochdauer: 3–3,5 Stunden« geschrieben, sondern einfach: »Bis das verdammte Ding weich ist.«

Entrée und Hauptgang für das Dîner sind somit gebongt, denn die Rindsuppe wird als Vorspeise ganz klassisch mit in Streifen geschnittenen Pfannkuchen serviert, auf Wienerisch: Frittaten. (Bitte mit kurzem -a aussprechen!)

Fehlt nur noch das Dessert. Wenn die ersten beiden Gänge schon österreichisch sind, mache ich einfach so weiter. Es gibt: Kardinalschnitten.

Eine Kardinalschnitte besteht aus zwei Teigplatten, die jeweils aus Streifen von abwechselnd zartem Biskuit und luftigem Baiser gebildet werden. Die untere Biskuit-Baiser-Platte wird dünn mit am besten roter, etwas säuerlicher Marmelade bestrichen, dann kommt Schlagsahne darauf, dann die obere Biskuit-Baiser-Platte. Es ist ein wunderschön weiß-beiges Dessert, das nicht nur luftig aussieht, sondern auch so schmeckt. Wenn sich meine Familie für die Sonntagsjause versammelt, wird nicht mehr in Stück bestellt, sondern in Quadratmetern.

Der Moment, an dem ich begriffen habe, dass man dieses Kunstwerk auch selbst machen kann, gehört zu den großen Aha-Erlebnissen meiner Kochkarriere. Allerdings gibt es für Kardinalschnitten noch mehr Rezepte als für Sauce Bolognese. Die Grundzutaten sind überall dieselben, doch es variieren sowohl die Anzahl der verwendeten Eier als auch die Menge des Zuckers als auch die Antwort auf die Frage: mit Backpulver oder ohne? Die empfohlene Backzeit reicht von zehn bis vierzig Minuten bei Temperaturen zwischen 150 bis 200 Grad. Im Internet finde ich sogar ein Video, in dem ein österreichischer Konditor in der Kochsendung der legendären Julia Child demonstriert, wie eine Kardinalschnitte gemacht wird. Sein österreichisch gefärbtes Englisch und ihre bereits leicht tattrigen Höflichkeitsfragen – es ist zum Schießen! Sein Rezept werde ich allerdings nicht ausprobieren. Sein Biskuit-Baiser-Oberteil ist so kross gebacken, dass es, als er es durchschneidet, klingt, als ob er Holz sägen würde.

Auch wenn ich ihm gegenüber langsam misstrauisch werde, beginne ich wieder mit der Quelle aller österreichischen Klassiker, dem Plachutta-Kochbuch. Mengen und Anleitung werden auf das Zuckerkorn genau eingehalten, trotzdem geht der Biskuitteig nicht auf, dafür fällt das Baiser gleich wieder zusammen. Ich fühle mich keiner Schuld bewusst.

Stattdessen lege ich wieder einmal eine Excel-Tabelle an. Ich sammle Rezepte, die mir entweder Freunde empfehlen oder die im Internet positive Bewertungen von Usern aufweisen, die das Rezept tatsächlich ausprobiert haben. Einen halben Nachmittag lang starre ich auf meine Zahlenkolonnen und versuche, a) ein System dahinter zu erkennen und b) mit logischem Überlegen zur vielversprechendsten Kardinalschnittenvariante zu gelangen. Während der folgenden Tage wird die Küche wieder zum Testlabor. Ich notiere haargenau, welche Eier-Zucker-Mehl-Ratio ich verwende, komme rasch zu der Überzeugung, dass es ohne Backpulver nicht funktioniert, halte schriftlich Backtemperaturen und -zeiten fest und teste auch, wie dick ich die Baiserstreifen auf das Backblech dressieren muss, damit die dazwischenliegende Biskuitmasse beim Backen ungefähr dieselbe Höhe wie das Baiser erreicht. Weitere Varianten werden dadurch bestimmt, ob die Backofentür zu einem gewissen Zeitpunkt geöffnet wird, damit das Baiser besser trocknet, und wenn ja, wann.

Es macht richtig Spaß! Ich *begreife* langsam, wie sich die beiden Teigmassen verhalten und was ihr Verhalten beeinflusst. Ich erkenne die spezielle Herausforderung beim Nachbau dieses Kunstwerks, Biskuit und Baiser, die ja aneinandergeschmiegt in den Ofen kommen, gleichzeitig gebacken zu bekommen.

Gleichzeitig mache ich mich an das größere Problem: Die geschlagene Sahne in der Kardinalschnitte muss ausreichend Steifheit aufweisen, damit das Teil Standfestigkeit bekommt. Ich hätte beim letzten Heimatbesuch auch echtes österreichisches Schlagobers importieren sollen. Jetzt muss ich hier gegen meinen Willen zu Sahne-Viagra greifen, einem Pulver, das der Sahne Festigkeit verleiht und von dem ich nicht wirklich wissen will, was drin ist.

Der Tag unseres Abschiedsessens ist da. Den Tafelspitz habe ich bereits am Vortag gekocht – sicherheitshalber. Claudia Ringl hatte mir bestätigt, dass sie es auch immer so macht. So kann auch die Suppe gemütlich abkühlen, wodurch man die Fettschicht viel leichter abheben kann.

Ich lasse den gewaschenen Spinat im großen Puddingtopf einfach nur mit Salz und Pfeffer zusammenfallen, bis er schön matschig ist. Ein Klacks Crème fraîche kann auch nie schaden. Die vorgekochten Kartoffeln brate ich, bevor die Gäste kommen. Die Kardinalschnitte wartet fertig im Kühlschrank, gleich neben größeren Mengen an Apfelmus, das bei uns zu Hause zu allen möglichen Rindfleischgerichten von Tafelspitz bis Roastbeef gegessen wird. Mit einem Teil davon rührt der Gatte noch schnell Apfelkren an, Apfelmus gemischt mit Meerrettich. Der gehört zum Tafelspitz genauso wie Oberskren, Sahnemeerrettich. Sogar der Schnittlauch für die Suppe ist schon vorgeschnitten. Und das für mich beim Kochen immer noch Wichtigste ist ebenfalls erledigt: Der Geschirrspüler läuft.

Das wird wohl einer der größten Unterschiede zwischen dem Gatten und mir in der Küche bleiben – abgesehen davon, dass er kochen kann: Bevor ich zu kochen beginne, räume ich den Geschirrspüler aus. Bevor er zu kochen beginnt, schaltet er das Radio ein, um den französischen Sender *fip* zu hören. Besser gesagt, die Fipetten. So nennt man die Moderatorinnen, die extra wegen ihrer leicht erotischen Stimmen engagiert werden. Auf diese Weise ärgert sich der Zuhörer vermutlich weniger, wenn im Radio die Musik unterbrochen und stattdessen gequatscht wird. *fip* ist ein wunderbarer Sender, das gebe sogar ich zu. Anhand der Musikauswahl habe ich gelernt, was das Wort eklektisch bedeutet. Hier wird nämlich wirklich alles von Jazz, Rock über Madrigale und Kirchenmusik bis hin zu völlig absurden, genialen Coverversionen gespielt. Dazu die charmanten Fipetten, denen man schnell verzeiht, dass sie nicht Englisch können und Miles Davis immer noch »Mieles Dahwies« aussprechen. Könnte man *fip* nicht auch übers Internet empfangen, hätte sich der Gatte vermutlich geweigert, jemals seinen Posten in Paris aufzugeben.

Solange er dazu *fip* hören kann, macht der Gatte sogar freiwillig die Küche. Ich liebe *fip*!

Es läutet an der Tür. Nach und nach kommen meine amerikanische Puddingfreundin Chyi und ihr Mann Jonas, der Fotograf. Conni und Matthias bringen ihren kleinen Franzosen Nino mit, den drittentzückendsten kleinen Jungen, den ich kenne, der an diesem Abend zum ersten Mal von meinem Apfelmus kosten darf. Adeline und Robert sind da, die meine Kochkarriere von Anfang an unter vollstem Körpereinsatz verfolgt haben. Und natürlich Fabien, der Mann, der alles aus dem Handgelenk kocht.

Sie alle sind sehr höflich und nehmen sich brav mehrfach von der Frittatensuppe, vom Tafelspitz und vom Spinat. Die Kartoffeln verschwinden restlos, und vom Apfelmus bleibt nur etwas übrig, weil ich zwei Kilo Äpfel verkocht habe. Auch die letzte Kardinalschnitte, die alle erst wohlerzogen ablehnen, verschwindet nach und nach.

Wir quatschen in einem Mischmasch aus Deutsch, Französisch und Englisch. Ab einem gewissen Zeitpunkt weiß ich schon gar nicht mehr, in welcher Sprache ich gerade erzähle. Was möglicherweise auch daran liegt, dass der Gatte halbleere Weingläser auf zehn Kilometer gegen den Wind riecht.

Plötzlich kann ich mir doch nicht mehr vorstellen, diese Stadt zu verlassen. Es gibt hier noch so viel zu entdecken, zu lernen und vor allem zu essen. Wir erzählen unseren Freunden, was wir vor unserer Abreise unbedingt noch alles erledigen müssen. Und damit meinen wir weder Kleiderschrankausmisten noch Bücherbergereduzieren. Nein, es gibt einfach noch so viele Restaurants, die wir ausprobieren wollten, und so viele unbekannte Dinge beim Schinkenweltmeister, die wir verkosten müssen. Um erst gar nicht vom Käse zu sprechen.

»Na, dann kommt ihr einfach so oft wie möglich zu Besuch«, sagt Adeline. Das hatten wir aber ohnehin schon längst beschlossen.

Nach Mitternacht machen sich alle wieder auf den Weg, sogar Nino hat bis jetzt durchgehalten. Wir verabschieden uns mit unserem üblichen »À très bientôt!« (»Bis ganz bald!«) und planen noch schnell ein paar spontane Kaffeetreffen, damit's nicht ganz so schwerfällt.

Als sie weg sind, umarmt mich der Gatte und sagt: »Du hast wunderbar gekocht! Hast du gesehen, wie es allen geschmeckt hat? Frau Neudecker kann endlich kochen!«

»Quatsch«, sage ich, langsam hundemüde. »Ich kriege immer mehr Gerichte ganz gut hin, das stimmt. Aber wer von uns beiden kochen kann, das bist immer noch du.«

»Vielleicht. Aber du bist wirklich weit gekommen.«

Er drückt mir einen Kuss auf die Stirn, dann packen wir gemeinsam den Käse weg, der das einzige Nichtösterreichische an diesem Diner war. Die Küche ist nach vier Gängen ein Schlachtfeld, aber ich werde trotzdem ins Bett geschickt.

Dann schaltet Gero seine Fipetten ein.

– Wie ich dann doch ein paar Gerichte gemeistert habe –

Die folgenden Rezepte wurden – bis auf eines – mit dem begehrten Neudeckerschen Prüfsiegel »Idiotensicher« ausgezeichnet. Das bekommt man nicht einfach nachgeworfen wie einen Nobelpreis oder einen Oscar, das muss man sich hart erarbeiten.

Nichtsdestotrotz kann ich leider keine Haftung für explodierte Töpfe oder abgebrannte Küchen übernehmen, verfüge jedoch mittlerweile bei Bedarf über eine Liste von Handwerkern, die bereits eine gewisse Routine im Beheben einschlägiger Schäden haben.

Bon appétit! Et bon courage ...

Entrée

– Gebeizter Lachs nach Arthurs Tochter kocht –

www.arthurstochterkochtblog.com

Als ich die Zutatenliste auf Astrid Pauls Blog zum ersten Mal sah, dachte ich mir: »Mein Gott, können die Leute ihre Blogeinträge nicht auf Fehler kontrollieren, bevor sie sie online stellen? Vanillezucker für einen Lachs? Und Gin? Ja klar!« Immerhin hielt ich mich bei meinem Kommentar zurück und schrieb ihr per *Facebook* lediglich: »Vanillezucker???« Worauf mir die Hälfte ihrer drei Millionen *Facebook*-Fans erklärte: »Ja klar Vanillezucker zum Lachs! Und Gin! Das passt wunderbar!«

Mittlerweile muss man mich nicht mehr überzeugen. Dieses Rezept ist so simpel wie genial wie unvermasselbar.

Man nehme für 1 Kilogramm Lachsfilet:

- 1 bis 2 Bund Schnittlauch
- 1 Bund Basilikum
- 2 Päckchen Vanillezucker, je nach Geschmack (Astrid Paul fällt bei dem Wort »Päckchen« übrigens sofort in Ohnmacht, sie lässt an ihren Lachs nur selbst gemachten Vanillezucker)
- Chiliflocken oder rote Pfefferkörner
- Ingwer, getrocknet
- 4–5 Pimentkörner (im Original »ein Hauch« Lion Poivré)
- viel grobes Salz
- 1 bis 2 Stamperln (Schnapsgläser) Gin

Die Mengenangaben sind alle sehr relativ, man kann ruhig locker aus dem Handgelenk agieren. Vor allem bei den Kräutern kann man kaum zu viel erwischen, beim Salz soll man sogar zu viel nehmen. Wenn man beim Kosten der Beize spuckt, schreibt Astrid, ist sie richtig.

Schnittlauch und Basilikum werden kleingehackt, Gewürze gemörsert. Dann wird alles miteinander vermischt und auf das enthäutete und auf Gräten kontrollierte Lachsfilet gepappt. Einseitig, beidseitig – nicht einmal das ist wirklich spielentscheidend. Astrid lässt die Haut an ihrem Lachs, ich entferne sie, weil man so schneller zu essen beginnen kann, wenn der Fisch fertig gebeizt ist.

Ich bedecke den Lachs mit Klarsichtfolie und stelle ihn für ca. einen halben Tag in den Kühlschrank. Sechs Stunden sollte er schon ziehen. Dann kratzt man die Beize ab, so gut es geht, und hat die Wahl, ihn entweder roh und kalt, in dünne Scheiben geschnitten, zu genießen, oder ihn im lauwarmen Ofen anzuwärmen.

Unserer hat es jedenfalls erst sehr selten bis in den Ofen geschafft.

— Croque Monsieur nach Matthias —

Jemanden wie unseren Freund Matthias Hahn nach einer Anleitung für Croque Monsieur zu fragen, ist so, als ob man Cecilia Bartoli bitten würde, kurz einmal »Hänschen klein« zu singen. Was dieser Mann in einer Küche anstellt, ist kaum in Worte zu fassen. Jedenfalls sind der Gatte und ich immer erst einmal sprachlos, wenn wir bei Matthias und Conni zum Essen eingeladen sind.

Außerdem ist der Croque Monsieur ein theoretisch simpler Bistroklassiker, quasi Schinken-Käse-Toast. Und doch unterscheidet sich das, was man in Deutschland und Frankreich so als Croque Monsieur vorgesetzt bekommt, um Welten davon, was uns Matthias bei einem unserer Besuche serviert hat. Es kommt eben nicht nur auf die Zutaten an, sondern auch darauf, dass man bei der Zubereitung aufs Detail achtet.

Man nehme für vier Deluxe-Croques:

- 60 g Butter - 60 g Mehl - 1 l Milch - Salz, Muskat	- 12 Scheiben pain de mie (möglichst feinporiges, weiches Toastbrot)	- 4 bis 8 Scheiben beliebiger Kochschinken, je nach Größe - 8 toastgroße Scheiben Comté

Für die Béchamelsauce zuerst den Roux kochen: Butter schmelzen lassen und das Mehl einrühren. Auf kleiner Flamme 20 Minuten lang köcheln lassen, hin und wieder sicherheitshalber umrühren, der Roux soll nicht braun werden. Abkühlen lassen, während man die Milch aufkocht. Die Regel lautet: Heiße Milch in kalte Mehlschwitze, kalte Milch in heiße Mehlschwitze. Sobald die Milch kocht, den

Roux mit einem Schneebesen hineinrühren, noch einmal aufkochen lassen, mit Salz und Muskat abschmecken, fertig.

Man kann je nach persönlichen Vorlieben auch einen Teil des Käses in der Sauce schmelzen oder sie mit Crème fraîche oder gar Spinat mischen. Wenn die Béchamel abgekühlt ist, bekommt sie eine cremige Konsistenz und lässt sich hervorragend auf Toasts streichen. Oder mit dem Löffel essen, aber das haben Sie nicht von mir.

Die Toastscheiben im Toaster oder unter dem Grill sanft anrösten, sie sollen nicht zu dunkel und zu knusprig werden. Den Ofen auf 180 Grad vorheizen, Schinken und Käse bereitlegen, denn nun folgt der Zusammenbau.

Einstöckige Croques Monsieur kann jeder, für die Deluxe-Version sollte man sich vorher eine Zeichnung machen. Der Aufbau lautet, von unten nach oben: Toast, Béchamel, Schinken, Käse, Béchamel, Toast, Béchamel, Käse, Schinken, Béchamel, Toast. Vor allem mit der Béchamel muss man nicht allzu sparsam umgehen.

Die fertigen Türme bei 180 Grad noch ungefähr 15 Minuten lang im Ofen backen, bis der Käse geschmolzen ist.

Sollte Béchamelsauce übrig geblieben sein, kann sie eingefroren werden. Allerdings ist sie danach nicht mehr so cremig.

Plat

– Königsberger Klopse nach der umjubelten Art des Gatten –

Dies ist das einzige Gericht, das wir unseren Pariser Gästen zwei Mal vorgesetzt haben – und keiner von ihnen hat sich beschwert. Die Klopse sind des Gatten Spezialität, nur knapp gefolgt von seinem Chili, seiner Rote-Bete-Suppe, seiner durchsichtig-feinen Consommé, seinen Taubenbrüstchen nach Josef Viehauser, seinen ...

Entweder verschätzt er sich jedes Mal bei der Menge, oder unsere zurückhaltenden Pariser Freunde verlieren angesichts der Klopse ihre Zurückhaltung. Es blieb jedenfalls nie auch nur ein Klöpschen für das nächste Mittagessen übrig.

Am besten erklärt er selbst, wie er sie zubereitet, sicherheitshalber.

Man nehme für vier Personen:

- 1 große Zwiebel	- 3 EL Kapern	- 200 g Rinderhack
- 1 altes Brötchen bzw. Toastbrot	- 2 Eier	- 1 l kräftiger Kalbsfond, selbstgemacht
- 3 Sardellen	- Muskat	
- 2 Zitronen	- Worcestershiresauce	- trockener Weißwein
- 1 kg Kartoffeln, mehlig kochend	- Angostura	- Zucker oder Noilly Prat
- 1 kl. Bund glatte Petersilie	- Cayennepfeffer	
	- Salz, Pfeffer	- 1/4 l Sahne
	- 300 g Kalbshack, durchwachsen	- 2 Eigelb

- Eine große Zwiebel hacken und in Butter dünsten, bis sie glasig ist.
- Ein Brötchen in Milch einlegen.
- Drei Sardellen in Wasser einlegen.
- Zwei Zitronen abreiben und auspressen.
- Kartoffeln schälen.
- Die Petersilie zur Hälfte grob hacken, die andere Hälfte fein wiegen; zwei oder drei Esslöffel Kapern hacken.

Nun mischen wir das gut ausgedrückte und gehackte Brötchen, zwei Eier, die weichgedünstete, klein gehackte

Zwiebel, die fein gewiegte Petersilie (Menge je nach Geschmack), drei fein gehackte Sardellen, Muskat, Zitronenschale, zwei Spritzer Worcestershiresauce, zwei Spritzer Angostura, etwas Cayennepfeffer, schwarzen Pfeffer sowie Salz mit dem Kalbfleisch und dem Rinderhack. Die Masse darf dabei nicht homogen werden (auf keinen Fall mit elektrischen Geräten rühren!) und kann ruhig recht pikant abgeschmeckt werden.

Dann machen wir die Klopse, indem wir jeweils eine etwas mehr als tischtennisballgroße Masse mit schnellen Bewegungen zu Kugeln formen.

Den Kalbsfond (er muss selbstgemacht sein, das Zeug aus den Gläsern macht die Sauce kaputt) kochen wir mit einem guten Schuss trockenen Weins, ein ganz klein wenig Zitronensaft und etwas Zucker oder Noilly Prat auf und lassen die Klopse 20 Minuten darin ziehen. Anschließend Probeklops nehmen, und wenn er gerade eben gar ist: Klopse raus und warm stellen.

Wir setzen jetzt die Salzkartoffeln auf und kochen den Sud mit Sahne auf die Hälfte ein, dabei fleißig umrühren.

Sind die Kartoffeln fertig, lassen wir sie ausdampfen und binden währenddessen den Sud – unter gutem Rühren – mit zwei Eigelb und geben eine vorsichtig dimensionierte Menge gehackter Kapern hinein sowie die Klopse, damit sie sich erwärmen; kochen darf jetzt wegen des Eigelbs natürlich nichts mehr.

Serviert werden die Klopse in ihrer Sauce, bestreut mit grob gehackter Petersilie, Salzkartoffeln anbei.

Dazu passt ein feiner Rosé, zum Beispiel ein Spätburgunder Weißherbst; ebenso Rieslinge mit etwas Restsüße. Die oxidativen Weißweine aus dem Jura sind eine besonders interessante Begleitung, aber nicht jeder mag diesen Weinstil.

— Hühnerreis Wien-Südwest von ziiikocht.at —

www.ziiikocht.at

Eigentlich steht der »Hühnerreis Wien-Südwest« als »Hainan Chicken Rice« in Frau Ziiis Blog. Dann ist ihr die österreichische Kochpolizei allerdings dahintergekommen, dass sie ihr Huhn vor dem Kochen enthäutet, was den weltweit gültigen Regeln widerspricht, weshalb es bei Strafandrohung nicht mehr Hainan genannt werden darf. So streng ist man bei uns!

Die einzige Hürde auf dem Weg zum Hühnerreis Wien-Südwest besteht darin, die geforderten Zutaten zu finden. Ich mache es jedenfalls ohne Pandanblätter und Korianderwurzeln, weil ich nicht jedes Mal zum großen asiatischen Supermarkt im 13e arrondissement fahren will. So oft, wie der Gatte dieses Gericht fordert, würde ich zu nichts anderem mehr kommen.

Wenn Sie das Huhn für Kinder oder Gäste zubereiten, machen Sie das lieber in der stillen Einsamkeit Ihrer Küche. So ein nacktes, hautloses Huhn sieht nämlich irgendwie nicht wirklich jugendfrei aus.

Man nehme für drei bis vier Personen:

- 1 Biohuhn	- 10 bis 15 Scheiben frischen Ingwer	- ein bisserl Koriandergrün
- 4 große Zehen Knoblauch	- 3 bis 4 geputzte Korianderwurzeln und	- 1 Handvoll Frühlingszwiebelgrün
- 4 Pandanblätter		- 1/2 TL schwarze Pfefferkörner
- 1 getrockneten Shiitakepilz		

Dem Huhn die Haut komplett abziehen, sie muss dabei nicht unversehrt bleiben. Das sichtbare Fett entfernen und beides in der Pfanne bei gemäßigter Hitze auslassen. Man braucht für den Reis drei Esslöffel von dem Fett, aber Frau Ziii brät sich gern die Hühnerhaut ganz kross als Zwischendurchsnack.

Die Knoblauchzehen mit dem Messer leicht zerquetschen, je eine Zehe in ein Pandanblatt wickeln. Zwei Päckchen und die Hälfte der Ingwerscheiben in das Huhn stopfen. Das Huhn in einen großen Topf geben und mit Wasser bedecken. Aufkochen lassen und dabei den Schaum abschöpfen. Kräftig salzen und die restlichen Zutaten inklusive der beiden verbliebenen Knoblauchpäckchen dazugeben. Deckel aufsetzen und maximal 30 Minuten simmern lassen, bis das Huhn gar ist. Besser schon ein bisschen früher kontrollieren.

Das Huhn aus der Brühe holen und in größere Stücke zerteilen. Eventuell die Knochen entfernen, zurück in die Brühe geben und diese weiter köcheln lassen.

Für den Reis:

- 3 EL Hühnerfett	- 300 g Jasminreis	- 500 ml von der
- 2 große Zehen Knoblauch, klein gehackt	(hier ist dann auch Frau Ziii streng und lässt keinen anderen zu)	Brühe
		- 2 Pandanblätter

Backofen auf 150 Grad vorheizen.

Das Hühnerfett in einem Topf erhitzen und den Knoblauch darin leicht anbraten. Den gewaschenen Reis ein paar Minuten leicht mit anschwitzen. Von der Hühnerbrühe einen halben Liter entnehmen und durch ein Sieb zum Reis geben. Pandanblätter hinzugeben und leicht köcheln lassen, bis sich die Flüssigkeit um die Hälfte reduziert hat. Mit Deckel ungefähr 20 Minuten lang im Backofen fertig garen.

Für die Sojasauce:

| - 3 EL gute, biologisch gebraute Sojasauce | - 1 EL Austernsauce ohne Geschmacksverstärker | - 4 EL von der Brühe
- Frühlingszwiebel
- Koriander |

Soja- und Austernsauce mit der gleichen Menge Hühnerbrühe verrühren. Mit fein geschnittenen Frühlingszwiebeln und Koriandergrün garnieren.

Für die Ingwersauce:

| - 1 daumenlanges, fettes Stück knackig frischer Ingwer | - Salz
- 1 TL weißer Zucker | - 3 EL von der Brühe |

Für die Ingwersauce den Ingwer reiben, mit Salz, Zucker und Brühe verrühren. Die Sauce sollte deutlich süß, aber auch salzig schmecken. Wer will, kann die Sauce noch mit dem Stabmixer pürieren, um eine homogenere Konsistenz zu erzielen.

Für die Chilisauce:

| - ein paar frische rote Chilis, abhängig von Größe und Geschmack | - 3 EL Brühe | - 1 EL Limettensaft
- Zucker, Salz |

Von den Chilis ein paar Ringe für die Dekoration abschneiden, vom Rest Kerne und Innenhäute entfernen. Chilis abspülen und kurz in lauwarmes Wasser einlegen, das nimmt ihnen einen Großteil ihrer Schärfe. Abtropfen lassen und mit Limettensaft, etwas Zucker, Salz und ein paar Esslöffeln Brühe mit dem Stabmixer pürieren. Die Chiliringe zum Schluss dazugeben.

Vor dem Servieren das Fleisch in der Suppe erwärmen. Die Saucen dürfen laut Frau Ziii nur zum Dippen für das Fleisch verwendet werden, Reis und Brühe darf jeder getrennt oder gemeinsam essen, wie er will.

– Bœuf des mariniers du Rhône (Rindfleisch nach Art der Rhône-Schiffer) oder auch: das einfachste Gericht der Welt –

Ich bin ja, wie gesagt, leicht zu beeindrucken. Mir braucht man nur »Boah, ist das lecker!« zu sagen, und ich springe sofort an. Das passiert mir sogar, wenn eine Schauspielerin in einem Film »Boah, ist das lecker!« sagt. In diesem Falle war es der Film *Die Köchin und der Präsident,* der die Geschichte von Danièle Delpeuch erzählt, die für den französischen Präsidenten François Mitterand gekocht hat. Als der Filmpräsident auf Diät gesetzt wird, schwärmt sie den gestrengen Ärzten von diesem Gericht vor, das so gut wie ohne Fett auskommt. In dem Moment, als sie sagte: »Es ist delikat!«, war mir klar, dass ich das Rezept finden musste.

Und siehe da, es war nicht nur tatsächlich delikat, es stellte sich auch als das einfachste Gericht der Welt heraus. Zu essen ist es sogar noch einfacher, man benötigt dafür nämlich lediglich einen Löffel.

Man nehme für zwei hungrige Personen sowie ein kleines Mittagessen am nächsten Tag:

- Olivenöl
- 1 Zwiebel
- 7 Sardellenfilets (je nach Geschmack)
- 50 g Kapern
- eine gute Handvoll Petersilie
- 2 bis 3 Knoblauchzehen, klein geschnitten oder zermanscht
- 500 Gramm Paleron, auf Deutsch Bug, auf Wienerisch Schulterscherzl, in ca. ein Zentimeter dicke Scheiben geschnitten
- Pfeffer
- 2 üppige Handvoll kleine Kartoffeln (La Ratte)

Den Ofen auf 150 Grad vorheizen.

Auf den Boden einer Cocotte oder eines ofenfähigen Schmortopfes einen Hauch Olivenöl geben.

Zwiebel, Sardellenfilets, Kapern und Petersilie grob hacken und mit dem Knoblauch vermischen.

Eine Scheibe Fleisch in die Cocotte legen, eine Schicht Zwiebelsardellenmischung darauf verteilen, etwas pfeffern, nicht salzen!!!, dann die nächste Scheibe Fleisch und so weiter. Abgeschlossen wird mit der letzten Scheibe Fleisch, auf die man eventuell noch ein Häuchlein Olivenöl geben kann.

Den Topfinhalt bei mittlerer Hitze auf dem Herd ungefähr fünf Minuten lang in Schwung bringen, sodass sich bereits ein bisschen Saft bildet (was sehr schnell geht), dann mit einem gut schließenden Deckel in den Ofen und dort 3,5 Stunden lang vergessen. Oder beinahe: 45 Minuten vor Ablauf der Kochzeit die ungeschälten Kartoffeln obenauf, seitlich, wo sie halt gerade hinpassen, legen und den Topf wieder in den Ofen stellen.

Fleisch und Zwiebeln sollten genügend Wasser ziehen, sodass man eigentlich keine Flüssigkeit nachgießen muss. Fertig ist das Gericht, wenn man das Fleisch mit einem Löffel portionieren kann.

– *Tafelspitz* –

Heute, im Besitz der Weisheit, die ich mir mittels unzähliger Fehlschläge hart erarbeitet habe, kann ich mit Fug und Recht behaupten: So ein Tafelspitz ist ein unglaublich simples Gericht. Die wichtigste Handlungsanweisung lautet: Er ist fertig, wenn er fertig ist. Das kann, wie gesagt, bei manchen von uns eben auch knapp fünf Stunden dauern. Deshalb empfiehlt es sich, ihn am Vortag zu kochen, was ihn laut einigen Experten sogar noch besser machen soll.

Man nehme für mindestens sechs Personen:

- 2 kg Tafelspitz im Ganzen	- eventuell Petersilienwurzel	- Schnittlauch zum Garnieren
- 1 Zwiebel	- eventuell gelbe Rübe	
- 1 bis 2 Karotten		
- 1 Stange Lauch	- 1 Bouquet garni	
- 1/4 Sellerieknolle	- Pfefferkörner	

Das Fleisch mindestens eine Stunde vorher aus dem Kühlschrank holen, damit es Zimmertemperatur annimmt.

Die Zwiebel halbieren und die Schnittflächen in einer trockenen Pfanne (eventuell auf einem Stück Alufolie) schwarz rösten. Das gibt der Suppe Farbe.

Fleisch, Gemüse, Zwiebel, Bouquet garni und ein paar Pfefferkörner in kaltem Wasser aufsetzen (das Fleisch sollte bedeckt sein), aufkochen lassen und dann auf so kleine Flamme zurückschalten, dass die Suppe nur noch hin und wieder blubb macht. Sicherheitshalber den sich bildenden Schaum abschöpfen, auch wenn er laut neuesten Erkenntnissen die Suppe angeblich doch nicht trübt. Aber wir wollen den Gott des Tafelspitzes nicht unnötig reizen.

Nach ca. 3,5 Stunden, in denen Sie selbstverständlich

regelmäßig die Blubb-Frequenzen kontrolliert haben, beginnt das Spiel mit der Fleischgabel. Irgendwann erkennen Sie beim Hineinstechen, dass das Fleisch nun endlich weich genug ist. Wichtig: Geduld! Wenn es so weit ist, das Fleisch herausheben und in Scheiben schneiden.

Die Suppe durch ein Sieb oder besser noch durch ein Käseleinen gießen, die Fleischscheiben hineinlegen und über Nacht abkühlen lassen. Am nächsten Morgen lässt sich das Fett einfach von der Oberfläche abheben.

Vor dem Servieren das Fleisch langsam in der Suppe warm ziehen lassen.

Traditionellerweise serviert man die Suppe als Vorspeise mit Frittaten (in Streifen geschnittenen Pfannkuchen) oder Grießnockerln. Das Fleisch kommt ebenfalls in der Suppe auf den Tisch, sodass es bis zuletzt befeuchtet bleibt. Als Beilagen passen am besten Kartoffelgröstl (in der Pfanne angebratene, gekochte Kartoffeln), Spinat und Apfelmus. Vorschriftsgemäß reicht man außerdem frisch gerissenen Kren (Meerrettich), den man in weiteren Versionen als Oberskren (Sahnemeerrettich) oder Apfelkren (vermischt mit Apfelmus) anbietet.

– Chou farci (gefüllter Wirsing), wie er im Le Griffonnier serviert wird –

Der Clou an diesem chou ist wohl sein Schichtaufbau. Füllung und Wirsingblätter werden abgewechselt, sodass man mehr Kohlgeschmack abbekommt als bei einer herkömmlichen Roulade und das Gericht gleichzeitig ein bisschen leichter wird. Essenziell ist aber auch der Kalbsfond, der schon vorreduziert sein sollte und sich dann gemeinsam mit dem Weißwein im Ofen in eine grandiose dunkle Sauce verwandelt.

Zutaten für einen Wirsing und drei Portionen:

- 1 Wirsing	- 1 Bund Petersilie, gehackt	- 1/8 Sellerieknolle, grob geschnitten
- 3 große Zwiebeln, fein gehackt	- Salz, Pfeffer	- mind. 300 ml Kalbsfond
- Butter	Für die Sauce:	
- 300 g Schweinehack	- 1 Karotte, grob geschnitten	- ca. 125 ml Weißwein
- 300 g Kalbshack	- 1 Zwiebel, grob geschnitten	

Die Blätter vom Wirsing einzeln und möglichst unversehrt ablösen. Am besten geht dies, wenn man den Boden mitsamt den ersten Blattstielen abschneidet und dies, je weiter man ins Innere vordringt, wiederholt. Die Blätter lösen sich dann von selbst. Außerdem wird man auf diese Weise die harten Stielansätze los, die stören würden.

Die Blätter in reichlich Salzwasser zwei bis maximal drei Minuten ab Wiederaufwallen des Wassers blanchieren, vorsichtig herausheben und abtropfen lassen.

Den Ofen auf 180 Grad vorheizen.

Die gehackten Zwiebeln in etwas Butter glasig dünsten. Das Fleisch dazugeben und mit anbraten, zum Schluss die Petersilie unterrühren, salzen und pfeffern. Im eigenen Interesse ein bisschen auskühlen lassen.

Für den Zusammenbau eignen sich am besten kleine Glas- oder Metallschüsseln. Ich verwende jene aus Metall von Ikea, die sechs Zentimeter hoch sind und einen Durchmesser von zwölf Zentimetern haben. Die Schüssel mit einem großen Kohlblatt auslegen und eine eher dünne Schicht der Füllung darauf verteilen. Ein weiteres Kohlblatt darauflegen und so weitermachen, bis das Schüsselchen beinahe voll ist. Mit einem Kohlblatt abschließen. Bei mir passen vier Lagen Kohl und drei Lagen Füllung hinein.

Das Ganze mit den Händen möglichst gut festpressen (deswegen das Auskühlen) und dann die komplette Halbkugel aus der Schüssel gleiten lassen. Das geht mit ein bisschen Warten und gutem Zureden recht problemlos.

Die fertigen Kohlkuppeln in eine ofenfeste Form legen, die Karotte, die Zwiebel und den Sellerie dazwischen verteilen, Wein und Kalbsfond angießen, alles mit einem Stück Alufolie bedecken (wichtig! sonst werden die Dinger etwas zu schwarz) und zwei Stunden lang bei 180 Grad im Ofen garen.

Le Griffonnier, 8, rue des Saussaies, 75008 Paris (Métro Miromesnil, Champs-Elysées – Clemenceau), Tel. +33-1-42 65 17 17. Geöffnet Montag bis Freitag mittags, Donnerstag auch abends. Reservierung dringend angeraten.

Desserts

– Île flottante nach dem Rezept unserer Freundin Marie-Odile –

Der Gatte lernte Marie-Odile Beauvais kennen, als er über ihr Buch *Le secret Gretl* schrieb. Darin erzählt sie von ihrer Reise durch Deutschland auf der Suche nach Spuren der Tochter ihres Großvaters, die er kurz vor dem Ersten Weltkrieg mit einer Deutschen gezeugt hatte. Als wir das erste Mal bei ihr und ihrer Schriftstellerfamilie (ihr Mann Thierry Béthune sowie eines ihrer drei Kinder, Victor, sind ebenfalls Autoren) zum Essen eingeladen waren, servierte uns Marie-Odile den französischen Klassiker Bœuf carotte sowie eine île flottante, die wir sofort zur besten, die wir jemals gegessen haben, erklärten.

Îles flottantes sind eng mit den Œufs en neige verwandt, bei beiden wird Eischnee kurz gegart und auf einer Vanillecrème serviert. Die Îles kommen allerdings in den Ofen, während die Œufs en neige in Wasser gekocht werden.

Zutaten für drei gute Esser oder fünf normale. Ungefähr. Für die Crème anglaise (Vanillecrème):

- 2 Vanilleschoten	- 500 ml Milch - 6 Eigelb	- 75 g Puderzucker oder feiner Kristallzucker

Für die Îles:

- 5 Eiweiß	- 60 g Puderzucker oder feiner Kristallzucker

Für die Garnitur:

- Mandeln oder Haselnüsse, geschält, gehackt und geröstet	- 4 bis 5 EL Zucker - 3–4 EL Wasser	- 30 bis 40 g gesalzene Butter (ungefähr)

Crème anglaise:
Die Vanilleschoten ausschaben, das Mark in die Milch rühren und die Schoten auch gleich mit hineinwerfen. Milch kurz aufkochen und ein paar Minuten ziehen lassen. Ich finde, dass sich das Vanillemark so leichter verteilt. Marie-Odile schlitzt die Schoten nur auf und kratzt das Mark erst nach dem Kochen heraus, weil Vanille laut ihrer Großmutter »sehr empfindlich« sei.

Eigelb und Zucker schlagen, bis die Masse hellgelb und dick geworden ist. Die Vanilleschote entfernen, dann die

Milch vorsichtig, langsam und unter ständigem Rühren in die Eimasse gießen, sonst gibt es Rührei.

Die Masse zurück in den Topf geben und dort unter ständigem Rühren mit einem hitzebeständigen Teigspatel auf kleiner Flamme erhitzen, bis sie eindickt, sprich: den Spatel überzieht. Mit einem Thermometer geht's leichter: Die Crème muss 82 Grad erreichen, darf aber 84 Grad nicht überschreiten, sonst – siehe oben.

Die Crème abkühlen lassen und in den Kühlschrank stellen.

Die Îles:
Backrohr auf 180 Grad Umluft vorheizen.

Das Eiweiß steif schlagen, dann nach und nach den Zucker dazuschlagen. Aus dem nun sehr festen Eischnee ungefähr faustgroße Inseln ausstechen und auf ein Blech mit Backpapier legen. Die Inseln drei Minuten backen. Auskühlen lassen, aber möglichst zeitnah servieren

Anrichten:
Die Vanillecrème in eine große oder mehrere kleine Schüsseln füllen und die Eischneeinseln daraufsetzen. Marie-Odile pflegt ihre Îles flottantes in einer großen Schüssel zu servieren, aus der sich jeder Gast selbst bedient.

Die gehackten und gerösteten Mandeln (und/oder Haselnüsse) über die Îles streuen.

Den Zucker zu einem hellen Karamell kochen, d.h. ihn mit etwas Wasser in einem kleinen Topf mit möglichst hellem Boden (zur besseren Farbkontrolle) über mittlerer Hitze schmelzen, bis er einen Bernsteinton erreicht hat. Die Butter hinzufügen und rühren, bis sich beides zu einer Sauce verbunden hat. In einem dünnen Strahl möglichst dekorativ kreuz und quer über die Inseln gießen.

— Ofen-Milchreis nach Mark Bittman —

Die Meinungen zum Thema Milchreis sind in diesem Haushalt ähnlich unterschiedlich wie jene über Freejazz. Hin und wieder hege ich den hinterhältigen Gedanken, dem Gatten eines Tages ohne Vorwarnung einen Löffel vom Bittman-Milchreis zwischen die Zähne zu stecken und ihn zu seinem Glück zu zwingen. Ich bin mir sicher, dass er auch dann wieder sagen würde: »Du hast ja so recht gehabt!« Wie üblich.

Mark Bittman ist ein amerikanischer Foodjournalist, der unter anderem für die *New York Times* schreibt. Sein Schmöker *How to Cook Everything* (»Wie man alles kocht«) gehört zu den dicksten Büchern in unserem Kochbuchregal. Sein Milchreisrezept ist anbrennsicher, erfordert – grob geschätzt – drei Minuten Umrühren und ergibt ein cremiges, karamelliges Wunder, von dem sich die meisten Pariser Restaurants, die sich etwas auf ihren »Riz au lait selon ma grand-mère« einbilden, einiges abschauen könnten.

Zutaten für angeblich mindestens vier Portionen bzw. einen normalen Menschen:

- 65 g Reis (jeder beliebige von Arborio über Jasmin bis braunem Basmati) - 100 g Zucker	- Prise Salz - 1 l Milch (oder auch Kokos-, Haselnuss- oder Mandelmilch) - ev. Safran, Zimtstange, Zitronen- oder Orangen-	zesten, Honig, gehackte Mandeln oder Nüsse – dem Einfallsreichtum sind keine Grenzen gesetzt.

Ofen auf 150 Grad vorheizen. Den Reis in einer feuerfesten, nicht zu knapp bemessenen Form mit der Milch, dem Zucker und etwaigen Gewürzen vermischen. Man muss umrühren können, ohne dass die Milch überschwappt. In den Ofen stellen.

Nach 30 Minuten umrühren.

Nach weiteren 30 Minuten umrühren. Es wird sich eine Haut gebildet haben, die einfach mit untergerührt wird.

Nach weiteren 30 Minuten erneut die mittlerweile dunkle Haut (keine Angst!) unterrühren.

Danach alle zehn Minuten nachsehen, ob der Milchreis fertig ist. Dies ist beim ersten Mal ein bisschen schwierig zu erkennen. Er ist es jedenfalls früher, als man glaubt! Er muss aus dem Ofen, wenn die Milch noch ein wenig flüssig ist. Beim Abkühlen dickt sie ein und verleiht dem Milchreis eine wunderbar cremige, karamellige Konsistenz. Wenn man ihn zu lange backt, wird er immer noch lecker, aber etwas fester und verliert seine Cremigkeit.

Rezept nachgedruckt aus *How to Cook Everything* von Mark Bittman, mit freundlicher Genehmigung des Verlags Houghton Mifflin Harcourt. Copyright 2008.

– Bûche de noël, sehr frei nach Cyril Lignac –

Wenn man dieses traditionelle französische Weihnachtsdessert nicht mit saisonalem Firlefanz dekoriert, ist es eine absolut taugliche Nachspeise für jede Jahreszeit. Ich lasse mittlerweile die vom Sternekoch vorgesehene Krümelschicht einfach weg. Wer etwas Crunch haben will, kann klein gehackte, geröstete Haselnüsse daraufstreuen oder zwischen Vanillecrème und Karamellkern einbauen.

Vermutlich produziert Cyril Lignac diese Bûche normalerweise zu Hunderten. Die etwas schrägen Mengenangaben im Originalrezept stammen demnach wohl vom Umrechnen auf Normalverbraucher-Größen.

Man nehme für eine Kastenform von ca. 22×11,5 Zentimeter:
Für die Vanillecrème:

- 1,5 Blätter Gelatine	- 90 g weiße Kuvertüre (oder einfach weiße Schokolade)	- 1 g Vanilleextrakt
- 1,5 Vanilleschoten		
- 400 g Sahne		

Gelatine in kaltem Wasser einweichen.

Vanilleschote längs aufschlitzen und das Mark herauskratzen. Beides zur Sahne geben, ein Mal aufkochen und ein paar Minuten ziehen lassen.

Die Schote entfernen und die eingeweichte, ausgedrückte Gelatine in der Sahne auflösen.

Das Ganze über die in Stücke gebrochene weiße Schokolade gießen und rühren, bis sie geschmolzen ist.

Vanilleextrakt unterrühren.

Auskühlen und mindestens 12 Stunden im Kühlschrank ruhen lassen.

Für den Karamellkern:

- 1,25 Blätter Gelatine	- 100 g Zucker	- 163 g Sahne
- 36 g Sahne	- 31 g Wasser	- 2,5 Eigelb (ca. 50 g)
- 0,5 Vanilleschote	- 16 g Glukosesirup	

Gelatine in Wasser einweichen.

36 g Sahne mit Vanillemark und -schote leicht erhitzen. Ein paar Minuten ziehen lassen. Schote entfernen.

Zucker, Wasser und Glukosesirup kochen, bis alles eine dunkle Bernsteinfarbe angenommen hat. Vom Feuer ziehen.

Mit der Vanillesahne »ablöschen« (Vorsicht, sprudelt!). Der Zucker wird Klumpen bilden, was vollkommen normal ist. Auf kleiner Flamme weiterköcheln, dabei umrühren, bis alles wieder flüssig/cremig ist.

Den Rest der Sahne unterrühren.

Die Eigelb hinzufügen und unter ständigem Rühren bis 84 Grad kochen.

Vom Herd nehmen, auf 70 Grad abkühlen lassen und die Gelatine unterrühren.

Abkühlen lassen und im Kühlschrank fertig herunterkühlen.

Zusammenbau:
Die Kastenform mit Klarsichtfolie auskleiden. Das gibt zwar möglicherweise Fältchen, sollte aber dabei helfen, die fertige Bûche leichter aus der Form zu lösen. Man kann die Form auch kurz in heißes Wasser tauchen und sich bei den ruckartigen Bewegungen, mit denen man sie danach zu stürzen versucht, wunderbare Kopfschmerzen holen.

Die Vanillecrème steif schlagen.

Die Kastenform ungefähr bis zu drei Vierteln füllen. In der Mitte eine längliche, ungefähr zwei bis drei Zentimeter tiefe Mulde graben.

Die Karamellsahne glattrühren, in die Mulde füllen und glattstreichen.

Mit der übrigen Vanillecrème abschließen.

Sicherheitshalber ein paar Stunden ins Gefrierfach stellen, möglicherweise, weil sie sich dann leichter aus der Form lösen lässt.

— Schokopudding —

Nach wochenlangen Tests mit dunkler Schokolade und Milchschokolade einerseits sowie Kakao andererseits habe ich mich schlussendlich für eine Kakaovariante entschieden. Mein Ziel war es, eine Rezeptur zu finden, die jederzeit in akuten Schokopudding-Notsituationen eingesetzt werden kann. Es musste also eine Variante sein, für die man jederzeit alles Nötige auf Vorrat hat. Womit Schokolade ausscheidet.

Außerdem ist das Preis-Leistungsverhältnis von Kakaopulver im Vergleich zu Schokoladetafeln unschlagbar. Aus einer 250-Gramm-Packung kann man, grob geschätzt, über sechs Liter Pudding produzieren. Damit sollte man eigentlich ein, zwei Wochen lang über die Runden kommen.

Man nehme für zwei anständige Portionen:

- 250 ml Milch - 2 EL Kakaopulver, ungesüßt	- knapp 3 EL Zucker (je nach Geschmack)	- knapp 1,5 EL Maizena - etwas Vanilleextrakt

Alle Zutaten bis auf den Vanilleextrakt gut miteinander verrühren. Das ist ein bisschen mühsam, weil vor allem Kakaopulver und Maizena gern Klumpen bilden. Ich verwende dafür einen Marinadenshaker, aber es funktioniert mit jedem Behältnis, das sich sehr dicht verschließen lässt, beispielsweise einem leeren Gurkenglas. Das mit dem Verschließen ist wichtig, weil sonst schnell ein neuer Küchenanstrich fällig wird.

In einem Topf über mittlerer Hitze langsam zum Kochen bringen, dabei laufend und konzentriert am besten mit einem hitzefesten Teigspatel umrühren. Brave Köche erledigen dies im Wasserbad, damit nichts anbrennt, aber wenn man vorsichtig ist (und vor allem faul), klappt es auch so. Der liebe Gott hat die Teflonbeschichtung nicht umsonst erfunden.

Sobald der Pudding kocht, auf kleine Flamme schalten

und noch drei bis vier Minuten unter ständigem Rühren köcheln lassen.

Vom Feuer nehmen, den Vanilleextrakt einrühren, in Schälchen füllen, erkalten lassen.

— Kardinalschnitten —

Welche Worte werden diesen Wunderwerken aus Sahne, Biskuit und Baiser gerecht? Wie kann man diese Leichtigkeit aus Crème und Crunch beschreiben, die einem pro Stück lediglich drei Kilo mehr auf die Rippen zaubert? Sehen Sie sich im Internet einfach ein Bild an, dann sollte es eigentlich bereits um Sie geschehen sein. (Außer, Sie sind meine Mutter, die nicht verstehen kann, was der Rest ihrer Familie an Kardinalschnitten findet.)

Man nehme für ungefähr 5 Stück:

- 4 Eier	- 25 g Mehl	- 250 ml Sahne
- Prise Salz	- rote Johannis-	- eventuell Sahne-
- 150 g Puder- oder feinen Kristallzucker	beermarmelade oder jede andere rote Marmelade mit säuerlichem Geschmack	steif
- 1 Päckchen Vanillezucker		
- 25 g Zucker		

Ein Backblech mit Backpapier auslegen. Einen Spritz- oder Tiefkühlbeutel zurechtlegen. Eine größere sowie eine kleine Glasschüssel bereitstellen, daneben eine größere Rührschüssel. Die übrigen Zutaten abgewogen in Reichweite stellen.

Backofen auf 160 Grad Umluft vorheizen.

Wer nur ein Paar Rührbesen besitzt, geht wie folgt vor:

Drei Eier trennen: Die Eiklar kommen in die große Glasschüssel, die Dotter in die große Rührschüssel. Das vierte Ei trennen: Eiklar in die kleine Glasschüssel, Dotter in die Rührschüssel. (Eischnee wird – angeblich – steifer, wenn man ihn in einer Glas- oder Kupferschüssel schlägt, weil diese eher fettfrei ist.)

Für die Baiserstreifen schlägt man die Eiklar in der großen Glasschüssel mit einer Prise Salz schaumig. Sobald sich Schnee bildet, gibt man die 150 g Zucker nach und nach hinzu und schlägt kräftig weiter. Der Zucker muss Gelegenheit haben, sich aufzulösen. Wenn die Masse sehr steif und glänzend ist, wechselt man zur kleinen Glasschüssel und schlägt dieses Eiweiß auch zu Schnee.

Danach schlägt man für die Biskuitstreifen Eigelb, Vanillezucker und 25 g Zucker, bis die Masse sehr hell und undurchsichtig geworden ist und die Rührbesen Spuren hinterlassen. Dann auf langsamer Stufe das Mehl einrühren.

Danach den Schnee aus der kleinen Schüssel mit den still stehenden Rührbesen unterheben, damit möglichst viel Luft in der Masse bleibt.

Jetzt kommt die Kunst: Den Eischnee aus der großen Schüssel in einen Spritz- oder Tiefkühlbeutel füllen, von Letzterem die Spitze so abschneiden, dass sich ein Loch von knapp zwei Zentimeter Durchmesser bildet. Damit dressiert man sechs Reihen Eischnee auf das Backblech, wobei man dazwischen immer rund zwei Zentimeter Zwischenraum lässt. In den Zwischenraum zwischen den Reihen 1 bis 3 sowie 4 bis 6 wird nun vorsichtig der Biskuitteig eingefüllt, der an Höhe knapp jene der Eischneestreifen erreichen darf. Es sollten zu guter Letzt zwei breite Streifen in jeweils Weiß-Gelb-Weiß-Gelb-Weiß-Färbung auf dem Backblech liegen. Diese werden Boden und Deckel der Kardinalschnitte bilden.

10 bis 15 Minuten lang backen, je nachdem, wie knusprig man die Baiserstreifen haben möchte. Im Ofen auskühlen lassen.

Vor dem Zusammenbau das Backpapier vorsichtig abziehen oder mit einem scharfem Messer zwischen Papier und Kuchen entlang fahren und danach entscheiden, welcher Teil hübscher bzw. intakter geblieben ist und deshalb zum Deckel erkoren wird. Den anderen Teil dünn mit glatt gerührter Marmelade bestreichen. Die Sahne (eventuell mit Sahnesteif) schlagen, bis sie richtig fest ist, und auf den Boden streichen, dabei auf dem Mittelstreifen ein bisschen höher gehen, damit die fertige Schnitte eine leichte Wölbung aufweist. Den Deckel aufsetzen, leicht andrücken und vorsichtig, am besten mit einem Sägemesser, in einzelne Portionen schneiden.

Wer möchte, kann die Kardinalschnitten aus kosmetischen Gründen noch mit Puderzucker bestäuben.

So rasch wie möglich servieren.

Dank

Danke an alle Testesser, die nicht noch schnell andere Verpflichtungen in ihren Terminkalendern entdeckt haben, als sie erfuhren, dass diesmal ich kochen würde.

Ein besonderes Dankeschön gilt Barbara Wenner, die vermutlich selbst aus einem Felsblock in der Trotzphase ein Buch herausstreicheln könnte.

Blogroll

*I*m Folgenden eine Auswahl an Kochblogs, die ich regelmäßig konsultiere. Keines von ihnen kann für etwaige in diesem Buch geschilderte Fehlschläge verantwortlich gemacht werden.

101 Cookbooks
http://www.101cookbooks.com/

1 × umrühren bitte aka kochtopf
http://www.kochtopf.me/

Anonyme Köche
http://www.anonymekoeche.net/

Arthurs Tochter kocht
http://www.arthurstochterkochtblog.com/

Bolli's Kitchen
http://www.bolliskitchen.com/

bushcooks kitchen
http://bushcooks-kitchen.blogspot.com/

Chocolate & Zucchini
http://chocolateandzucchini.com/

delicious days
http://www.deliciousdays.com/

David Lebovitz
http://www.davidlebovitz.com/

Dorie Greenspan
http://doriegreenspan.com/

esskultur
http://www.esskultur.at/

The Everyday French Chef
http://everydayfrenchchef.com/

Grain de Sel – Salzkorn
http://salzkorn.blogspot.de

hundertachtziggrad
http://salzkorn.blogspot.fr/

Hungry Eyes
http://hungry-eyes.com/

Küchentanz
http://www.kuechentanz.com/

lamiacucina
http://lamiacucina.wordpress.com/

Nachgesalzen
http://blog.zeit.de/nachgesalzen/

Rough Cut Blog
http://www.roughcutblog.com/

Michael Ruhlman
http://ruhlman.com/

smitten kitchen
http://smittenkitchen.com/

Steamy Kitchen
http://www.steamykitchen.com/

Thug Kitchen
http://thugkitchen.com/

the wednesday chef
http://www.thewednesdaychef.com

Zen Can Cook
http://www.zencancook.com/

Ziii kocht
http://www.ziiikocht.at/